パリで生まれた奇跡の日本野菜

「山下農道」の神髄

山下朝史
YAMASHITA ASAFUMI
農業家
パリ山下農園園主

岩本麻奈
IWAMOTO MANA
皮膚科専門医
（一社）日本コスメティック協会名誉理事長

日本経済新聞出版

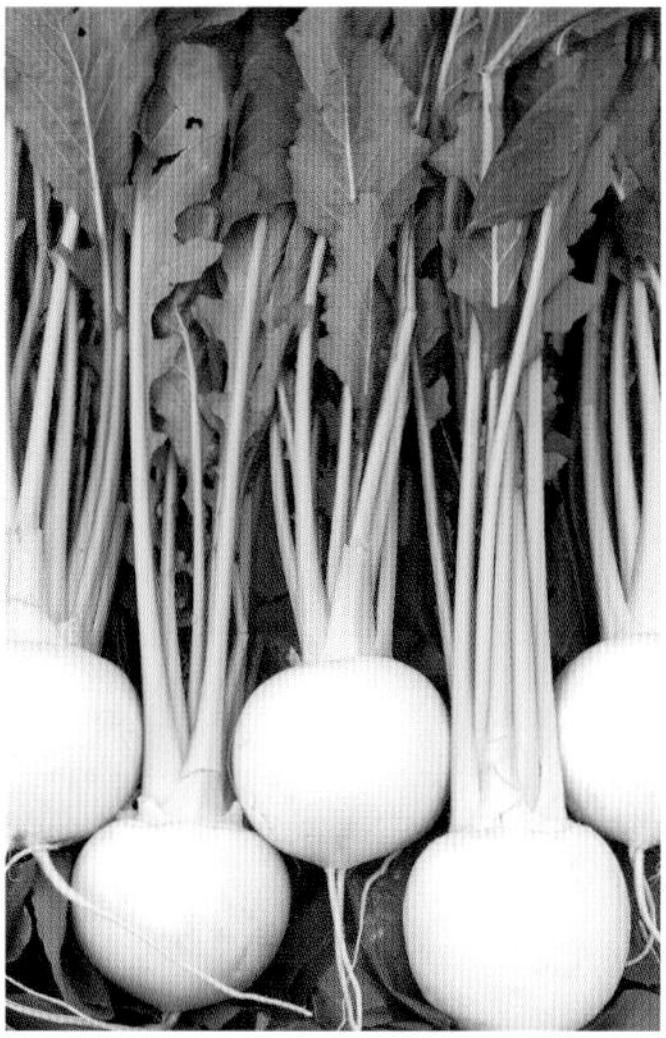

「奇跡の蕪」、紫大根の断面©Alexandre Petzold

ミニトマト©Alexandre Petzold

上から時計回りに、ナス、ブロッコリー、ニンジン ©Alexandre Petzold

上から時計回りに、小松菜、ホウレンソウ、スナップエンドウ©Alexandre Petzold

プロローグ

夜が明けるとたった一人で畑に降り、日々野菜と触れ合いながら自分自身と向き合っていると、来るべき日を待っていたかの如く、土を押し上げて顔を見せる野菜の小さな双葉のような「気付き」が見えて来る事があります。

野菜たちは私の畑で静かに穏やかに時を刻んでいます。

私も畑で野菜たちの側に佇みます。

私と野菜の間には遮るものは何もありませんが、空っぽなのではなく満たされているのです。

野菜は声なき声で何かを伝え、そこには心の中の耳を傾けて聞いている自分が居る。

そんな畑が山下農園なのです。

その畑で生まれたものばかりの気付きを題材に鮮度の落ちる前に綴った文章ばかりなので、この本は読者の方にお届けする農産物ですので、よろしくご賞味ください。


さて、私の実家は材木屋でした。

仕入れた材木は乾燥を進めながら、製材され家屋の一部に組み込まれる日をゆっくりと待ちます。

ただ、一部の乾燥が甘い材木は在庫中に反ってしまい、反り始めた材木は修正が難しく、商品価値が激減します。

右に左にうねるように激しく反った材木を不思議そうに見ていた子供だった私に、父親がこんな事を教えてくれました。

「曲がりたがっている木は押さえても抑え切れないから、曲がりたいだけ曲がらせてから真っ直ぐな板を切り出せば、その材木は金輪際曲がらない」

好きな事を見つけては様々な職業を遍歴し、43歳で農業を始め今日に至った私は、父の言っていた金輪際曲がらない材木のように、家族や他の人々の命と心の糧となり、支えて行くことが出来るのかしら？

パリ山下農園　山下朝史

2023年5月

「三つ星農家」と称される山下農園　全景©Alexandre Petzold

パリで生まれた奇跡の日本野菜　「山下農道」の神髄　目次

第3章 山下農園、密着取材から見えたもの 岩本 073

第4章 農業にたどり着くまでの軌跡 山下 085

第5章 盆栽業から日本野菜の農家へ 山下 105

第6章 フレンチガストロノミーと山下農園 ⚜山下　127

第7章 「山下農道」を分析する 岩本　179

第8章 農業と健康その他思う事 ⚜山下 237

文中では原則、敬称を略しています。

口絵写真：Alexandre Petzold
本文写真：Alexandre Petzold／山下朝史

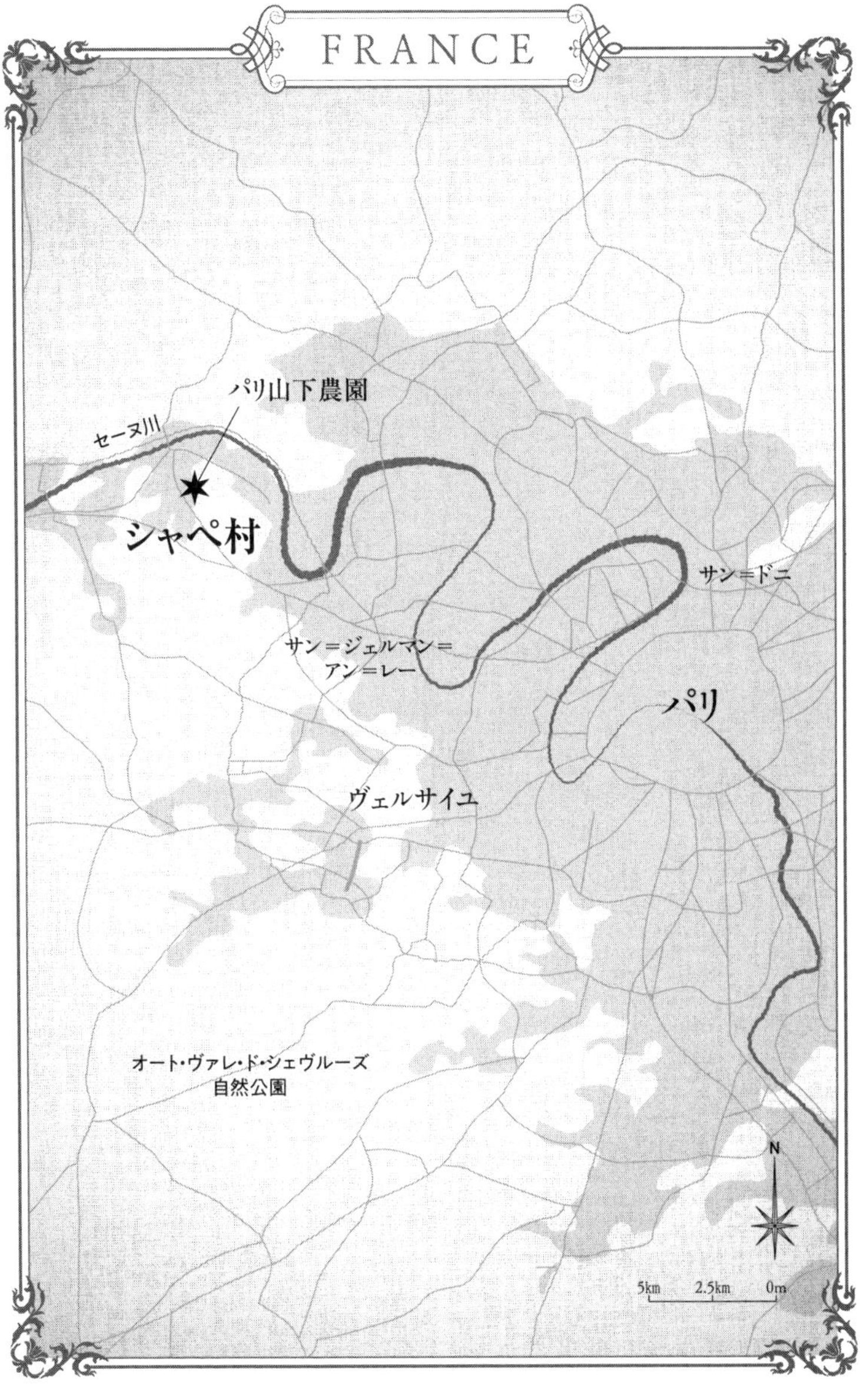
FRANCE
パリ山下農園
セーヌ川
シャペ村
サン＝ドニ
サン＝ジェルマン＝
アン＝レー
パリ
ヴェルサイユ
オート・ヴァレ・ド・シェヴルーズ
自然公園
N
5km
2.5km
0m

第1章

「奇跡の蕪」はいったい何が奇跡なのか？

Mana Iwamoto

パリで生まれた奇跡の日本野菜

「山下農道」の神髄

パリ郊外の田園風景広がるシャペ村に、それは美味しい日本の野菜を作る農家があるそうな。フランス料理界の寵児、名だたる三つ星レストランのシェフたちから、その素材の素晴らしさを認められ、こぞって所望されるも、限られた生産数であるがゆえに、古くからの付き合いのあるレストランで完売となり、新参のシェフは指を咥えて眺めているしかないと。

その野菜農園を経営している人こそ、我が20年間のフランス生活における友人の中でも非凡なる存在、魁傑・山下朝史氏である。

野菜を食におけるオートクチュール*として、フランスで初めて提供したのは山下氏である。オートクチュールとは、高級衣装店、特にパリのそれらのデザイナーが顧客のために純粋オリジナルのデザインを創造し、生地や仕立ても最高級の完成度をもって提供される服を示す。いわばあなた一人だけのためにつくられた、世界に二つとないハイレベルのファッションなのである。

そうであれば、食のオートクチュールとはガストロノミー**レストランと呼ばれるパリの高級店で、優れたテクニックと上質な素材を用いて、シェフのクリエイティビティを駆使して提供されるコース料理のこととなる。それまで、野菜はコースにおける〝サシミのツマ〟であった。日本人が作った野菜が名だたるシェフを唸らせ、肉や魚に匹敵するメインディッシュに昇格したわけだから、その功績は画期的だと言える。

いま、山下氏は飛び抜けて美味しい日本野菜を届けてくれる稀有な日本人として、フランスで知らない人がいない有名人となった。けれど、パリ以外の日本人はまだその名を知らないままで、賞味期間極短の芸能ネタやYouTuberなどにうつつを抜かしている。日本全体がアニメ的というか、サブカル的になってきている。そんなことでいいのだろうか？

そこで、わたくし、岩本麻奈は、彼そのものと彼の作る野菜の凄さを紹介しようと思いたったのである。

これは奇跡の蕪だ！

惜しまれながらも2013年に姿を消した、凱旋門にほど近いアルセーヌ・ウサイユ通りの「ステラマリス」。吉野健シェフが腕を振るったパリ伝説の名店だった。この店で、フランスの有名料理評論家の発した「これは奇跡の蕪だ！」の一言から物語は始まる——その奇跡の蕪誕生秘話は後ほど（第6章、冒頭）詳しくご本人に語ってもらおう。

＊　オートクチュール：Haute couture フランス語で「高級な仕立て」という意味で、高品質なカスタムオーダーメイドの衣服を指す。オートクチュールの衣服は、一般的に限られた数の顧客にしか販売されず、価格も非常に高額なものが多い。

＊＊ガストロノミー：美食家 gastronomie のこと。グルメ gourmet と混同されやすいが、グルメはいわゆる食通であって、ガストロノミーは吾が身の至福のために、美味しいものを食べることに専心する。

蕪を一口、カブッ!!

実際に山下氏の作った奇跡の蕪を味わってみた。柔らかな噛みごたえの後、抵抗感なくじんわりと歯に馴染み、口腔の中に溶け込んでいく。蕪というより、洋梨ではないかと思わせる、独特の甘味とコク。口中いっぱいにゆっくりジューシーエキスが広がる。わずかに残った辛味成分で、ようやく蕪だったと再認識する。もはやただの根菜ではない、立派な果実といっていい。

「魔法をかけたのではない。蕪のポテンシャルを引き出しただけ」と彼は言う。ポテンシャルとは、いまだ具現化されていない潜在的な能力や可能性のこと。地味な脇役と思っていた野菜が、野菜の常識を翻す〝果実並みの美味しさ〟を発揮するとは。これこそまさしく奇跡、アメイジングではないか！

単刀直入に尋ねた。

「世界一美味しい野菜を作る秘密は？」

即答。

「秘密はない」

何度も同じ質問をされ、同じ回答をしてきたと。

研修生がやって来る。何も隠すことなく、やっているすべてを見せ、質問にもすべて答えてきた。なんの特別があるわけでもない。

彼は野菜作りと子育てを同じ地平で語ることが多い。こんな切り口での返しもある。

「ではあなた、子供を世界一のいい子に育てる秘訣をご存じですか？」

Google先生・YouTube・ChatGPT…に尋ねても子育てに正解はない。いい子の定義も人により様々だ。子供がちょっとでも自分で思うところのいい子に育ってくれるように、その場その場で臨機応変に対処することしかできまい。生命を内包している種子は、日々の水と太陽の恵みを享《う》けて育ち野菜となる。すくすく育っていく人間の子供だって、なにも変わるところはない——そこに秘密はない。

はぁなるほど、おっしゃる通り。でも、それではこの本はここで終わってしまう。

日本の文化風土は優等生文化だと言われる。優等生とは何か、欠点がないことである。美質麗質がいくらあっても、短所がひとつでもあれば玉に瑕《キズ》で非難される。要するに出過ぎず、遅れず、目立たず、同調圧力を巧みにかわして、忖度上手に暮らしていける人こそ優等生なのだ。

日本では野菜の世界も同様である。野菜たちが被る過酷な選別を見よ。個性表現は許されない。足並みそろえて同規格、そうでないものは〝訳あり〟と弾かれる。戦後高度成長経済の規格大量生産は不良品を駆逐したが、人間の生活を変えるような先駆的で独創的な製品も生み出させなかった。

他者に不寛容な社会はおもしろみがない。もし、フランスに行くチャンスがあれば是非スーパーを覗いてほしい。野菜の不揃いなこと、思わず笑ってしまうだろう。形が整ったものしか表舞台に立てない社会は健康的とは言いがたい。見た目が優先されると言いつつ、人間関係やコネといった主観で評価される後進性も根強い。もっともフランスもコネ社会ではあるが。

野菜の美味しさの評価を客観的に可視化するという試み、最近行われてきているとは言うが、果たしてどうであろうか。

試しに日仏の酒文化を俯瞰してみよう。ワインは(禁酒国を除いて)唯一世界中で生産される酒であるが、今もってテロワール*を抜きにフランスワインを語ることはできない。

フランスワインの評価基準は「産地のテロワールをよく表現しているか」である。テロワールとは環境要因と訳されるが、気候・土壌・地形などその年ごとの変化要因も含めて考慮される。日本だったら「甲州の野を吹く風の匂いが溶け込んでいるか」といった表現になる。環境要因には人間は含まれない。勤勉はワインの品質と直結しない。フランスワインには灌漑の概念もない。日照りや遅霜でブドウがやられてもリカバリーはしない。その地でその年その気候でできたワインがありのままの評価を受けることになる。

20世紀後半にアメリカ・カリフォルニアのワインが科学的栽培法を掲げて世界のワイン・マーケットに進出したことがあった。ワインに適した気候と土壌をもつ地域を囲って、温風配管とスプリンクラー装置などを備えた〝地域工場〟を作ったのである。僅かな適温や水分量のズレを、機械でフォローすることで〝エブリイヤー・ヴィンテージ〟を呼号した。各地のワイン品評会の通常年では驚嘆すべき成績を収めたが、ヨーロッパがヴィンテージ年となるとどうもいけない。そこそこでしかないのだった。なぜだろう？ アメリカの科学は苦慮した。その結果、作り方を二本立てにしたと聞く〈伝統―少量高価格―ナチュラル〉と〈科学―大量標準価格―サイエンス〉に。

テロワール信奉は究極のナチュラリズムである。事実、ヴィンテージとなると工場栽培は上位にランクされなくなる。「個性・癖の強さ・再現性の低さ・自然任せ」とは「年ごとの出来・不出来の受容」となる。効率とは真逆の発想。自然の作るヴィンテージに敵することはできない――これは哲学といえよう。

翻って近代以降の日本酒は技術論である。おずおずと小さくなって、西洋諸国の仲間入りをした。当時の日本人技術者はコンプレックスのかたまりであったと聞く。外国人からの「酒の臭み・濁り・雑味などの指摘」に慄いた。酒文化後進国と見下されたくなかったのである。故に製造段階の清潔に神経を払い、酒のキレイであることに躍起となった。原料米の夾雑物はぬか（赤糠・白糠）である。精米機を改良して米を削ることを加速化する。酒の個性は雑味からといわれるが、キレイのためなら個性も削いでいく。今日の鑑評会出品の純米大吟醸に至っては、酒造好適米の山田錦を歩合35％

＊テロワール：terroirフランス語で「地球」や「土地」を表す“terre”から派生した。主にワインの世界において、その味や性質を左右するブドウ畑の土壌や気候、職人の技術などとりまく環境を表す言葉。「人間の体と、暮らしている土地・環境は密接につながっている」という「身土不二」の思想にも通じる。

で精米し、吟醸専用の9号酵母で仕込んで醸造する。これをYK35と称する。すなわち、精米後に玄米1kgから得られる白米は350gで、残り赤糠+白糠650gは漬物の糠床にでもなる他ない。

日本人は若酒を好む。ほとんどの場合、できたばかりの新酒または数カ月調熟させた酒を飲む。だが、世界は熟成された酒を佳とする。ワインは白で1年・赤で3年以上貯蔵熟成させたものを賞味する。ヴィンテージものに至っては10年以上も珍しくない。この差異は大きい。

独特の土壌とジャポニスム

奇跡の蕪に話を戻す。

日本産の野菜から取った種子をフランスに持ってきて、水分の少ない乾燥した大陸の土壌に蒔き、あるがまま、なすがままに育てたらどうなるのか？　〝奇跡の蕪〟が誕生することがあるのだろうか？——秘密はないと山下氏は言うが、土壌や風土環境に日本の野菜を劇的に変える秘密があるのではないか。

山下農園は村の中でもっとも低い位置にあって、周囲に降った雨水が集まってくる。近くには教会があり、付属する墓地もある。キリスト教では土葬を原則とする。山下農園の土壌の秘密とはこれか？

山下氏が用いるのは日本産の種子である。それを、日本のどこよりも北にあるパリ——パリの緯度はサハリン中部あたり――で蒔き、育てている。農園の土地は強粘土質の北向き斜面、小石がコロコロしていてお世辞にも肥沃とは思えない。日中の寒暖差も大きく、昼夜となればなおのことである。栽培される作物にとって、この土地の不毛からくる極度のストレスは相当なものである。逆にそれが、野菜が美味しくなる源にでもなるというのだろうか?

わたくしが長く住んでいたのは、カルチェラタン*といわれるパリ5区のアパルトマンだった。ベランダに、前住者が遺していった土入りプランターがあったので、ちょっとした好奇心から日本の紫蘇の種子を植えたことがあった。ハーブ系の生命力は強いとは聞いていたが、気がつけば葉っぱの大きさは、掌《たなごころ》を超えて顔を覆うほどになっていた。まるでジャングルの奥地、先住民族の仮面である。

こんな話もある。

美味しい米として、日本人の誰もが知るコシヒカリという品種。最初に開発したのは福井県の農業試験場である。けれども美味しさ・旨さが花開いたのは新潟県魚沼地方であった。イネの開花から

*カルチェラタン:パリの5区にある「カルチェラタン」とは、ラテン語圏の学問・文化が栄えた中心地であり、現在も多くの学生や観光客が訪れる活気ある地域である。美術館や博物館、カフェやレストラン、書店などが集まり、文化的な雰囲気が漂う。

結実期間の昼夜の寒暖差、冬の大量の積雪による土壌の代謝機能あるいは風味やコクにも影響を与えるという菌根菌**などが、日本人の好む粘り気のある米を作り出したといわれる。あるいは、日本固有種の吉野杉も台湾で植え育てると、全く違う性質の〝台湾杉〟になるとも聞いた。林業界には「木を知るには土地を知れ」の格言もある。

同じ種であっても、土や気候の環境が違ってくると植物の育成度合いや性質、もとより味も変わってくるのだ。考えてみれば当然なことかも知れない。

日本とフランスの文化交流の歴史からはもう一つの仮説も考えられる。それは19世紀ヨーロッパを席巻し、近代美術のみならず芸術そのものを大きく変容させたジャポネスク（ジャポニズム）である。それまでの人物や建物などの対象を遠近法なども駆使してそのままに描く、写実主義に邁進してきた絵画の世界がひっくり返った。芸術は対象の忠実な模写（＝realism）なのではなく、対象と衝突した人間の感情表現（＝impression）なのであると。日本浮世絵からの指弾を受け、芸術界は脳天を貫くほどの衝撃を受けたのだ。印象派の誕生である。さらに、フォービズム、キュビズム、シュルレアリスムらの系譜を経て、現代美術につながっていく。

野菜は長らく添え物だった。主役は肉や魚であり、なくてはならぬ主食のパンや米にも、立ち向かうことはできなかった。しゃしゃり出ることなく地味に控えて、飽きることのない滋養の味を食卓に供給してきたのである（これぞ有史以来の連綿たる女性像そのものではないか）。脇役から主役への転換こそ奇跡の第一歩だった。主客転倒に脳は惑乱する。野菜に神経を集中させて、愛でるように歯で噛み砕き、汁を最後の一滴まで飲み尽くして、心から味わったことなどあったのだろうか。

ここ10年くらいのベジタリアンやヴィーガンの勢い、モッタイナイの節約運動に世界的健康ブーム。潮流の変わり目も後を押した。

オートクチュールの野菜

野菜のオートクチュール。芸術的待遇の供与が美味しさと希少価値に結びついたとも考えられる。

一般農家は最終消費者（コンシューマー）の顔を見ることはまずない。再現性や効率性を高め、見た目も味も艶やかで美味しく、かつ標準なものを作ることに力を尽くす。最近では、土もいらない水耕栽培やＡＩに管理させるハイブリッド農法も盛んとなっている。そこに予定調和はあっても驚きはない。驚きとは失敗があったとしても、思わぬ際にとんでもないエクセレントができることである。

山下農園は違う。買い取ってくれるレストラン・シェフ一人ひとりの笑顔がいつもちらつくと言

＊＊菌根菌：土壌菌叢の一種である菌根菌は作物の美味しさ（風味や旨み）と生育に関与している。菌根菌との共生によって栄養の効率的な吸収が促進され、健康的で栄養価が高い作物となる。

う。

彼はいつもこんなことを考えている。

「私は大地に跪《ひざまず》いて勤しんでいる。地からのメッセージを受け取り、詩に紡ぐ。すると詩は野菜となる。シェフに〝詩〟を届けると、彼らはメロディを添え、歌に仕上げる。レストランのお客さんたちはその歌を高らかに歌い、ハーモニーとなる。この情景を想像しつつ、収穫のタイミングを計りながら野菜を育てている」

……彼は野菜畑の詩人でもあった。

山下氏の野菜作りにおける揺るがないポリシーは、

「農園の野菜の特性を理解したシェフが作る、あるいは作りたいと思う、シェフの得意料理にマッチした、メインディッシュ・クラスの野菜を最高の状態で届けること」

である。

彼はシェフが作りたい料理に見合った野菜の、最終形態を想起して現実を創造していく。この信頼を保持していかんがために、シェフと欠かすことなくコミュニケーションをとり、信頼の証しとして納める野菜の種類と数と価格の白紙委任を取り付けているのである。

たとえばトマト。「トマトのミルフィーユ」を得意とするレストランには、大型のトマトを樹上で完熟した時点で収穫し、さらに室温で3日ほど追熟させて納める。野菜にも熟成肉と同じ考え方を適応させるのである。「ガスパチョ」が得意なシェフには、フレッシュさを最重視して、完熟を待たずに少し手前で収穫・納品する。赤いプチトマトの収穫は感性がものをいう。「受粉すると小さなトマトが出来始め、十分な大きさに成長すると翡翠色になる。熟すにつれて琥珀色から透明感のあるルビー色になる。そのタイミングを逃さない」と山下氏は語る。

受粉後の収穫日や追熱日数はきめ細かく計算されている。播種の時期や累積日照時間もアナログとはいえ綿密に管理されている。抜かりはない。多くの面倒は必要ない。作付面積は狭く、大量生産はできない。一人で管理できる範囲、必要分だけつくっているのだから。

Yamashita Brand Businessの「エルメスかシャネルか？」の取引哲学を紹介する。

・古い顧客を何より優先：お客様になってくださった順がプライオリティーである。
・白紙委任の取り付け：時節に最高の旬なものを納品し言い値で買ってもらう。
・取引形態：通常の取引形態（必要な時に必要な量を注文する）客との取引はしない。

顧客の一人、グランシェフのピエール・ガニエール氏はこう語る。

「山下さんと取引するには、納入される野菜を全て引き取らなければなりません。つまり、余すところなく料理に活かす腕がなければ不可能なのです」

毎年、どれ一つとっても同じ野菜はない。奇跡の蕪でも、年によっては洋梨ではなく柿の味がすることだってある。自然に逆らわず、成長した個性の異なる野菜を納める。そうすることでシェフとの会話を深めることもできる。

「今年のトマトの出来は去年と比べてどうですか？　さらに甘いでしょう？　なぜなら……」

といったニッチな話題も可能になる。それは互いにとって非常に稀有で幸運なことである。

ワインと料理の最高の組み合わせをマリアージュ（フランス語の結婚）という。山下農園の野菜もマリアージュと呼ぶにふさわしい。野菜と話しつつ育て、シェフと会話し、最適の状態になったら、双方をマリアージュさせるのだ。釣書は要らない。

ソムリエは何百種類のワインの中から、その日の料理と顧客の好みと予算の中で、もっとも飲み頃のワインを選び出す。一本一本のワインの個性を熟知して、都度キャッチアップしていかなければならない。野菜も同じである。シェフとマリアージュさせるのだ。ソムリエの仕事を一言で総括すると、「ワインセラーの中で熟成の進むワインの中から、今日飲み頃を迎えたワインの栓を抜く」ことに尽きる。そのタイミングを外さぬために、ソムリエは薄暗く埃っぽいセラー内に佇みワインと対話をする。

山下氏はシェフ達がお皿の上でベストなマリアージュを実現するために、このソムリエの様に生育途中の野菜たちと対話をしながら野菜を育てている（もっとも、山下氏の考えるソムリエ像は、本書後半で開陳される）。

それがオートクチュールたる所以である。このアプローチは誰にでもできることではない。シェフとのマリアージュに徹した野菜作り、アナログで管理しながら、そのノウハウの教えを誰からも乞うたことなく、経験値のみから導き出したあたりに、自ら「農道」と名づけた自負があるのであろうか。

理念は分かった。だが、再び問いたい。

「何が奇跡を生み出すのであろうか」と。

ここで、「奇跡の蕪の秘密解明」からしばし離れ、山下氏にバトンを渡し、次章で山下氏が考える農業、「農道」について語ってもらおう。

「農道」とは、もちろん農耕用道路の話ではない。山下氏がフランスで上梓した、撮り下ろしの美しい画像イメージが多用されている、日仏同時翻訳本のタイトルにある『Ｎｏ　ｄｏ』の「農道」である。しかもこのハードカヴァーの美しい装丁を施された書籍は、かつてホテルのベッドサイドテーブルに常備されていた聖書のような重厚感がある。

山下氏が唱えるところの「農道」は、農民道のみならず、農業道に通ずるものと解釈する。

第2章

山下農園が考える「農道」

Asafumi Yamashita

パリで生まれた奇跡の日本野菜

「山下農道」の神髄

盆栽から学んだこと

私（山下）が山下農園を始めるに当たって、盆栽の経験が農業に役立っている事があるとすれば3つ挙げられます。まず管理の失敗（手の掛け過ぎ）で盆栽を枯らした事により、植物の生死の境に数多く立ち会ってきた経験から、野菜に対しても管理の限界が予測しやすい事と、剪定の意味を知っているのでトマトやナスなどの果菜類を美しく仕立てられる事、それと樺太の真ん中辺りと同等の高緯度であるパリの季節感を把握できている事です。

日本では盆栽は夏に盛んに繁った枝葉で作られた養分が、冬の寒さの凌ぎに使われる前に、秋に入り温度が下がるにつれ、幹が太る事に使われるのですが、フランスで盆栽を栽培していた時に、何年経っても殆ど幹が太くなりませんでした。フランスでも四季と言いますが、3カ月の春と3カ月の秋を有する日本と違い、私の実感では3週間の春と2週間の秋で、冬の訪れが早いので、日本の種の袋に記されている適期な播種のタイミングをそのまま使う事が出来ず、二〜三度の失敗の後に播種のタイミングの考え方が把握出来るようになりました。

フランスで日本の野菜を栽培する為の播種適期はとてもタイトでピンポイントの見極めが大切なのです。

秋も深まり、冬の訪れを告げる冷たい風が吹くと、木々の紅葉、黄葉が軽やかな音と共に散っていきます。落葉は守られてきたはずの内側から始まり、風に直接さらされる外側の葉っぱが最後に散ると共に土の中では今年生えた根も役目を終えて脱落して土に帰り、一番小さな姿になり冬を迎える準備が整うのです。

盆栽界では、幾千万もの同じに見える紅葉の葉っぱには一枚として全く同じ形の物はなく、その一枚一枚には地中に対になる根があると考えます。盆栽は小さな鉢で樹木を育てるので、根の張れる容積が限定され、無尽蔵に葉を茂らせることも出来ないので、剪定作業を繰り返し、葉と共に根も鉢の大きさに対して適量のバランスに更新するのです。

厳密に言うと、生命力を引き出す為に、葉か根の剪定に強弱を付け、僅かにアンバランスにする手法をとっていました。枝葉の剪定は込み入った箇所を切り飛ばし通風を良くすると共に、大切な光合成の能力を維持させるための配慮として、太陽光線を受ける葉の総面積を減じない様に残す枝葉を決める事です。

森の木々の様に空から見たら地面が見えず、下からは木漏れ日に預かれる様なイメージです。野菜の栽培は盆栽と比べるとサイクルが短いので、トマトやナスなどを剪定のたびに植え替えする事は出来ませんが、切り飛ばされた葉と対になる土中に残された根が吸収する養分は果実に運ばれるのでは?と想像しています。

農業を始めるに当たって

農業を始めるに当たって準備したことはほとんど無く、強いて挙げるとすれば農業を始める決心が固まるのを待っていたことくらいでしょうか。農業関連の文献はほとんど読まず、先輩の農家に見学にも行きませんでした。つまり、腹を括ったら即自己流でのぶっつけ本番でした。

経験も知識もほとんどゼロなので、まずは元々の土の力と太陽のエネルギーに全てを委ねた「何も使わない農法」でスタートしました。

肥料も農薬も何も使わない農法だったので、ジャンル的には自然農法とか有機農法とかの農法に分類されていました。

ちなみに自然農法と有機農法では、それぞれ批判し合っている事実があり、そういう農家と積極的に交流していた訳ではなく、あまり関わりを持ちたくないと思っていました。

どこに違和感があったのかと言うと、

1　自分の言葉で語っていない（受け売り）と感じる。

2　自分達と違う考え方を実践している人々を全否定する。

3　一部の限られた現象だけで全体像を語ろうとする不可解。

4　人は自然に対して悪い影響を及ぼす行為をする生き物だと決めつけている（人間性悪説）。

などなど、一部の新興宗教の信者の頑なさに似た姿勢に、窮屈な思いをさせられるのが嫌だったのです。

ミミズの働き

例えば、「不耕起農法」と言われる全然耕さない農法があります。

これは、土は耕さなくとも土中に生息するミミズの移動や植物の根の伸張の力で土は自然に耕される。鍬や耕運機などを使って人為的に土を耕すと、土中の有機物を食し、作物の肥料として有益な糞を土に還元してくれる大切なミミズを殺してしまう事になるので、栽培のために土は耕してはいけないという理論です。

その話を聞いて、もし耕さなくとも野菜が上手に育つのなら、労力を他に回せるので好都合だと思い、試してみた事があります。

不耕起の畝と耕した畝の生育の様子を比較すると、不耕起の野菜は呼吸が浅いのか息苦しそうに見え、耕した畝の野菜は深呼吸ができているのか、生き生きと伸びやかに生育しているのです。

不耕起で固くしまった土に深さ1cmの小さな穴を開けて落とした大根の種と、耕した土に1cmの深さに置いた種を比べると、発芽までの日数、発芽率、その後の生育のどれを取っても耕起した土の成績は不耕起を圧倒していると言う結果も実証しました。

ついでにミミズのもたらす肥料効果も考察してみましょう。

ミミズは土中にある有機物を食し、それを消化吸収して排泄した糞は立派な肥料だという説です。

この説を私は100%支持します。

しかし、そこで私が問いたいのは、ミミズのもたらす施肥効果は全体の必要量の何%を占めているのか?という疑問です。

我々の吸っている空気の中身はざっくり言うと25%の酸素と75%の窒素です。

植物が必要としている主な栄養源は窒素、リン酸、カリだと中学生の頃学びました。しかし、空気中に含まれている窒素を植物は利用できません。

そこで、豆科などの根に侵入して棲み着く根粒菌というバクテリアが、空気中の窒素を植物が吸収できるアンモニア態窒素に変換して供給しています。

また、太陽光線とCO_2と水を葉緑素で光合成した養分の一部は土の中のバクテリアの食料として供給されています。

かように、土中には植物と共生し養分を供給しているバクテリアが天文学的な数で存在しているはずです。その中でミミズの占める役割は取るに足らない程度なのでは無いのかな?と私は想像しています。そのミミズを護ることを金科玉条のように唱えて、野菜の生育に有用な畑の耕起を是としない論理には疑問を感じます。これは、「木を見て森を見ず」の典型例の一つだと思っています。

不耕起栽培を強く推奨している農家は、ともかくミミズを始めとする既存の生態系を守らなければ、人類の存続に重大な危機が及ばされると信じているのでしょうか?

従って、一切畑は耕してはいけないと訴えます。

そこまで厳密かつ排他的な考え方はイデオロギーで、彼等の行動（運動）は宗教の儀式そのものなので、私には最早「農法」とは考えられません。

私は農業を生業として考え、自分のキャパシティと相談して最大限の結果を求めて試行錯誤を続けています。

そこに、耕起するか不耕起で栽培するのか？の2択には加担するつもりはありません。

全面耕起と全面不耕起ではなく、もっと柔軟に一部耕起とか一部不耕起を使い分ける方が現実的だと思います。

生態系の問題も、ミミズを増やしたいのならば、一部耕起した方が有効だとも思います。

「硬い岩盤を貫く根」の様な特異な例を持ち出して「根性」を説く事はよくありますが、私の農業経験や観察から、自然界の成り立ちは須く「易きに流れながらも流れを止めない」のが「根の性」なのです。

従って、野菜の栽培の為に、耕され空気や肥料が漉き込まれた作土はミミズの生育にも適した環境なので、周辺から集まり生殖行為が盛んになると思われます。

病害虫からの被害を防ぐ

農業は自然との戦い、とよく言われます。

私は自分自身も自然の構成要素の取るに足らない一部だと認識しています。

大自然の力は強大でそれに戦いを挑む姿は勇敢かも知れませんが、大家に楯突く店子の様な構図で、家を追い出されてしまっては元も子もありません。

私の農業観では、自然との戦いには参戦せずに如何にしてやり過ごせるか？に腐心するのを良しとしています

地球上の生命体は食物連鎖のシステムの中で存在しており、食べられる方にとっては食べにくる奴は天敵です。

その天敵から身を守り、種の保存のためには何らかの対抗措置を講じる必要があります。

野菜の順調な生育には天敵からの被害を最小限に抑えるために、何らかの手当が不可欠です。

天敵の侵入を防ぐ、あるいは被害を最小限度に抑えるためのトリートメントです。

そのトリートメント剤（農薬）にはケミカルな農薬、植物から抽出した農薬（我々は漢方とか生薬と呼んでいる）と野菜が自らの身を守るために自家生成する抗天敵物質と大きく分けて3種類あります。この点は後述します。

由来は違ってもその3種は天敵にとっては毒薬で、成分は同質のものと考えられます。

それではどの由来の毒の残留性が一番高いのでしょうか？

私は、普通に考えられるのと逆の、自作の毒、漢方の毒、ケミカルな毒の順番だと思います。

その理由は、自作の毒は一生ものだと思いますし、ケミカルは毒の純度が高いので環境変化の激しい自然界でバランスが取れずに分解し易い設計で作られ、漢方の毒はその中間だと思います。

そして、漢方の毒はケミカルほどの純度が得られないので、ケミカルと同等の効果を期待するに

は散布回数を多くしなければならないので毒の積算量はケミカルよりも多くなり、純度が低いので残留性（安定性）も高いと考えられます。

従って、天敵の発生するタイミングを狙ってピンポイントで使うケミカルな農薬は、野菜が自己防衛の為に作り出し体内に溜め込んだ毒よりも、人体にとっての安全度が高い、というのが私の見解です。

私は農薬を「お説教」のようなものだと考えています。

農薬施用は野菜に毒を掛ける事で、お説教も人に対しての毒です。

農薬もお説教も施用しなくて済むならばそれに越した事はなく、寧ろ無いことが望ましいのです。でも、もし野菜に害虫が取り付いたり、病気の兆しが見えた時、子供が不良との関わりを持ち始めたり、いかがわしい宗教団体に引き込まれそうになった時など、手遅れにならないうちに、農薬やお説教の施用が叶えば、心身の健康が蝕まれることを防げるかもしれません。

農薬もお説教も相手を愛するが故に、良かれと思って施すものですが、タイミングを間違えると、ナイーブな部分を傷つけてしまうこともあり、量が過ぎると死に追いやってしまう危険性もあります。

野菜の生育も人生も常に順風満帆なわけではなく、何度となく危機が訪れますが、その都度躊躇なく的確なタイミングと量を図って施用することが肝要です。

農薬は正しく施用することで、野菜の順調な生育に寄与し、お説教も正しく行えば、青少年が人の道を違えることなしに力強い成長を続ける一助になります。

私自身は、おこがましくて説教などできる大人ではないので、せめて一農家として毒にも薬にもなり得る農薬の、薬になる使い方を習得したいと願っております。

⚜ 水

水を多く与えると野菜の生育が進みますが、闇雲にあげても逆効果になってしまうこともあります。

大切なことは、水を多く与える前に根の量を増やしておくことです。

根の量が基礎体力なのです。

私が盆栽の水遣りをする時には、鉢の容積と同等以上の量の灌水《かんすい》を心掛けていました。生命維持に必要な水分量は鉢土が充分に湿る程度で事足り、余った水は鉢底の穴から流れ出します。

水が染み込み、余分な水が抜け出ることで、鉢の中の昨日までの空気が今日の空気と入れ替わるのです。換気目的の給水で、盆栽に深呼吸をしてもらうためです。

山下農園の土は粘土質なので水捌けが悪く、冠水すると滞留し土中が酸欠状態になりやすいのです。

それが長く続くと根が窒息して腐ってしまいます。

土は呼吸します。

灌水の様子©Alexandre Petzold

最低気温の時に空気を吐き出し、最高気温の時に水蒸気を放出しながら空気を吸い込みます。1日1呼吸です。

　根の量を増やすための灌水は、苗の定植時には根と土の密着を促すためにたっぷりと（1週間くらいは灌水しなくても済むくらいの量）灌水します。

　定植後は無灌水で管理して根の活動を促します。

　根は水を求めて伸びて行くので、生育初期の根の少ない時期に水が多過ぎると根に怠け癖がついてしまいます。

　土が乾き気味になり、葉が少ししんなりし掛かったたらたっぷりと灌水、これを2〜

3回繰り返した頃には、充分な根の量も枝葉も確保できていますから、そこからは希望の生育スピードを求めてガンガンと灌水しても大丈夫です。

このプロセスはスポーツでスパルタ訓練に耐えられる基礎体力を養う手法とよく似ています。

北向きのトマト

山下農園の野菜が美味しいとの評判から、さぞかし環境に恵まれているのだろうと、想像される事が多いのですが、前述したように、実は立地条件はとても厄介なのです。その厄介さをどう克服したかは、第5章で詳しく述べます。

関東ローム層の様に火山灰ベースの土ではなく、沖積層なので畑の土質は瓦が作れそうな程の強粘土質で重く、雨が降れば直ぐに泥濘《ぬかる》み、乾燥すると鍬の刃を跳ね返すくらい硬くなります。

つまり、水捌けが悪く土の含有している酸素が乏しいのです。

山下農園は、セーヌ川に向かって村の一番低い所に位置しているので、村に降る雨は畑の方に集まり、少し長雨が降ると地下水位が上昇してハウスの中でも泥濘み、水捌けの悪さを増長しています。

それでいて、石ころも多いので、畝立て毎に洗面器半分くらいの砂利を拾っては畑の外に出しています。

一度出した石は自分から畑に戻る事はないのですが、27年目を迎えた今日でも状況はあまり変化が認められません。

更に、山下農園はなだらかな傾斜地なのですが、北斜面なのです。

見学に訪れる農家のプロ達に、「何でこんな場所を選んだのか？」と尋ねられますが、盆栽業の時は、日本から輸入した鹿沼土や赤玉土を使っていましたし、鉢は動かせるので、陽を当てたい時は南に回転させれば済むので、全く問題はありませんでした。

蕪は山下農園のシンボルの様に扱われている野菜で、ほぼ通年栽培しているので、売り上げも一番大きいのですが、一番頻繁に世話をしている、1日に何回も見に行く一番手間を掛けている野菜がトマトです。

山下農園では全ての畝を東西の方向に伸ばしています。

そこにトマトを並べて植えると、1株で南北両側にトマトが実ります。

実は、同時期に熟しているトマトは同じ株でも南側と北側では明確に味に違いが出ます。

先入観に従えば、より多く陽光を浴びている南側のトマトの方が美味しいと思われがちですが、実は北側の方が美味しいのです。

その原因を私なりに分析すると、南側は直射日光を受けていますが、北側は葉の影にあるので、間接光になります。

南側は太陽エネルギーを存分に浴びますが、同時にストレスの原因にもなりかねない紫外線も浴びるので、修羅場に身を置いていることにもなります。

そうなると、自己防衛の為にか？味は強くはなるのですが、皮が厚くなるなど嫌な性質も出てきてしまうのです。

親の様に自分を守ってくれる葉を後ろに押しやり、矢面に立って修羅場に身を晒している娘と、優しい親の庇護の元で育った深窓の令嬢との対比に似ています。

トマトが熟すのはそのトマトが受けた積算温度の影響なので、同じ日に開花受粉したトマトは、北側は南側と比べて数日遅れますが、素直な優しい味になります。

畑で完熟したトマトは、配送時の傷みを回避する為に未熟で収穫し、配送販売までの時間で追熟した物よりは美味しいのですが、もっと美味しいトマトがあります。

トマトが樹上で自ら作ったセミドライトマトです。通常は完熟を過ぎると、落下するか発酵或いは腐敗してしまうのですが、稀に徐々に水分が抜けて味が凝縮したセミドライトマトになるのです。ごく少量しか出来ない絶品は、販売には回らぬ門外不出で、家族や農園に来た親しい友人に畑で賞味してもらっています。

収穫する時に思うこと

トンビが鷹を産むではありませんが、山下農園の野菜達は、野良仕事を通して培って来たはずの私のちっぽけな資質を遥かに凌駕した、素直な良い子達に育っています。

配達の時には、成長した自慢の我が子を社会に送り出すような、ささやかな喜びを感じます。

畑で試食をすると、口の中から心に美味しさが広がる感じがします。

その心持ちは、「感動」という心を揺さぶられる喜びに満ちた感情とは、ちょっとニュアンスが異なります。

むしろ立派に育ってくれたことと美味しさに揺さぶられて「心が整えられたような」静かな安堵感を覚えます。

育苗ハウスで育てられた苗を畑に定植し、たっぷりと灌水して一夜を過ごした翌朝の苗の姿を見るのが好きです。

葉っぱ一枚一枚にシャキッとした静かな生命力の緒が見えます。

モチベーションに突き上げられて畑仕事をする事を嫌い、平らで丸い心でいられるように抑制した気持ちで育てている私の野菜は、感動のような興奮剤ではなく、長く続く余韻のような鎮静剤の役目を担っているのかもしれません。

週末の見学試食会

山下農園では毎年5月半ばから10月半ばまでの期間限定で、週末見学試食会を行っています。

1回のサービスは10名までなので毎回ほぼ満席になり、2022年の一番遠方からのお客様はジンバブエやコロンビアなどフランスから遥か彼方な国からもお越しいただいております。お客様達は、野菜が好きだったり、日本を憎からず思っている人々で、口コミやマスコミ（メディアの報道）で私の存在を知り、興味を持たれた人々です。

何年か前ですが、こんな事がありました。

私の顧客のレストランから連絡先を聞いた、との事でカタール国のプリンスから妹と二人で予約したいと連絡があったのですが、妻は「その日は生憎満席です」とあっさりお断りしていました。

巡り合わせの悪いお客様は、4～5年に渡り毎年トライしていた場合もあるようです。

来園されたお客様のエピソードで、こんな冗談を言った事があります。

「今日の試食会に、現在スイスに住んでいる独裁者の息子が来たんだよ！」

「えっ！　誰？」

「右手を高く掲げて演説する超有名な独裁者」

「それって、まさか！　ヒット×―の事？」

「違う、違う、その人の父親の名前は、チャーリー・チャップリンで、ご本人も俳優さんだよ」

見学試食会の様子

お客様には12時に集まっていただき、狭い畑を1時間くらいかけてゆっくりとご案内し、1時過ぎから試食会という流れです。

一般の方々やジャーナリストだけでなく同業者の訪問もあり、色々な質問を受けます。

見学者の知りたい情報は「美味しい野菜を作る山下農園の『秘密』は何か?」に大体集約されています。もし毎回必ず美味しい野菜が作れる秘訣があるならば、一番知りたがっているのは当の本人である私です。失敗しては改善点を探り、上手く行けば更にもっと良く出来るように改良点を模索することの繰り返しで、日々刻々と移り変わる気候や環境に対応の利く普遍的な技術を求める姿勢は、職業人として当然のことです。

山下農園は僅か1000坪程度の畑ですが、お客様から「たった一人で全部やっているのですか！　それは大変ですね」とよく労って貰います。

そんな時にはいつもこう答えています。

「私は大変な事だと思わないようにしています。

仕事というものは、自分の内側から湧き上がってくるエネルギーを使ってするものです。

大変という言葉は自分の外に向けたアピールで、それは外に放出する心のエネルギーの無駄遣いに感じます。

そのエネルギーを自分の内側に向けて圧縮し、より大きな力を得るために、大変という言葉の代わりに、『大切な事』ですからと思うようにしています」

私は常に謙虚でいたいと思っています。

何故ならば「謙虚の分量＝進歩の余地」だと思っているからです。

週末見学試食会には、様々な国籍や異なる文化の人々が集います。そして初めて参加される人が居ると、食事が始まる時に、常に同じ話をさせてもらいます。テーブルセッティングの話で、食事は野菜メインの和食をご用意しています。

「皆さんの前に箸があります。

箸は中国でも韓国でも、その他のアジアの国々でも使っていますが、殆どの国ではナイフ、フォークの様に右側に縦に置かれていますが、日本では体の正面に横向きに置かれます。その理由をこれからご説明いたします。

我々人間は、生きる為には我々以外の命を食せなければなりません。「いただきます」という食事の直前の挨拶は、「御命頂きます」の簡略版で、箸を横に置くことで、自分と自然（他者の命）の境界線を見える形で表したものです。

その境界線を跨ぐ時に、自然に対する感謝の念を抱けば、供された料理がたとえ粗末な料理でも、豊かな食卓になるのです。

これから何皿も料理が出て参りますが、一皿毎に箸は元の場所に戻して下さい。次のお皿は新たな異なった命が現れるのですから」

この日本独自の自然観というか死生観をフランス人達は皆初めて聞く話ですが、今までに異論を表した人は一人も居らず、皆納得して受け止めてくれています。

つまり、彼らのマインドにストンと落ちて納得されているのです。

フランス人にとってはキリスト教では説明された事のない事例の日本の異文化（食文化）なのですが、双方の潜在意識の中にある共通認識があることが分かり、これまで言葉にして聞いた事のないテーマながら、「いただきます」の意味を思い返すだけで、お客で来たフランス人達の次の食事から豊かな食卓を作ることが出来るようになるのです。

文化交流は、世界には様々な価値観がある事を知るだけでは、文化交流をする意味が不十分で、異文化を知ることで自国の生活がより豊かになる所までが1セットだという事を常に心すべきだと考えています。

シェフとの会話と提案

レストランへの野菜の配達を業者に依頼することも可能なのですが、私は自分で配達することが大切だと思っています。

その理由は、野菜の味は毎日変化するので、農家は野菜の最新の情報をお伝えする事も業務の一つだと思っているのです。

例えばこんな感じです。

「シェフ、今週の蕪は先週と比べ味が少し濃くなってきています。皮の部分も少し厚みが増しているので、やや厚剥きにして軽く湯掻いて最後にサッとフライパンでバターと絡めると風味が立ってくるので、3年前の海老とのレシピにピッタリだと思いますよ」

この様に配達の時に料理人と野菜の味についてよく話をします。

巷では「有機野菜は味が濃い」とよく言われている様ですが、私は必ずしもそうではないと思っています。

というか、有機野菜でこれは素晴らしい味だ!と思えた野菜には、残念ながら巡り合った覚えがないのです。

「味が濃いから食べてごらんなさい」と勧められて試食したことは何度もあるのですが、私の味覚センサーは「灰汁が強い」と判断してしまうのです。シュウ酸由来のエグ味に似た苦味があります。

水耕栽培の野菜にはエグ味もないけど旨味もないので、それと比べると味が濃いと感じても無理からぬところはあるのでしょう。

私は苦味と苦い味は分けて考えています。

品種特性で苦い味を持った野菜とシュウ酸値が高くて苦味が出てしまった野菜は違うものです。苦い味を持った野菜を上手に料理すると美味しくできるのですが、苦味が出てしまった野菜はどんなに巧みに調理しても雑味が残ってしまいます。

沖縄野菜の島ちしゃ菜は苦い味をもつ代表的な葉菜《ようさい》で、「ちしゃ」ですのでレタスの一種ですがサラダには向きません。ただ火を入れると良い苦さが出て肉料理の付け合わせにすると、お肉が美味しく食べられます。

まあ、常備したいと思える野菜ではないかもしれませんが、年に1〜2回は食べたくなる個性的な野菜です。

素材

プロの料理人は複数の食材をそれぞれの持ち味を活かしながら、絶妙な調理法で組み合わせて見事な一皿を演出して楽しませてくれます。

それは、あたかも自然の恵みに対して、それを届けてくれた生産者を慈しんでいる気持ちが伝わってきます。

この野菜が、この魚や肉が、今自分の手元に在るのは偶然です。

これらは数時間前までは自分と何ら関わりのない何処かで、それぞれが自然の懐の中で精一杯生き、子孫を残す為に沢山のエネルギーを体内で充満させていたのです。

次の世代にバトンタッチするまで、もっと生きたかったに違いありません。

その連鎖を切り、食材として調理をするのですから、生半可な作業ではありません。

その証拠に、優れた料理人は須《すべか》らく食材の育った環境に思いを馳せます。

昔、台湾に遊びに行った時に、肉団子やら餃子、焼売、炒め物などの屋台が常設されている廟に連れて行ってもらったことがあります。

その賑わいの中で、好みの店に行き、食べたいものをその場で食べている人も居れば、鍋持参でテイクアウトして家族の食事にする人もいます。

その時に、台湾人の知人からこんな事を言われました。

「頭が良くなりたかったら脳みそを食べなさい。眼を良くしたかったら目を料理したものを、速く走りたかったら速く走っている動物の股肉を食べなさい」

この非科学的だけれども、素朴な食に関する考え方に感動しました。

「じゃあ、おじさん、なんで子袋を食べてるの?」って尋ねたら、

「子袋に馴染んでおけば、女で苦労しない」…？？？


根菜類は根に、葉物は葉っぱに、果菜類は実にエネルギーが漲っています。

そのエネルギーが最高度に凝縮している時が「旬」なのです。

知人の言葉を借りれば、根には根の、葉には葉の、そして実には実の固有の役割があるはずです。

と言うことは、食物として野菜をとる場合は、それらをバランスよく食べる事が健康に利するのでしょう。

料理屋さんに食事に行くのは、美味しいものを食べたいからで、非日常的な食事です。

従って、職人の技に掛かって見事な世界を繰り広げる、手に入りにくい高級食材、食べ過ぎると不健康になる高脂質、高カロリーのものなども堪能すれば良いと思います。

そして、食材本来の味を愉しむべきです。

しかし、毎日食べる家庭料理の場合には、素材の味を活かした調理法の他に、敢えて素材の味を殺した料理方法も考えなければならない場面があります。

この相反する調理方法が両立しているのが、「おふくろの味」なのではないでしょうか？

家庭料理は、その人の体躯を育み、健康を維持し、バランスの良い生活を営む為の食事です。

その為には、野菜ならば根、葉、実などを満遍なく食べたいものです。

人は皆、誰に教わった訳でも無いのに、自然と好き嫌いが出来てしまうものです。

そんな家族に、バランス良く食べてもらう為に、敢えて素材の持ち味を殺して「こっそり食べさせる」技が、おふくろの味に隠《こも》った愛情なのです。

私の様により良い野菜を作ろうと励んでいる生産者にとっては、素材を生かした料理を考えている料理人の存在は、生産者冥利に尽きます。

同時に、塊のニンジンが食べられない子供に、形を変えて何とか食べさせてしまおうという、おふくろの味も気持ちも、同じくらい嬉しいものです。

豊かな食生活とは、自然の恵みに感謝しながら頂くものであり、ただ単に、高価な希少部位だからというだけの理由で料理を愛でている人は、貧しい食生活だと思います。

蒸し野菜

話は変わりますが、山下農園の週末レストランではメニューに蒸し野菜を入れています。ニンジンとか茎ブロッコリーとかジャガイモやカボチャなど季節の野菜を蒸して、飼っているブレス鶏の卵のマヨネーズで作った味噌マヨなどと合わせているのですが、いつも自分達用に余分に蒸して、営業後に賄いとして食べています。

実は、山下農園のニンジンは蒸し立てよりも冷めてしまってからの方が美味しいのです。冷めることで旨味が凝縮し落ち着いた存在感が生まれるのです。

その事に気付いてからは、顧客であるシェフ達に調理したニンジンを常温（室温）に冷まして供するようにお勧めしています。

熱く調理された肉や野菜に、常温のニンジンを付け合わせることで、お皿の上で温度のコントラストが生じるので、表現の幅も広がります。

センチメンタル・バリュー

家庭菜園やベランダ園芸で作られた野菜は、いつも感動的に美味しいものです。といいますか、食べる前から美味しいに決まっている野菜です。その理由は、野菜の生育を見守っているうちに我が子のように思えるようになり、成長の過程で感じた希望や苦悩、込められた思いや捧げられた愛情などが、自分の生活リズムと同期して「センチメンタル・バリュー」(心情的価値)が生まれるからです。

実際には、収穫された野菜そのものの味より、描かれたストーリーが美味しいのです。

有機栽培の農家や特化した食材を扱う食料品店やレストランなどは、「素材より由来」なのか? 農法をストーリー仕立てに語り、それを付加価値として価格に反映させる手法を用います。それを聞いて共感する人がいる事は確かなので、ある程度は社会的ニーズに合致していることは認めます。

しかし、私はその営業手法には心情的に相容れないものがあります。

結果が伴っていなくても、「頑張った」という経過に評価を向けて欲しいと要求するようなもので、潔さに欠けた姿勢に見えるのです。

「付加価値」とは世間一般での認識では、ベーシックな商品に何かを付加して価値を上げる事、とされていますが、実態は単に利益率を上げる手法で、生産者側の論理です。

正しい「付加価値」の在り方は、購入した後にその商品に関して新たな価値に気付き、購入金額以上の価値を見出す事だと考えています。

「メーカーの付加価値は紛い物、客に付けて貰ったのが本物の付加価値」なのです。


自ら語るセンチメンタル・バリューに共感を求め、それを価格に転嫁するのは素人レベルの仕事です。プロに求められる資質は、自らのセンチメンタル・バリューは敢えて封印し、その代わりに他の人のセンチメンタル・バリューを知り、共鳴しようとする姿勢です。

私は自分の仕事である農業を、木彫りの仏像を作る彫刻家の仕事と重ね合せて捉えています。彫刻家は原木を前にして中に眠る仏像を見出し、仏像が目覚めるまで一心不乱に彫り続けます。

一鑿一鑿《ひとのみ》に心を込めて、時には大胆に、時には愛おしむように彫り進めます。

疲労が重なって鑿を休めることもあれば、離れて途中経過を観察し、次の工程の吟味をすることもあるでしょう。

全身全霊掛けて仏像を彫り出すプロセスで経験する努力や苦労などはセンチメンタル・バリューそのもので、その全てが木屑の姿に変わって溜まっていくのです。

センチメンタル・バリューを木屑と共に削ぎ落とし、無価値なものとして潔く葬る先に、穏やかな仏像の姿があるのです。

私も畑の前に佇み、旬を迎えた野菜の姿をイメージします。

野菜を栽培するプロセスで、野菜を愛おしみながらも、長時間のしゃがむ姿勢の所為で、巻き爪や腰痛が出たり、花粉症でくしゃみが止まらなかったり、すくすく育つ姿が嬉しかったり、冬の寒さに凍て付いたり、虫に刺されて痛かったり痒かったりとセンチメンタル・バリューになる様々な経験をしますが、自分のした努力などは無価値なものとして葬ることを良しとしています。

苦労と言う名のセンチメンタル・バリューを価格に転換しないのは勿体無いと考える向きも巷には溢れていますが、私には興味がありません。

それは、作業を通じてずーっと幸せな時を過ごせていたからです。センチメンタル・バリューという木屑は全部集めて破棄し、掃き清める事で成仏できるのです。

それをお金に変えようなどという試みは烏滸《おこ》がましくて私には出来ません。

土寄せ

「愛情をたっぷりと込めて育てた野菜」と言うようなキャッチフレーズと共に、笑顔の農家の写真が添付された野菜を良く見かけます。

微笑ましいな~とは思います。

しかし、愛情を込めると良い野菜が育つのでしょうか?その因果関係が私には判然としません。

そして、野菜栽培の現場でどうやって愛情を込めるのか?その動作もイメージ出来ません。

そもそも私は「愛情を込める」という言葉の発するニュアンスが私には息苦しさを想起させ、嫌いなのです。

慈しむ、愛おしむと言う何かを大切にする気持ちは素敵なのですが、愛情を込めると言うことは、込める側の一方的な行為で、受ける側の自主性への配慮に欠け、押し付けがましい感じがして、不躾とさえ思われます。

愛という情念を込めて接したら、自分の子供でもきっと息苦しく感じると思います。

真っ直ぐに育てたつもりが曲がってきたり、途中で成長を放棄したかの如く急に元気がなくなり、ダメになってしまったり、諦めかけていたものが、暫く放って置いたら、いつの間にかビックリする程立派に成っていたり…この様な事例は野菜でも人間の子供にも侭ある事ですよね？

根の生育に必要な空気は表土に近い部分ほど含有量が多く、深くなるほど流通量が減り、さらに深くなると空気が無くなり、深度によって好気性から嫌気性へと、バクテリアの分布が変わります。

根の役割は大きく分けると二つあり、土中から生育に必要な水分や養分を組み上げる役目と、作物の姿勢を保つ役目があります。

鉢の中で育てられた野菜の苗は、鉢の形に根を蔓延《はびこ》らせており、水分や養分を吸い上げる事は出来ますが、畑の土とコンタクトしていないので、姿勢を保つ役目は担えていません。

出来上がった苗を畑に定植する際に、私が心掛けている事があります。

定植地の耕作土は出来るだけ深く耕し、苗は出来る限り浅く植え付ける事です。

土寄せの作業

硬い地面を掘り起こし、耕すのですから難儀なのは当然です。

地面を深く耕す事によって、根の初期生育の余地を沢山確保し、土の中に空気を一杯すき込むのです。

そこに苗を植え付けるのですが、要領は出来るだけ「浅く」植える事です。

浅く植えると不安定で心配ですが、最初は探るように根を伸ばして行き（見えていないので想像ですが）、伸ばせる事が解ると一気に四方八方に根を拡げ、いつの間にかしっかりと地面を掴み安定します。

子供がキレて家庭内暴力という、悲惨な事件が度々報道されます。

その原因はひょっとしたら、親御さんが手を抜いて浅くしか耕さなかった畑に、子供を深植えしてしまったのかも？

準備不足を自覚した罪悪感の辻褄合わせなの

か？

浅くしか耕さなかった事で、植え付ける苗の安定性に不安があり、勢い深めに植えてしまうと、大人の根っこならば突き進んでいく事ができる様な状態でも、幼い苗には厳しすぎる環境なのです。更に、生育が芳しくないと、慌てて大量の水を与えたり、濃度の過ぎる肥料をあげたりしてしまうのでしょう。

他人事とはいえ、心が痛みます。

「土寄せ」と言う農作業があります。

苗の周りの土を集めて株元に円錐状に寄せる作業です。

寄せられた土は全て葉っぱの下にあり、根回りの乾燥を緩和するだけでなく、自身の体重のみで浅植えの苗が倒れない様に姿勢を保つのです。

苗の自根が伸びてしっかりと地面を掴み、茎も太く強く成って自ら姿勢を保てる様に成った時に、寄せられた土は役目を終了します。

母なる大地の土が、苗に寄り添い、生育を静かに見守っている姿は愛そのものです。

愛は込めるものでは無く、母なる大地の土のように「愛は寄せる」ものなのです。

水や肥料はその先です。

ひょっとしたら必要ないかもしれないから。

寄せた愛なら、野菜も子供もよく育つ！

薬剤散布のタイミング

害虫による食害や病気の罹患を未然に防ぐために行う農薬散布を嬉々として行っている農家はいないと思います。

私にとっても農薬散布は種蒔きや苗の植え付け、作物の収穫のような楽しい作業ではありません。しかし、食わんがための農業従事者としては、作業の効率や傷んだ野菜の姿を目にした時に受ける精神的ダメージを思うと、自分の農業を持続させるために必要な手当だと甘んじています。

フランスでは年中行事の様に農繁期を終えた年末近くになると、農家が抗議のデモを行います。

ある年の農家のデモの翌日に、顧客のレストランで顔見知りの農家の親父から

「昨日のデモには参加したのか？」と聞かれました。

「ああ、高速道路にトラクターでノロノロ行進していたあれ？

私は参加しなかったよ。山下農園はトラクターを所持して無く、耕運機しか持ってないから」

デモの理由は、農家の可処分所得が減った事で、その原因は政府の発表した、使用禁止の農薬のリストが年々長くなり、以前の生産性を確保できない状態に対する怒りなのです。

政府の発表に従う事は吝《やぶさ》かではないけど、同時に以前と同等の効果の有る、使用可能な農薬の提

供が無ければ、生産性の維持という責任を果たせない事態になってしまいます。

ＳＤＧｓだか何だか分かりませんが、農家の生産性が維持できなければ、農家の生活が圧迫され、食料の絶対必要量の確保が出来なくなる方が大問題の筈です。

どの国の政府も、この問題に関しては煮たり焼いたり、じゃなくて似たり寄ったりですね。

美味しい野菜＝有機野菜ということを信じている人から、「山下農園ではどんな農薬を使っているのですか？」という質問をよく受けます。

私の答えは、「効き目の有る農薬を使っています」です。

私は自分で定めたセオリーで農薬散布を実施しています。


それは農薬の効果が一番望めるのは、病害虫の被害を遠ざけるための「予防的な施行」です。

作物がダメージを受けてからの対症療法では、効果も限定的ですし、生育にも遅れが生じます。

私が一番大事にしているのは薬剤散布の適正なタイミングです。

月の引力の影響なのか？　女性が自然分娩で出産をするのは満月か新月の時が多いことは昔から知られています。

私は野菜に付く害虫も、同じ地球で同じメカニズムの中で生きているのだから、満月や新月のタイミングで産卵する確率が高いと考えています。

虫の卵は数日で孵化します。

生まれたての幼虫は弱いので、薬剤散布はそのタイミングで実行し、規定の希釈倍数より薄めの薬剤でも効果が認められています。

化成農薬のケミカルという事を忌み嫌う言動が日常的に耳に入ってきますが、化成農薬に関する私の考えをお話ししましょう。

化成農薬の原料は？　石油です。

石油の原料は？　太古の動植物の死骸です。

太古の時代に地球を覆うように繁栄していた動植物にも食物連鎖があり、食害する天敵がいたはずですし、病気の蔓延もあったことでしょう。

植物は自らの種の保存のために、自然治癒力や自己免疫力を損なわないように、病害虫に対抗する毒を生成していたはずです。

その毒素は石油に溶け込んでおり、それを化学的に抽出したものが現代の化成農薬なのです。

従って、私が化成農薬を使う行為は、祈りにも似た「太古の地球との時空を超えたコミュニケーション」だと感じています。

農業技術に関して

私は大前提として「農業は神様の仕事のお手伝い」だと思っているので、「如何なる農法も否定しない」ことにしています。

所詮、人の考えているものなので、「完全農法」というものは存在し得ないと思っているのです。どの様な農法を唱えても種の生命力と自然の恵みに託さざるを得ず、栽培のプロセスは「種を蒔いて、水を遣り、旬の訪れを待つ」以外はありません。

農法の違いは、種を蒔くまでの準備、生育期間の管理の考え方や方法の違いであって、どの農法でも野菜の健やかな生育を願う祈りが捧げられている事を私は知っているからです。

「農業は自然との戦い」と良く言われますが、殆どの農家は想定通りの栽培ができなかった際に、条件反射の様に「天候に恵まれなくて……」とお天道さまの所為《せい》にします。

ちなみに私は栽培が上手く行かなかった時に「天候の所為」にしたら、潔く自分の負けだと戒めることにしています。

私自身のささやかな農業でも様々な失敗が繰り返され、それは今日も続いています。

失敗は天候に起因する割合が大きいことは事実ですが、コントロール不能を自然の気紛れの所為にすることで、自分を慰めても埒が明きません。

自然は気紛れなので、穏やかな日もあれば、荒れた日も突然現れます。また惑星直列の様に偶然に条件が整い、害虫の異常繁殖が起こり、壊滅的な被害に見舞われる事もあります。

また、作業中に後退りをして、植えたばかりの苗を踏みつけてしまう事も起こり得ます。

この様に、農業は予期せぬ天災やうっかり由来の人災の間をスラロームしながら、作物を掠め取って行く仕事だと私はイメージしています。

農業技術も日進月歩で次々と新しい農法が出てきますが、私はそれらを不見転《みずてん》で採用することはしません。

私は新技術にある程度は精通していると思っておりますが、一見良さそうな新技術も私にとってはあくまで「良さそう」なだけで、半信半疑の技術をトライして上手くいけばそれに越した事はないのですが、失敗した時に原因の精査が甘くなるので、進歩に繋がらないからです。

「時の審判を経ていない技術は採用せず」

10年待てばそれなりに確立した結果の蓄積があるはずで、外からの技術導入はその後で構わないと考えています。

農業は1年1作で、通年栽培している作物でも、その年の5月に栽培する5月物は1作なのです。良さそうだからと取り敢えず新技術を試してみる姿勢だと、1作に掛ける気持ちに「紛れ」が入る気がするのです。

農業は栽培している全ての作物が満足の行く結果をもたらすわけではなく、壊滅的な結果を甘受しなければならない事態も侭《まま》あります。

大半の農家は、新技術の採用が芳しくない結果に終わると、翌年は別の良さそうな新技術に飛び付き、を繰り返します。

それでも後年、偶《たま》さか自分の畑に合った技術に巡り会う事もあります。

そんな農家を世間では「長年の努力が実った」と評します。それを努力の賜物と考えるのも人情としては理解できます。

その努力を尊重することに吝《やぶさ》かではありませんが、私は「何かを成すために技術を人から教えて貰わなければ出来ない人は、教えて貰っても出来ない人」だと思っています。

農業を始めたばかりの頃に、隣同士の畝に植えた作物の片方にはちゃんと肥料を施したのですが、もう片方には施肥を忘れてしまったことがあります。

肥効がいつ現れるのか？　計算できない有機肥料だった事を差し引いても、生育の進捗状態や試食した食味にも判別できる違いが現れませんでした。

その時に「施肥など所詮は御呪《おまじな》いくらいの効果しか期待できない」と思いました。

より良い技術への弛まぬ追究は楽しいことで、自分の気付きは即新しい農法として試し、その効果を野菜の生育を見て確認するプロセスは、自分の内面から答えを導けた喜びであり、農業の醍醐味の一つですが、奇を衒《てら》った独自の新技術ではなく、将来農業技術のスタンダードとして多くの農家に繰り返し試して貰える農法に育てることが願いの一つなのです。

しかし、一度は上手く行っても気象条件は日々変わり、繰り返し同じ結果が得られる保証がないことも事実なので、一喜一憂せずに「全ての農法は単なる御呪い」に過ぎず、「豊作祈願」の儀式だと位置付けています。

同じ失敗をするのならば、自分のオリジナルの技術で失敗をしたいです。

他人の新技術だと失敗が失敗のまま終わってしまいますが、自身の新技術ならば改善点も見つけやすいので、成功の素となり得る失敗経験にすることが出来るかもしれません。

失敗の原因は複合的で、導入した農法の正誤確認よりも、冷静に真摯に他の要因にも目を向ける方が生産的であることが多く、それも失敗の精査です。

私の場合は、技術そのものの欠陥よりも自身の知識の浅さ、習得レベルの低さもさることながら、一番強く実感していることは、仕事に対する姿勢の甘さや資質の至らなさの方で、面倒がって、やるべき事を後回しにして手遅れを生じさせたり、気が急いて止まれず作業が雑になったり、主役であるべき野菜に対して、自我を通そうと無謀な判断をしたり、危機管理能力（主に危機予知能力）の精度の低さなど、様々な要因が反省材料として挙げられます。

これらの反省材料から一つでも自分自身が成長できるヒントが見つけられれば、みっけもんです。

そのために私が大切にしているルールは、自分の正しいと信じられる事しかトライしないという決め事です。

自分のオリジナルの農法でも受け売りの農法でも、何より大切なことは自分の選択した農法を信じることです。

結局は農家一人ひとりがどの農法を選択するかよりも信じ切れるかで、信じられなければ「御呪い」もご利益《りやく》を運んで来てはくれません。

農家の仕事は、美味しい野菜が育ちますようにとの願いが神様に届くように「祈ること」と、恵みが届くのを「待つこと」が出来るか否かを問われているのです。

有機農法との決別

現代農業を大きく分けると化学性の肥料や農薬に対して容認派と否定派に分かれ、否定派の中でも有機農法と自然農法では主張が異なり、そこに一部の絶対主義を唱える人が介入し互いに否定し合う悲しい現実があります。

どんな農法で栽培されても、畑から出てきたニンジンには何も罪はないのに、区別、差別が起きるのは理不尽です。

私が農業を始めた時は、何の知識も経験も無かったので、取りあえず肥料も農薬も使わない選択をしました。

当時から有機農法はマスコミで度々取り上げられており、私の野菜は有機栽培だと説明すると多くの好意的な評価をいただいておりました。

1　自然に優しい農業
2　手間暇を厭わず栽培された野菜
3　化学性の薬剤を使わないので健康に関して安心安全

などです。

当時の私は有機栽培の良いとされている点を妄信し、誇りに思って農業をしていた事は否めませんが、10年近くの困難な経験を積むうちに、様々なパラドックスが見えて来ました。

自宅の畑で有機栽培農家として生計を立てるために、思いつく限りの方法を試行錯誤し努力を重ねていく過程で、有機栽培からの撤退を考えさせた三つの出来事がありました。

一つ目は、パリ市内の旧日航ホテルの催し物で模擬店を出店した時のことです。

有機野菜でなければ認めない人の割合はせいぜい2％あるかどうかです。

私はそういう人にも受け入れてもらえる事を念頭に、有機認定を受けられる基準内で栽培を行っていた自負心はありましたが、そんな心をへし折るような一人のお客様からの質問を受けました。

「山下農園は有機栽培とおっしゃいますが、種は有機認定されたものですか？」

種の由来に無頓着だった事はうっかりだったかもしれませんが、有機栽培に纏わる「原理主義的」な姿勢に背中に悪寒が走り拒否感が芽生えました。

二つ目は、バザーから1～2年後、娘の大学の卒業式でアメリカ・ニューヨーク州に行った時の事です。

卒業式後に家族と友人を囲んでのディナーで隣の人に、

「娘の卒業式に参列するためにフランスから来ました。フランスで野菜の有機農家を営んでいます」

と自己紹介すると

「有機栽培とおっしゃいますが、農業はそもそも自然に反する営みです」と指摘されました。

私は有機栽培を実践している事をまだ誇らしく考えていたので、条件反射的に反論を試みましたが、後になって冷静に振り返ると隣の人の正論が心に染み渡り、農業観の転換に繋がりました。

三つ目は、末娘の誕生です。

出産に立ち会い、生まれたばかりの愛娘の顔を見ながら自問自答しました。

「イデオロギーに支配された農業（有機農法）に固執していて、私は良いパパに成れるのかしら？」

山下農園を始めてから10年近く経ち、綺麗事はさておき、有機農家として生産性と品質安定性の脆弱性の克服できない現実との決別を、娘の未来の姿が導いてくれたのです。

有機野菜の安全性と食味

以前に輸入野菜から残留農薬が基準の数十倍もの数値が検出されたとの報道が有ったことを記憶しています。

この事実は容認できませんが、残留農薬を基準値以下に収めて栽培している良心的な国内農家の産物まで槍玉に挙げる有機野菜信奉者の意見は度を超えていて見苦しいと思いました。

有機野菜信奉者は、食の安全性こそが何より大事だと繰り返し述べます。

私自身も食材を提供する農業を職業としており、曲がりなりにも人様の口に入るものを作っているのだから、安心安全は単なる前提条件の一つで、あえて目的に掲げるまでもない事柄と認識しています。

食味に関して、有機野菜は味が濃くて美味しいとよく言われますが、前述した通り、私は違う認識をしています。

水耕栽培の野菜と露地物の有機野菜を比べると、確かに有機野菜の方が強い味がしますが、多くの場合それは滋味の凝縮した濃さではなく、シュウ酸の凝縮したエグ味だと私の味覚センサーは判断します。

有機野菜信奉者は、有機野菜は美味しいと口を揃えて言いますが、彼らにとっては有機野菜なら美味しいというよりも、有機野菜だから美味しいと思っているのが真実ではないでしょうか？

彼らにとっては野菜が美味しいか否かの判断よりも、有機栽培か否かにしか関心が向けられない残念な人々なのでしょう。

仮に不誠実な農家が化学性の農薬の使用実績を隠蔽して、無農薬野菜だと偽りの表示をしていたら、その申告を信じた有機野菜信奉者は恐らく「流石に美味しい」と判断すると思います。

収穫前の定められた農薬散布の期間を超え、無力化分解（残留検知不可能）された農薬を感じ取れる味覚は人間には備わっていないはずですし、農薬の匂いも分解され、野菜自身の体臭（香り）で上書きされ、農薬の匂いも聴き取れないはずです。

野菜の食味に影響を及ぼす要素は、収穫期を迎えるまでに受けた病害虫の被害の時期と程度や、作土の肥料分の過不足が原因で、過去に化学性の農薬を散布されたか否かは無関係です。

基準に沿って適切な農薬散布で病害虫からの被害を未然に防いでいる野菜と、有機栽培で病害虫の被害を受けている野菜の生育状態を比較したら、前者の方が生き生きとした姿に見えるはずです。生き生きとして見える野菜は美味しそうに見えるし、視覚は味覚に影響するので、美味しく感じるはずです。

私の顧客のレストランはベジタリアンやヴィーガンの方々にも対応している店ばかりですが、私からシェフ達に「動物性の食材を忌み嫌う人達は、味音痴が多いと思いませんか?」と問いかけたところ、私の指摘に異を唱えたシェフは一人もいませんでした。

誰が何を食べるのかは一人ひとりの自由なのだから、それを尊重することに吝《やぶさ》かではありませんが、ベジタリアンが一人混じるだけで、他の人たちは肉を嬉しく食べられなくなり、テーブルの雰囲気が変わってしまう事を残念に思っている様です。

農家の一番大切な役割

化学性の農薬や肥料が人類の健康を害していると指摘するレポート・報道が数多く発せられている今日です。

私は科学者でもなければ研究者でもないので、学術的な事は分かりませんので、農家の素朴な疑問として考えてみましょう。

農家に求められている一番大切な役割は飢餓問題の克服です。

農作物を栽培して人々の命の糧となる食材を供給するためには、生産性の維持増強は常に喫緊の課題です。

そのためには労働力の効果的な活用と、作物の生産成功率を高める必要があります。

山下農園のスタートは、鍬一本で始めた原始的な農業だったので、農家の一番の重労働は土を動かす事だと思っております。

数坪の家庭菜園ならばそれで事足りますが、農業を仕事として捉えるならば人力だけでは賄いきれない規模の畑を整備しなければなりません。

従って、労働力の効果的な活用は農業機械に頼らざるを得ません。

私は実際に手仕事で1カ月掛かっていた畑作りの面積をトラクターやティーラーなどの耕運機を使えば半日で済んだことを経験しているし、出来栄えも雲泥の差がありました。畑作りに掛けていた労力（体力＋時間）が節約出来たので、その分を栽培に向けることが可能になったのです。

山下農園には最低限の農業機械しかありませんが、それでも労働力の効果的な活用は機械化により劇的な改善がなされています。

生産成功率の問題を考えてみましょう。これを端的に言うと、栽培期間中の病害虫対策と雑草対策に尽きます。

近年、農薬を原因とした健康問題という新しい問題提起がなされ、人体に悪影響のある化学性の農薬使用を禁止し、「農薬に頼らない有機農法に回帰すべし」という主張が世界中を席巻しています。

農家は大根の種を100粒蒔いたら100本の大根を収穫したいと願い、生育中の病害虫の被害を回避するために規定の農薬の希釈倍数と散布回数を守って農薬散布というメンテナンスを行います。

農薬散布も一手間なので、好き好んで散布をしている農家は一人もいません。種の一粒たりとも無駄にしてはならないという使命感と、出来るだけ沢山の野菜を世の中に提供しなければならないという義務感から導かれた作業をこなしているに過ぎません。

それでも収穫率が１００％を達成できず、破棄しなければならない作物は発生します。農薬を使っても中々１００％の防除は実現しません。

すると農家のメンタリティと言って良いのでしょうか？　希釈濃度を高め、散布回数を増やせばより効果が期待できると考えがちで、過去に農薬に対する理解が未熟だった農家の作物の所為で健康を害した人がいたのかも知れないという事は否めません。

これは、農薬に対する理解が未熟だったのでしょう。

だからと言って、農薬を全面禁止にすべしという論は乱暴だと思います。

化学性の農薬

化学性の農薬は本当に健康を損ねるものなのか?を大きな視点で考えてみましょう。

僅か80数年前、先の第二次世界大戦以前には化学性の農薬はまだ世に出てきておりませんでした。

化学性の農薬が存在しなかった（有機栽培）戦前と化学性の農薬を使うようになった（慣行農法）戦後～現代までの平均寿命を比較すると、明らかに現代の方が長寿になっています。

長寿の実現に医学の進歩を忘れてはなりませんが、それは傍流で、科学の進歩により病害虫の生態が分かるようになり、効果的な農薬の作出により農産物の生産性が劇的に向上し、飢餓の恐れが遠のいた事が長寿と直接結び付いています。

つまり、農薬のお陰で人間は長生きができる様になったのです。

長寿は不健康なのですか?

飢えって健康的な食生活なのでしょうか?

私は農薬の過剰散布を決して好ましいと思っていません。

農薬は病害虫の活発な生命活動を制御する毒であることは間違いありません。

今後も世界中の農薬メーカーには使い易い(より効果があり、より安全な)農薬の研究開発を進めて、我々農家の手元に届けてくれることを期待しています。

私は昨今の農薬に関する問題提起は、農薬の出自や成分の問題では無く、農薬に拠る事故を回避し、安全を担保するために農家がどの様に使うかの「匙加減」の問題だと思っています。

闇雲に化学性農薬の危険性をフォーカスする事で、人類は、少なくとも先進国では、飢餓の恐怖からようやく解放されつつある事実から、意図的に目を背けさせる風潮こそ極端な危険思想だと思います。

有機栽培のムーブメントから透けて見える背景を考えてみましょう。

この問題提起に熱心な人達には、フランス人でも日本人にも共通した気質があります。

化学と名の付いた薬剤は全て否定する絶対主義的な頑なさを持っている事です。彼らにかかると、栽培期間中に1回でも化学性の農薬ないし肥料を使った作物は唾棄（全否定）されてしまいます。

この主張の特徴は、物事を極端に拡大解釈すると同時に、極端に矮小化する手法です。

仮に、1立方メートルの水を満たした容器に1立方センチメートルの角砂糖を投入したら、単純計算で砂糖1に対して水100の3乗（1PPM）になり、人間は1PPMの濃度の糖分を感知できる味覚を保有していません。

それを競技用のプールに拡大しても彼らは容赦しません。

砂糖が入った水という事実は覆せませんが、砂糖水というのは乱暴すぎませんか？

その同じプールが一般に公開されていて、次回の水の入れ替え時期までの期間に数千人が遊泳したとします。

その中には大人も子供もいますが、何人の人が泳ぎながら「おしっこ」をしてしまっているのでしょうか？

そのプールの水を誤飲してしまう事も儘あります。でも彼らはそれに対して問うことはしません。関心があるのは砂糖（ケミカル）だけなのですから。

第3章

山下農園、密着取材から見えたもの

Mana Iwamoto

パリで生まれた奇跡の日本野菜

「山下農道」の神髄

前章、山下氏が考える農業（彼の表現する〝農道〟）概念を、漠然とでもご理解いただけただろうか？わたくし（岩本）は、現実を肉眼で見るまで信用しない側にいるからか、抽象的説明よりもエビデンスを欲する気分が濃いようである。それは医者という職業にあるからではなく、生来の好奇心・探究癖のもたらしたものと自己分析する。

そこでいろいろなエビデンスから山下農法の本質を追究し、奇跡の野菜の秘密に迫りたいと考え、実際に山下農園に密着取材したのだった。ここからは、そのリポートである。

ミッションとしての「秘密の種明かし」――インタビューにおける山下氏との禅問答。

「有機農法というのは、有機物をこれでもかとたくさんすき込んで土の性質を変え、肥沃な畑を作ろうとすることらしい。だが、私はこれが意味あることとは思えない」

「奇跡の蕪を作るために何をしたかではない、何をしなかったかが重要なのである」

「ストレス農法が盛んに喧伝《けんでん》されている。負荷をかけると野菜の生命力が目覚めてより美味しくなるのだと。自分の考えは違う。野菜も子供と同じで、気立ての良い子に育って欲しいなら、無意味なストレスから守ってあげるのが親の努め。そんな思いで野菜を作っている」

「土を支配するなんて傲慢である。土を敬い、土に愛される農家になろう。それだけを考え続けてやってきた」

わたくしは途方に暮れたのだった。森鷗外の『寒山拾得』を思い出す。寒山と拾得は中国唐代の詩人であり、文殊菩薩と普賢菩薩の生まれ変わりともいわれた。禅画に描かれている彼らは、どう見ても高僧の顔ではなく漫画である。鷗外はいかなる存念でこの作品を書いたのだろう。凡俗の愚物たちに聖人が何たるか解ってたまるかと、寒山拾得ともども高笑いしているようである。わたくしは無論、凡俗そのもの、奇想天を駆けるような山下氏の言葉の真意がすぐに理解できなくとも当然と開き直ることにした。

具体的に考えながら攻めてみたい。

「一番大事なのは土作り」――これは素人でも理解できる。次は鍬で耕し、種子を蒔く。ここで山下氏がよく使うフレーズが「深く耕し、浅く植える」――まさしく、人・教育・個性の発揮といった関連キーワードに思える。

他には何があるのだろうか？

育苗する野菜と教育

トマトやナス、ピーマンなどの果菜類は、セルトレイに種子を蒔き、ある程度大きくなってからポリポットに移植する。大根やニンジンなどの根菜類は育苗せず、畑に直接種子を蒔く直播とする。蕪は育苗してから、畑に定植する。育苗中には肥料を与えない。

「種子が内包している養分と、苗床土の養分、苗の持っている生命力を信じているので、育苗中には追肥をしない」

と、山下氏。

その後で、深く耕した畝に浅く植える。

トマトは茎の吊り上げや剪定を何度か行う。外から負荷をかけ、まっすぐに吊り上げ美しく整えたほうが良い茎になる。成すがままではない、美しいものは理にかなっている。

混植と間作

彼は農業知識も経験もないと言いつつ、最大効率を発揮する混植と間作《かんさく》に、自らの試行錯誤で到達した。混植とは「異なる性質の野菜を隣同士で植え付けていくこと」であり、間作とは「同じ野菜の畝と畝の間に別の野菜を植え付けていくこと」なのである。

狭い土地で効率よく生産を行うために自然と閃いたこの手法も〝成功のカギ〟と言って差し支えあるまい。タイプの違う野菜たちが相互を認識し、競い合い補い合うことでより逞しく育つのであろう。穏やかな競争条件を整えることで、共生はバランスのいいもの（シナジー、synergy）となる。混植によって別種の野菜が、エネルギーを交流するようになったのだ。

植物の組み合わせは根の深さ・日照時間・肥料吸収の仕方などによって、多くのやり方が考えられる。間作としては、春先にムギの間に落花生・陸稲・ユウガオ・カボチャなどの収穫時期の差を利用して栽培する方法があり、サツマイモと大根やジャガイモと里芋であれば同じ時期に栽培する方法もある。

混植としては〈ネギとトマト〉〈サツマイモとササゲ〉〈ブロッコリーとレタス〉〈ニンジンと小松菜〉などの栽培が考えられる。でも、こうした組み合わせの発想はどこからくるのだろう？――山下氏のトマトの混植インスパイアに思わず頷かされた。

「顧客のレストランでディナーをしていた時に、その日に届けたトマトの一皿を見て混植のセオリーを思いついたんだ。その料理にはトマトとニンニクとバジルが供されていてね。眺めていてそれぞれの相性の良さに感心したので、畑でそのお皿を再現したくて、トマト・ニンニク・バジルという混植の取り合わせを決めたんだ」と。

余談ではあるが、

「まだ、トマトに良く合うモッツアレラの種が見つからないんだよね」

彼はニヤッと笑った。

山下農園の野菜の種類は平均して50種くらい。混植の緩やかな共生関係にも通ずることであるが、小規模農家の多彩な植物体系は、自然界の生態系を模倣する効果がある。さらに菌根菌の種類も豊富となり、活動範囲が広がって土壌の質が向上している可能性もある。

間と空間を持たせる、そして間引く

畝の両端の苗は風雨を防ぐ役目も担うので、成長具合がどうあれできるだけそのまま残す。間引くのは、弱々しい株は当然であるが、著しく成長の速い苗もあえて淘汰する。絶対強者を作らず、バランスの良いポテンシャルを持った野菜を作ることが大事だと考える。間引きによって程よい競い合いが生まれ、全般的に品質が向上することとなる。

自然界の揺らぎを活用

自然界は〝揺らぎ〟に満ちている。

彼の水遣り法は優しい雨をイメージして3段階に分けてやる。

最初は表面を落ち着かせるレベルの軽い散水、次にもう少し量を増やし、最後は地下水位に届くほどまでたっぷりと注ぎ込む。

ハウス内は通常熱がこもってCO_2が不足しがちである。最初の少しの水で刺激をし、土壌内の微生物達に呼吸させる。それから、第一・第二と段階的に水を施していけば程よいバランスに調整できる。これも自然の揺らぎに即したものなのだろう。

何をしないか

日本では菜果に糖度が要求される。トマトもずいぶん甘くなった。果物全般また然り。そうなると無理をする（＝ストレスを強いる）から、糖度の追求で寿命は短くなる（＝生命力の減弱）。その理由をもって、彼は糖度の追求をしない。

さらにトマトの育苗中においては追肥をしない。種子が内包している養分と土の成分、苗の持っている生命力を信じているから、なのだと。ちなみに、山下氏が一番頻繁に世話をし、日に何度も見に行き、何より手塩にかけているのが、トマトだそうだ。そのトマトにだって、甘やかしはしない。

「肥料を与えるのは、ある種の御恩報謝というか、儀礼だと思う。来年もたわわに実ってねというより、今年はありがとさん。未来のためではなく、お礼肥だね。私がその場で感謝を伝えるためのもの」

お礼肥は、美味しい実や美しい花を有り難うという感謝の肥料。開花後・収穫後に施す追肥の一種である。主に花木や果樹・球根植物に施して、株の回復をはかるものをいう。

お礼のルールは人間界と似ていて二つである。

(1)なるべく早くすること。
(2)マックスで半返し。
――これで5合目くらいまではなんとか辿り着いたか。

麻布十番「KAZUSA」の小林シェフに訊く「山下野菜のリアル」

次に、山下氏とその野菜とのお付き合いが長い、麻布十番の「KAZUSA」の小林英樹シェフを訪ねた。

気さくなシェフとの会話は楽しい。建て付けは一見さんお断りのワインバーで、料理のレベルは高級レストラン並み。ワインはお手頃のグラスワインから100万円以上のロマネ・コンティまで、バリエーションに富むセレクトがされている。でありつつも、親しみやすさはスナックレベル。大変に不思議で魅力的なお店なのだ。

「山下さんの野菜に認めてもらうまで5年かかりましたよ。もっとも、パリと東京なので、年に1回か2回のチャンスなんですがね」

「試しに山下農園の小松菜と日本の有機栽培の小松菜を、キッチンペーパーに包んで2週間、冷蔵庫にしまって比較してみたんです。日本の有機野菜は萎れてシナシナ。でも山下さんの小松菜は2週間経ってもツヤツヤなんです。（写真参照）

本当にびっくりしました。もっとビックリしたのは、山下さんが11月に一時帰国した時に分けて貰ったホウレンソウ。同じ様に管理していたのですが、3カ月間経ってもピンと反り返っているんです。

ニンジンなんて冷蔵庫で1年半も持つんですよ。もちろん、食べられます。生命力の違いなんでしょうかね」

違いは生命力。なるほど、この言葉がカギだな。

小林シェフは「一般的な日本野菜とも違う」と語る。一体どう違うのか。

高温多湿の日本の土壌では、〝みずみずしい野菜〟が生まれやすい。水分が多く、柔らかい。皮が薄いので生食や、繊細な和食に適すると言える。

その点、フランスの野菜は皮が厚い。水分少なめで食すには、火を通すのがデファクトスタンダードだ。バターソテーをすると日本野菜は水がにじみ出てしまう。キュウリも日本では塩揉みして水分を絞ったりするが、フランスにその面倒はない。

根菜を二つに切った時に、断面から水が滲み出てくるのが日本野菜。山下さんのは切り口から水

山下農園の小松菜（右）と群馬県産小松菜（有機）。
どちらも収穫後2～3週間（写真提供：小林英樹氏）

は一切出ない。シナシナとかカサカサとかではない、細胞に水分が内包されているイメージである。果菜類も同様でプチトマトなど水分がプチュッと出るのではなく、ゼリーのような感触なのである。

フランスの有名料理評論家が名付けた「奇跡の蕪」。実際に食した感想は、独特の歯ごたえがあって、食感は洋梨だった。サクッと弾けるのではない、歯に絡まるような柔らかさがある。味や食感は洋梨であったり、柿のように思える時もあるそうだ。収穫年やその時期によって、それほどに味は違う。

一般に蕪は辛味があり、ふつう生食には向かないものと（日本では）思われてきた――ちなみに奇跡の蕪をナマで食べるのなら7月が最高らしい。

山下氏の行動を規定する通奏低音には、

「故郷である日本とその素晴らしい野菜を、料理界の最高峰であり農業大国でもあるフランスに認めさせたい」

という強い意志がある。

ミッションが大きければ大きいほど、難易度が高ければ高いほど、モチベーションはあがるものだ。「奇跡を成し遂げた原動力」は凡俗のわたくしには判断しがたいが、なんらかの強い意志があったことは容易に窺えるのである。

野菜の生命力を最大限に引き出し、それを食することによって、人間にパワーをもたらすことができる。そういった観点を持って、野菜を育てている農業者を、わたくしは生まれて初めて知った。

それこそが、奇跡の原点だったのだ。

山下氏はどうして農業を始めたのか。また、フランスのグランシェフからこれだけの信頼を勝ち取ることができたのは何故か。その背景となるご自身のアートに彩られた半生について、次章以降でご本人に詳しく語ってもらおう。

第4章

農業にたどり着くまでの軌跡

Asafumi Yamashita

パリで生まれた奇跡の日本野菜

「山下農道」の神髄

私は野菜農家ですので日々野菜の栽培を生業《なりわい》としています。

しかし、農作業を通して野菜に向き合って過ごしていくうちに、私自身が野菜に育てられていると思う様になり、その思いは歳を重ねる毎に強くなって来ました。

子供を育てることで、人として、女としての自覚が芽生え成長していく母の姿に似ています。

私の人生は農家になって大きく変わりました。

と言っても、私のベースは農家を始める以前に培われたものなので、それまでの事を少し振り返ってみましょう。

両親の「教育方針」

浦賀沖にペリーの黒船が来航した100年後の1953年、私は東京都中野区の材木屋の次男坊として生まれました。これは「プロローグ」でも触れました。

私は5人きょうだいの真ん中です。

実家は教育方針を定めないという教育方針なのか、コンセンサスの無い両親に進路の事などを相談すると、父親はオートマティックに反対し、母親はシステマティックに賛成してくれるのです。

挑戦をしなければ失敗も起こらないという、ネガティブな安全策を選ぶと楽しくなくなるし、お気楽にポジティブを選択するとうっかり失敗する怖さが出てきます。

父親の老婆心から発する「出来ない理由」の羅列に対して、母親の根拠の無い賛意という、両極端ながら揺るぎない姿勢故に、ネガティブとポジティブの間にセーフティゾーンがある事を学び、価値観が定まっていない思春期の頃から、自分で行き先を決め、「実現できる方法を考える」型や前例に囚われない柔軟で前向きの考え方ができる様になったのかもしれません。

野菜作りに通じる親と子の関係

両親の話をしたついでに、ここで親と子の関係について、私の考えを述べてみます。何故このような話をするかと言うと、私の野菜作りの根本にかかわる部分があり、先に述べたように、私は自分の野菜を自分の子供のように考えているからです。

自分自身が親になって初めて分かったことは、我が子の幸せを願わない親はいないけれど、子供の幸せを後押ししたい思いよりも、「予期せぬ危機から遠ざけたい」と願う気持ちの方が強く出てしまう事です。

その傾向は親子の関係が近ければ近い程はっきりしてしまいがちです。

従って自らの戒めも込めて常々考えるのは、「心配するのは親の愛」だけれども「信頼するのも親の愛」だということです。

心配から生じる親心の振れ幅は大きく激しいけれど波長は短く、逆に信頼による揺れ幅は穏やかで長い波長なので遠くにいる子供に届き、何かあった時には守ってあげられるのだろうと漠然と信じています。

心配は何処から生まれてくるのかといえば、親の価値観です。

親の価値観と子供の価値観の齟齬が明らかになると、違和感が心配という形で表に出てくるのです。

それに対して信頼とは子供の価値観を尊重することです。

子供には子供の人生があり、自身の価値観を信じて進む先にこそ幸せが待っているのです。

それでも子供の人生に予期せぬ危機が直面する事態が発生しないとも限りません。

その時に、親に心配を掛けまいと考える優しい心を持った子供は、親の価値観に沿った対処法を考えるでしょう。

対して、親から信頼されている事を知っている子供は、自分の価値観で対処法を深します。

心の負担が軽い分、対処法の決定プロセスがシンプルになるので、迅速に行動に移ることが可能になります。

いざ！という時に、両者のわずかな時間差は致命的になるか否かの分水嶺にもなりかねません。

バンド活動で海外への関心が高まる

中学2年生の頃、エレキギターのブームの走りで学年に幾つかバンドが結成され、軽音楽に目覚めた私はドラムを始めました。

その当時の世相はエレキ＝不良みたいに見られていました。

理不尽な決めつけですが、私も父の材木屋に客として来ていた、角刈りの料理人を「危ない人」と決めつけていましたから、人のことは言えないかもしれません。

私は興味を持った事は、とことんやりたい性格なので、「勉強と両立させます」という親との約束も程なく無し崩しになり、気がついたら学業の成績が落ちて来ました。

自己弁護をする訳ではありませんが、中高生時分の私は不真面目な生徒だったけど、不良ではありませんでした。

音楽のジャンルは中学生の頃はベンチャーズなどのロックで、高校からは主にジャズでした。

高校生になるとドラムの演奏活動の機会が増え、都内のライブハウスに留まらず、米軍キャンプ内のナイトクラブや大阪万博会場でのコンサートなどから声が掛かり、外国人との交流を通して海外への関心が芽生えてきました。

同時に外国と日本を対比して意識することで、日本の芸術文化への関心を持つ様になった時期でもあります。

挨拶が持つ意味

外国を見てみたいという思いにますます駆られ、本場のジャズとモダンダンスに触れたくて、18歳でアメリカ・ロサンゼルスに渡りました。1971年のことです。

初めての異国の地では見るもの聴くもの全て新鮮で、興味が尽きませんでした。

ここで少々脱線し、挨拶の持つ意味を考えたいと思います。

ロサンゼルスに到着し、ホテルに荷物を置いてから散歩に出かけました。そこで目にしたものは、アメリカ人が通りすがりの赤の他人に対して、目が合えば「Hello !」と挨拶をする姿です。

フランスでもアメリカ人ほど明るく挨拶するわけではないのですが、やはり見ず知らずの人に「Bonjour !」と挨拶します。

ただ、その挨拶は必ずしも会話を始める切っ掛けではないのです。

その光景は心地良いのですが、日本では見掛けぬ風習にカルチャーショックを受けました。

欧米と日本では挨拶の意味合いに違いがあるようです。

日本は世界的に見ても古い歴史を誇る国なので、挨拶のバリエーションが豊富で、それを正しく用いる事で社会秩序（人間関係）が保たれています。

英語だと二人称はYOUの1種類、フランス語ではVOUSとTUの2種類しかなく、然るべき相手にはその人の有する身分（爵位など）を示す肩書を加えるくらいで単純です。

日本だと社会的な地位の高い人でも、お稽古事の師匠だったら年下でも、敬語を使うなど複雑な決め事があります。

洋の東西を問わず、人間関係とは自分と他人の距離感を意味し、設けられたセキュリティゾーンはケースバイケースで伸び縮みするものです。

アメリカもフランスも異なった民族、人種、宗教などが混在する国家なので、混沌とした価値観が充満しています。

目の前の人が一見しただけでは自分と同種の属性かの判断がつかないので、逆鱗の地雷を踏まないように、取り敢えず当たり障りのない挨拶で「私は貴方の敵ではありません」というアピールを試みるのでしょう。

つまり、欧米の挨拶文化は、自らに降り掛かる不測の事態を回避すべく、死活的に必要な習慣なのでしょう。

遠すぎる距離にいる人は自分とは無関係な人であり、近すぎると諍いの原因になりがちです。

私がフランスの学生時代に親しんだボクシングでは、一撃必殺のパンチ力があっても、相手との距離が遠すぎても近すぎても１００％の威力は発揮できません。

フレンドリーな態度でのHelloという挨拶には、相手との距離を詰めることで、パンチの威力が削がれるセーフティゾーンに身を寄せるという隠された意図があるのかもしれません。

敢えてざっくり言えば、日本人は島国に住み、大らかな宗教観のもたらす共通認識を持っているので、日常的に他者からの不測の攻撃を受ける可能性が極めて低い安心な社会だという事を知っています。

ですので、通りすがりの人から唐突に挨拶などされたら、逆に警戒感が生まれてしまうのです。

どちらの社会の方が優れているのか？という比較はさておいて、挨拶には色々なタイプと意図がある事を知っておくことは、役に立ちます。

メキシコでの思い出

ここでもう一つ、あるエピソードを紹介します。アメリカ滞在中に知人を訪ねてメキシコに渡った時のことです。

到着直後の空港で事もあろうか？いきなりメキシコ人から道を尋ねられました。

「ひょっとしたら自分には4分の1くらいはラテンの血が流れているのかしら？」と錯覚してしまうくらい馴染んでいたようでした。

メキシコではマヤ文明の遺跡などを訪れ、後に大学で主にその分野を学ぶ講座を専攻します。その旅行でこんな経験をしました。

私が初めてメキシコに行ったのはもう50年ほど前ですが、当時は1ドル＝360円の固定レートの時代で、メキシコペソの交換レートは1ドル＝17・5ペソでした。

2回目はパリに留学していた時の夏休みを利用したアメリカ＆メキシコ旅行に行った時で、対ドル34ペソに、3回目に行ったその1〜2年後には870ペソにまで暴落していました。

メキシコはもともと金持ち国家ではなかったのに、その経済的な落ち込みは目を覆わんばかりでした。

ただ、メキシコ人達の様子には悲壮感の微塵もなく、陽気なラテン系そのままでした。

天気の良い昼下がりだったので散歩に出ました。メキシコシティを突っ切る大通りをぶらぶら歩いていると、小学校1年生くらいの小さな男の子が、ベルトのついた木の箱をえっちらおっちらと担いで歩いていました。

その子のそばまで行くと、満面の笑みを私に向けて「セニョール、靴を磨きませんか?」と尋ねます。

それまで本物の貧困層の人を見た経験がなかったので、「こんなに小さな子が働いているんだ!」と衝撃を受けました。

その時に私が履いていたのは靴磨き不要のスニーカーでしたが、折角なので地面に置いた箱に足を乗せて、ブラシ掛けだけをしてもらいました。

請求された靴磨き代金に少し色をつけた金額の紙幣を渡すと、「ムーチャス、グラシアス、セニョール」と言ってお釣りを返して来ました。

その時、ハッと気付き、私は自分の取ろうとした行為を恥ずかしく思いました。

幼気《いたいけ》な子供が労働を強いられていて可哀相だと思い、施しを手向けようとした上から目線の不躾さです。

鼻歌交じりにブラシ掛けをしていたその子は、働ける喜びに夢中でした。

不幸の原因は貧困にあるのではなく、労働の尊さに気がつかない事なのではないでしょうか?

私に真っ直ぐな眼差しを向けてくれた少年も、今では良いパパになっているのかしら?

フランスとの出合い

初めてのアメリカ渡航から日本に帰国後、当時住んでいた渋谷・宮益坂のスポーツクラブに通い始め、そこでフランス人の若者と友達になりました。

それまではフランスという国に対し、私は何の憧れもさしたる興味もありませんでしたが、海外で本場の芸術を学びたいと考えており、留学先に迷っていた私は、「フランスはラテン系の国だし、パリは芸術の都っていうくらいだからフランスでも有りかしら?」って考えが湧いて来ました。

1976年に留学のために初めて渡仏しました。

パリは汚いけど美しい街で、当時の歩道には犬の糞が散らばっており、例え踏んでしまっても右足なら幸運が訪れる証し、などという自虐ギャグの様な言い伝えもありますが、気をつけて歩かなければなりません(現在のパリ市内では、犬の糞を飼い主が回収しないと、罰金を科される様になったので、パリの風物詩が様変わりしています)。しかし、ちょっと目を上に向けると洗濯物を干している窓が一つもないのです。

私は、ロンドンやニューヨーク、他にも様々な国の首都を訪れておりますが、パリの醸し出す雰囲気は他の都市と比べて、やはり特別で、世界一の観光都市だと思います。

ある日、知人から頼まれて日本人の観光客のお供をした事があります。

パリ市内や郊外のヴェルサイユ宮殿などの歴史的建造物を訪れ、私が当時の暮らしぶりを想像しながら鑑賞していた時に、その方からこんな事を言われました。

「ルイ王朝は権力を笠にきて、民衆の苦しみを顧みずに搾取を続け、贅の限りを尽くした。業を煮やした民衆が立ち上がり革命によって滅ぼされた」

ルイ王朝の自業自得だという歴史観です。

それは歴史の事実かも知れませんが、その事だけを取り上げる姿勢だと観光が味気なくなるのが残念なので、別の視点から反論（詭弁の開陳？）をしてしまいました。

「ルイ王朝は、王朝の滅亡と引き換えに、未来のフランス人のために美しい建造物や華やかな文化を遺した、とは考えられませんか？　その証拠に、２００年以上経っても色褪せない世界一の観光資産はフランスを豊かな国にして、国民一人ひとりは今日もそこから生み出される莫大な富の恩恵を受け続けているではありませんか！」

語学学校へ入学そして父親の死

パリに到着後、ソルボンヌ大学側のカルチェラタンのホテルから語学学校に通い始めました。学校の掲示板で下宿先を見つけ、即日入居では無かったので手紙で実家に転居先を伝えました。

下宿に入居した当日、ホストファミリーとの夕飯後に自室でくつろいでいたら、日本にいる姉から電話が掛かって来ました。

「今日、パパが、死んじゃったの」

私が日本を発つ前日の父は元気そのものでしたが、直後の仕事中に脳溢血で倒れ、手当ての甲斐もなく呆気なく2週間で亡くなってしまいました。

葬儀に間に合うように翌朝、急遽帰国し、呆気なく1回目の渡仏が終了しました。

葬儀など一連の行事を終え数カ月後、気持ちを仕切り直し、再びパリに戻って来ました。

まずはフランス語を覚えなければなりませんので、最初は前回も通っていた「アリアンス フランセーズ」の1日2時間コースに行き、後に1日5時間コースのソルボンヌ文明講座を受講する様になりました。

ソルボンヌ文明講座の中級クラスを受講していた時に、2ページ分の自由作文の宿題が出たことがあります。

何を書こうか?良いテーマが浮かんでこなかったので、気分転換にギターを弾いていたら、フッと詩心が湧いて来て、単純なメロディと詩が同時に降りてきて、初めて書いたフランス語の詩の小さなシャンソンが生まれました。

課題とは違いましたが一番から三番までの歌詞を紙に写して翌日提出しました。

分量は2ページ分の文字数には達して無かったので採点が気になりましたが、フランス語の先生から、「中級クラスの作文の宿題で初めて『詩』が返ってきた」と喜ばれ、落第点を免れました。

音楽か美学かで悩む

大学進学に際し、音楽史か美術史（美学）のどちらを専攻するかで悩んだ末に、ルーブル美術館内にある美術史の大学「エコール ドルーブル」に進学しました。

大学の授業で、記憶に残るエピソードを紹介します。

印象派の絵画を学んでいた時に、教授に私の見解を話したことがあります。

私：印象派に絵画の特徴は幾つかありますが、私が着目しているのは時の捉え方がそれ以前と違い、瞬間を捉えているところにあると感じ取れます。
教授：正に。
私：刹那を表現する芸術は日本にもあり、根を切り飛ばされた花木の最後に魅せる最高の美しさを造形する華道の表現と通じるものを感じます。
教授：なるほど。
私：印象派の時代の絵画を観ていると色々な華道の流派の作品を観ている感じがしますが、その中で一人だけ盆栽を作っている画家がいます。
教授：？・？・？
私：セザンヌがその画家です。

彼の絵画は一つの画面の中で、明らかに複数の異なった時間軸のシーンが描かれていて、過去から現在に流れてくる時を刹那ではなくボリューム（塊）として捉えた姿が描かれている様に、私は理解しています。

その表現は植物を使って時を表現するもう一つの日本の芸術である盆栽の求める表現方法です。盆栽は、小さな鉢に植えられた木の醸し出す100年、1000年という悠久の時を鑑賞する芸術です。

教授：興味深い考察だ。私は長年この分野の研究に携わってきたけど、生花と盆栽を用いた印象派の解説を初めて聞いた。

大学時代のハイライトはボクシングです

外国人の若者が留学先の大学の部活でナショナルチャンピオンのタイトルを獲得するという稀有？なキャリアを私は持っているのですが、何故か日本のメディアからは一度も取り上げられた事がありません。

しかし、フランスのメディアは私がボクシングのチャンピオンだったということを繰り返し紹介しています。

この事からも日本とフランスの文化の違いが見て取れます。何故だか分かりますか？

パリの秋冬は東京と違って雨や曇りの日が多く、湿気の多い寒い日が続くので、気分が塞ぎがちになってしまいます。

心身の健康管理を考えて、大学に通いながらパリ市内で完結できるスポーツをしようと思い、大学のボクシング部に入部しました。

私は格闘技に関して未経験でしたが、東京で通っていたスポーツジムにボクシングのリングやサンドバッグなどがあり、遊びで叩いていたのでちょっとだけ馴染みがありました。

実際に練習が始まったら、気が済むまでとことんやりたい性格にスイッチが入り、朝晩のロードワークをこなし、生活のあらゆる場面をボクシングと結びつけて考え、大学の授業が終わるやいなや部活に向い、武者修行の様に夜はプロや社会人のボクサーのいるボクシングジムでの練習に励む日々を送っていました。

パリの大学ボクシングの大会は、パリの学生選手権のトーナメントとスポーツ新聞杯の試合が組まれています。

初年度はパリ大会トーナメント初戦で勝利したのですが、2回戦は試合日が所用と重なって已む無く棄権、次戦はパリの最終戦のスポーツ新聞杯で、その試合は負けてしまいました。

負因はオーバーワークによるスタミナ切れでした。

第一ラウンド目は試合を優位に進めていたのですが、次のラウンドからガクッと体が動かなくなり、防戦一方の判定負けでした。

経験不足から生じた調整ミスに自分自身を許せず、とても悔しい思いをしました。

そこでリベンジを誓い、翌シーズンを見据えて練習を開始し、夏休みのアメリカ旅行中も朝晩のランニングや縄跳び、シャドーボクシングなど個人練習を積みました。

私自身は一般体型で取り立てて頑強な体でもなく、試合の対戦相手（黒人選手も含めフランス人達）と比べるとリーチも短いし、ハードパンチも持っていないので素質には恵まれていません。

それをカバーするために極力動作の無駄を省いて、体のキレで勝負しようと方針を定めました。

動きの無駄を省くことは、フランスに渡る前に数年習っていたモダンダンスで身に付けた、自分の動きを客観視できる感覚が助けになりました。

自分の思い通りに練習を重ね、自信を持って2シーズン目を迎えました。結果は出場した全部の試合で勝利し、大学選手権という小さなカテゴリーですが、パリ大会の優勝、スポーツ新聞杯では最優秀選手に、パリ代表として全国大会でも優勝して、タイトルを三つ獲得しました。

ちなみに、スポーツ新聞のフランス大会の記事内の体重別優勝者の一覧に私の名前があり、フランスのメディアに私の名前が記された最初の出来事でした。

当時のチームメイトは、私の事を単なる練習熱心なアジア人という認識だったので、名前もASAFUMIを端折ってASAと呼ばれていましたが、パリ大会で優勝した瞬間からチームメイトは私をASAと呼ばなくなりました。

新しい呼び名は「チャンピオン」。

タイトルは一旦自分の手中に収まると、余韻に浸れるのは一瞬で、他人事のように思えてきてしまうものです。

しかし、チームメイトからチャンピオンと称されることで、そのサークル内でのアイデンティティが確立されたことを実感でき、タイトルが取れた事よりも嬉しかったことを思い出します。

もし彼らが見ている前で、試合で別の格闘技の技を使って奇襲攻撃で勝利を収めたとしたら、ルールには抵触していなくても、勝利の価値は下がってしまいます。

この経験から私が学んだことは、海外で外国人がアイデンティティを確立したいのならば「相手の土俵で相手のルールで戦う事」(共通の価値観)が何よりも大切だという事です。

アイデンティティはそもそも周りから付与されるものだからです。

ボクシングは2シーズン目の大学フランス選手権で引退し、通算成績は11戦10勝1敗でした。

短い現役生活でしたが、そのキャリアの中での私の宝物はナショナルチャンピオンのタイトルを獲得した最終戦ではなく、意外にも1シーズン目の最終戦の負けた試合なのです。

敗戦の悔しさから逃げず、正面から受け止め、自分自身と向き合う時間をたっぷり使って、反省と分析をした事で、勝負には勝者と敗者を分ける線があることに気が付きました。

次のシーズンはその線を踏み越えないことを心して試合に臨んだことで、結果がついてきたと思っています。勝った試合から学べることは少なかったですが、負けた試合からは沢山の気付きが得られ、負けを潔く受け止めることが成長に繋がり、その教訓は、後の人生で繰り返し役に立っています。

⚜フランスの大学を中退し、日本で飲食業体験

フランス人女性との学生結婚を機に大学を中退し、社会人になりパリで働き始めました。働き出して2年くらい経った頃、義理の兄から、スイスのジュネーブに出店予定の日本料理店がフランス語の話せる日本人の支配人を探しているという話が舞い込んで来ました。

その話を受け、いったん日本に単身帰国し、支配人候補生という役回りでしゃぶしゃぶと鉄板焼きの大きな店舗を経営する日本料理店で研修を始めました。

「アートからフードへの宗旨替え」で、初めての飲食業の仕事は戸惑いの日々でした。

店舗内の職種は支配人補佐など自由に選べたのですが、私は迷わずホールでのサービス「お運びさん」を希望しました。

「何故?」と不思議がられましたが、厨房内も客席の様子も全てリアルタイムで観察できる一番良いポジションだと思ったのです。

その料理店では朝礼があり、副支配人が日々のサービスでの注意点やお勧め食材などを説明し、様々なことを学べました。

研修が始まり、一人で5テーブルを受け持ち、しゃぶしゃぶの鍋の灰汁取りや薄くなったタレの交換など、料理を出せば終わるサービスではないので大忙しでした。

営業と後片付けが終わると毎晩の様に支配人とマンツーマンでの反省会もありました。

一応そつなくサービスをこなせる様になった数カ月後の反省会で、支配人にこんな提案をしたことがあります。
私：「おしぼりのタオルウォーマーを2台増設出来ませんか？」
支配人：「何故？」
私：「仕事の動線からタオルウォーマーを2台増設すれば歩数が相当減り、サービスの質を維持したまま1・5人分くらい少ない人数で回せることが分かりました。
これは人減らし提案ではなく、飲食業のサービスは、額に汗を掻いて働いてはならないと思ったからです。支配人だって汗びっしょりの人に料理を運んできてもらいたくはないでしょう？」

残念ながらジュネーブへの出店計画は取り止めになってしまいましたが、従業員の躾をしっかりとする料理店での経験により飲食店のマインドを理解したことが、20年後にパリのガストロノミーの名店との良好な関係構築に結びつくとは、その時は想像もしておりませんでした。

日本人支配人の話が無くなってからは、ヨーロッパからインテリア素材の輸入と内装工事を請け負う会社を起業したり、青山でグリーティングカード専門のショップを経営したりと幾つかの仕事を経験し、日本での生活が10年を迎える頃、留学経験で馴染みのあったフランスに再度渡る気持ちが固まってきました。

当時の妻がフランス人だったので、10年間有効の滞在許可書が取得できたことは大きな要因ではありましたが、本当の理由は「誰にも頼らない、何処にも凭れ掛からない」ライフスタイルに新天地で挑戦したいたいと思う様になったからです。

フランス移住――何をしたかったか？

1989年にフランスに渡り、パリ西郊外のシャペ村に居を構えました。

この年は激動の年で、日本では元号が昭和から平成に変わった年ですが、フランスでもフランス革命200周年の年で、ドイツを東西に分けていたベルリンの壁が崩壊し、冷戦が事実上終わり、中国では天安門事件で多くの中国人が命を奪われました。

シャペ村はイヴリン県に属し、県内で最も有名な歴史的建造物はヴェルサイユ宮殿です。11世紀にフランス名家の一つポワッシー家の領地の割譲を受けた数家族が移り住んだのが始まりで、現在の人口は1400人程のパン屋もない小さな村です。

自宅はポーランドの没落貴族が狩猟用の別荘として建てた築100年未満の家です。

そして山下家はシャペ村の1000年の歴史で初めての日本人居住者になりました。

第5章

盆栽業から日本野菜の農家へ

Asafumi Yamashita

パリで生まれた奇跡の日本野菜

「山下農道」の神髄

盆栽業への進出

1989年に日本の誇る「Objet d'Art Vivant」（生ける芸術品）――「盆栽」の普及を目指し、盆栽業でフランス生活をスタートしました

その当時のフランスでは静かな盆栽ブームが起こり、埼玉県大宮市（現さいたま市）で盆栽を学んだフランス人が先駆けとなり、パリ市内にも盆栽専門店がいくつかありました。

ただ、流通しているものは「中国盆栽」と呼ばれる東南アジアなどで安価に生産された、ベンジャミンなどの観葉植物を日本の盆栽に模したものが大半でした。

私は「皐月盆栽」が好きなので、「皐月盆栽 呑水園《どんすいえん》」という屋号で盆栽園を開園しました。

フランスで初めての日本人経営の盆栽園という事で注目されるようになりました。

ところが、私の盆栽園が新聞の記事になり、存在が知られた事が仇となり、後日災難に見舞われました。数度に渡り盆栽盗難被害に遭ってしまったのです。

警察は泥棒を捕まえられず、被害金額も値段は明確な基準がないので確定できなかったせいで、保険会社の対応も満足にしてもらえませんでした。

フランス移住前までに蓄えていた準備資金の粗方《あらかた》を投入して盆栽園を開業したので、補填もままならず、程なく廃業を余儀なくされてしまいました。

私の盆栽園では生産販売をしていましたが、同時に日本企業の応接室や空港のファーストクラス

「皐月盆栽 呑水園」と筆者

ラウンジ、日本料理店などにレンタルもしておりました。

ある日、盆栽のレンタル先の日本料理店（旧日航ホテル内「弁慶」）の料理長から一つの提案がありました。

「山下さんのお宅の敷地に余裕があるなら、パリで手に入らない日本野菜の栽培を考えてもらえないか？」

その当時は、そもそも農業に関心が向かなかったので、聞き流していました。

⚜ゴルフというもう一つのファクター

山下農園の成り立ちで、盆栽から農業という構図の中にもう一つ、「ゴルフ」という重要なファクターが存在します。

盆栽のレンタル先の日本企業の責任者達は全てゴルフが縁で知り合った方々でした。

盆栽は夜に屋内で仕事をすることもできるので時間が作りやすく、子供の通っていたパリ日本人学校の隣にゴルフ場が有ったので、送迎の合間に足繁くゴルフ場に通っていました。

ゴルフはインタークラブの試合の選手に選抜されたり、クラブチャンピオンになったり、アマチュアの公式戦を歴戦したり、フランス人とばかりプレーしていました。

フランス人とプレーしていて、難しいパッティングが残った時に、「アラブの新聞だな」とあまり聞き慣れない表現が出てきます。その心は（ラインが）「読めない」という意味ですが、さしずめ日本なら「ハングル文字の新聞」の様なパットとなるのかしら?

たまたまパリの駐在員組織「日本人ゴルフ会」の存在を知り、当時唯一のオフィシャルハンディのシングルプレーヤーとして入会しました。

ゴルフ会のコンペで仲良くなった日本企業の現地社長の複数から「妻達にゴルフを教えて貰えないか?」との申し出がありました。

パリの寂しい駐在員の妻達へのゴルフスクールねえ……。

その提案を受け、所属のゴルフ場の支配人と所属プロの協力を得て「Tee-Up Golf School」というレッスン教室を始めました。

暫くして20代後半の女性が入会して来ました。

「何年も前からフランスにバレエ留学で来ているのだけど、そろそろ見切りを付けようと決心したところです。帰国前にフランスでちょっとゴルフをしてみたかったので入会します」

それが現在の妻、尚美との馴れ初めでした。

妻の一言で農業へ

盆栽とゴルフスクールのインストラクターの兼業をしていた時期に盆栽の盗難被害に遭い、再興も儘ならないくらいのダメージに苛まれていた時に、数年間塩漬けにしていた日本野菜の栽培を再考し始めました。

東京生まれの東京育ちで、身内にも親戚にも農家の知り合いのいない私にとって、全く未知のジャンルである農業に踏み出せなかったある日、ゴルフレッスンの後に、尚美に尋ねました。

「自宅の庭で日本野菜の栽培をしようと考えているのだけど、どう思う？」

すると
「貴方の作る野菜だったら、私、食べてみたい！」

ポンと背中を押された拍子に、うっかり踏み出してしまったその半歩を引き戻さず、今日も農業をしています。

暫くは盆栽・ゴルフ・農業と三つの職業の兼務をしていましたが、徐々に農業の魅力に惹かれて行きました

盆栽は盗難で失った盆栽の差し替えも儘ならず、細々とレンタルだけを続け、ゴルフは時間的に完全に農業と被っているので両立が難しかったので、次第に専業農家になって行きました。

私を山下農園の園主ならしめた最大の功労者は切っ掛けを作ってくれた妻の尚美です。

盆栽について——空間の捉え方

農業の話に移る前に、私の「農道」にもかかわる盆栽について、少し付言します。

日本に盆栽や生花がある様に、フランスでも鉢植えの樹木やフラワーアレンジメント（盛花）など住空間に植物を置くことは普通にあり、それらが置かれることで暮らしが豊かになっています。

双方の決定的な違いは、空間の捉え方にあります。

フランスでは、盆栽の認知度の高まりにつれ、それまでの観葉植物に替えて、盆栽というエキゾチックな東洋のオブジェに哲学的なものを感じたフランス人に好意的に受け入れられていました。

フランスで一般的に流通している盆栽は、私にとっては「盆栽のような物」に過ぎません。

その理由は、フランスで盆栽を飾る目的は、室内の隙間を緑で満たす事だからです。

それに対して、日本の盆栽や生花を飾る意味は、空きスペースを緑色で埋めるのではなく、盆栽や生花の持つ芸術性に拠って、自然界から連なる「新たな空間を作る」ことにあるのです。

私がフランスで盆栽業を営む真の目的は、自分の育てた盆栽を通して、観葉植物を置いて部屋を狭くするのではなく、盆栽を置くことで新たな空間を創造し、室内をより広くすることで、フランス人の生活がより豊かになる可能性を伝えたかったのです。

今日までの日本の文化交流事業には「日本の価値観を伝えることで、相手国の生活がより豊かになる可能性を広げる」という視点が決定的に欠けています。

フランスにおける「ボンザイ」

盆栽はフランスでもＢＯＮＳＡＩと綴ります。

フランス語の文法上はボンサイと発音するのが正しいのですが、何故かフランス人は「ボンザイ」と言います。

その間違った発音をする理由に私なりの仮説を立ててみました。

第二次世界大戦末期の日本軍の神風特攻隊はフランスでも承知されておりＫＡＭＩＫＡＺＥという単語はフランス語にもなっています。

「天皇陛下万歳！」と叫んで儚くも美しく散って行った若き兵士の逸話は多くのフランス人も知っています。

「バンザイ」という言葉はフランス人にとって、日本の神秘性を想起させる馴染みのある日本語なのかもしれません。

バンザイは万歳で、1000年=永遠を意味します。

盆栽は小さな鉢に納められた樹木に剪定や整枝を繰り返すことで、あたかも自然界で何百年も生きてきた風情を再現する園芸で、求めるものは、厳しい自然環境下でも永遠に生き続ける生命力の表現です。

つまり、鉢に植えられた樹木という盆栽の一義的な意味と、永遠の生命を表す万歳という盆栽の求める姿を合わせた造語?として「ボンザイ」と発音するフランス人のセンスは傾聴に値し、日本でもボンザイと言い換えた方が相応しいとすら思っています。

農業がフランスに住み続ける理由

ここで農業の話に戻ります。

メディアの取材などで「農業をするためにフランスに来たのか?」という質問を度々受けます。私の答えは、「フランスに来る切っ掛けは農業ではありませんが、農業がフランスに住み続ける理由です」

先に述べたように、幼少期から私には農業との接点は全くありませんでした。

それならば、なぜ農業を選択したのでしょうか?

私はフランスで生活を続けていく上で、どんな職業に就くとしても、譲れない条件がありました。それは子供達の教育問題です。子供達には日本人としてのアイデンティティに誇りを持って育って欲しいとの願いでした。

そのためにはパリの日本人学校に通わせる事が必須でした。

日本と比べて治安の悪いフランスで、登下校時には真っ暗な長い冬場に、子供を一人で公共交通機関を乗り継いでパリ日本人学校に通わせるのは危険なので、自宅から学校まで毎日片道30kmの2往復、計120kmの車での送迎の時間を確保しなければならなかったのです。

様々な職業の選択肢はありましたが、朝夕の送迎時間帯を確保しつつ可能な仕事は自営業に絞られ、「消去法」で残った職業が自宅の敷地を有効利用する農業だったのです。

農業はもちろん漁業や畜産などに留まらず、食品加工も含めて、それまで食料の生産現場に全く無縁の人生を送ってきた中年の親父が、農業の世界に足を踏み入れるという事への唐突感は否めません。

私でも農業が営めるのだろうか？
販売できる野菜が栽培できるのだろうか？
美味しい野菜が出来るのだろうか？

不確定要素しかない職業選択に留まらず、その時点までの私の中での野菜の位置付けは、「肉と一緒に食べるもの」くらいの認識でした。

でも、その時の心情は新しい事にチャレンジするワクワク感が不安を完全に抑え込み、どうやったら実現出来るのか？というプロセスを具体的に考えることに夢中になっておりました。

それでも農業をいったん始めてみると、論理を超えた必然性に導かれた様な思いが、年を重ねるごとに強くなって来ております。

職業選択と農業に対する懸念

農業を始めるにあたり、種の仕入れに一時帰国の際、旧知の信頼している人達に農業を始める旨を報告すると、当然の様に数々の懸念が私に向けられました。

大別すると以下の5点に集約できます。

1　都会育ちの未経験者には農業は難しい。
2　農業は自然任せなので、不安定な職業だ。
3　野菜は単価が安いので、生活ができるのか？
4　病気や怪我で作業ができなくなったら、その時点で立ち行かなくなる。
5　資本金が乏しい。

当時の私には農業関係者の知人が一人も居ませんでした。

つまり、私に意見をしてくれた人達は、私と同様に農業に関しては何も知識のない人達です。

要するに、40歳を過ぎてから農業を始めて、それで食っていけるのか?という素朴な疑問です。

彼らの指摘は全くもってその通りで、反論の余地もありませんでした。

農業の難しさに関しては、今まで多少の経験は積んできましたが、農業は奥深く、僅か27年ではまだ「初心者」と言い切ってしまってもよいくらいのレベルだと自認しています。

生活が出来るのか?の指摘は、何とか維持していますとお答えできます。

コロナ禍やウクライナ戦争の影響で、ここ数年は売上高が減っていますが、収入が減った分は支出を抑えてバランスを取っています。

その他の指摘された懸念は、今でもそっくり抱えたままで、何ら改善されていないし、今後もされないでしょう。


しからば、何故に農業の道に足を踏み入れたのでしょうか?

実際に農業に踏み切ったのは、夕べに思い付き今朝始めたのではなく、そのアイデアはその数年前から散発的に何度も繰り返し出しては引っ込めの逡巡の日々がありました。

本当に農業がしたいのか?　それともそうでも無いのか?　と自分の気持ちに問いかけていたというのとはちょっと違います。

綺麗事などではなく、喰わんが為に何かをする必要があったことは事実で、さまざまな選択肢の中の一つでした。

天職と言われる位、職業から選ばれたと思える程の天賦の才が備わっている人も、世の中には稀にいます。

私はその例に入る人間では無いので、自分で職業を選ばなければなりません。

その際に何を基準に選ぶか？ということを色々と考えました。

「自分の好きな事」を職業にする。

これは良い事だと思うし、大切であり、大前提です。

何故ならば、好きな事には一生懸命取り組むことが出来、それが才能の開花を助けるからです。

ただ、神童でも無い限り、生まれつき好きだった職業などというものはあり得ず、後天的にそのことが好きになった瞬間があるはずです。

その瞬間が何時だったのか？という事は、職業選択では然程《さほど》重要な事ではありません。

職業に就く前に好きだったよりも、就業後に好きになる方が、知った上で好きになる分むしろ持久力に優っていると思います。

所詮好きと嫌いは表裏一体なので、何時ひっくり返らないとも限りません。

好きで始めたはずなのに、嫌いになって辞めるという事態は侭あります。

つまり、職業を選択する時点で、好きか嫌いかを考慮することは、長い目で見れば決定打にはなりません。

ちょっと地味ですが、「社会に貢献できる」職業――これも善良な考え方です。

しかし、これは職業を選択する際の要件にはなり得ません。

職業に就き収入を得ることが出来れば何らかの社会貢献をしている事にはなりますが、自分の職業が如何に社会に貢献出来ているかは、自分では決められません。

それは社会が判断することで、未来完了型というか、結果論の話です。


「人に夢を与える」職業――美し過ぎる程漠然としています。

「夢を売る」職業――夢って買えるのですか？　自分で育む物じゃなかったのかしら？

「自分に向いた」職業――これは甘えた考えです。職業が自分に向いたものか？を検証する前に、目の前の職業に自分自身が真摯に向き合う事が出来ているのか？自問してみましょう。

数多ある職業の選択肢から農業を選ぶまでには、家庭環境の変化等もあり、数年を要しましたが、決め手になったのは、10代の終わり頃に伺った父親同然の恩人の一言でした。


「山下くん、ビジネスチャンスは人が嫌がり、やりたがらない分野には、幾らでも転がっているんだよ」


自分の得意な事を職業にするのは手っ取り早いのですが、その分野の革新に対応できなかったり、自分より能力のある人の出現でシェアを脅かされる恐れは何時もあります。

しかし、人の嫌がる仕事は、永遠にやりたがらない仕事なので、それを専門にすることで、容易に職業として成立する事でしょう。

働くという漢字は、人が動くと書きます。

それでは何の為に人は動くのでしょうか？

「働くというのは、傍を楽にすること」だから……。

母からの農業本

いざ農業を！と舵を切ったものの、それまで経験や知識以前に関心すらなかった職業なので、何から手をつけて良いのやら皆目見当が付きませんでした。

そこで、何でも賛成してくれる母親に「農業をしてみようと考えている」と相談したところ、程なく1冊の本が送られて来ました。

「シルバー世代の初めての農業」のようなタイトルの本で、母は既にシルバー世代でしたが、私はまだ40代前半でしたのでちょっと唖然としましたが、母が自分の事の様に考えて選んでくれた真意を受け取って、ありがたく参考にさせてもらいました。

母は私がフランスに移住してからは、80歳頃まで毎年日本とフランスを3カ月毎に行ったり来たりの生活をしていました。

農業を始めてからも沢山手伝って貰いました。

母は日本とフランスの行き来ができなくなると、老人ホームのお世話になり、少しずつ認知症の兆候が出て来ました。

会えば懐かしそうに思い出話に花が咲くのですが、事実と異なる話をすることが増えてきて、私は呆れながらその都度訂正をしていました。

でもある時、母の様子を見ていて、母には内容が事実なのか否かは何の意味も無くなっている事に気が付きました。

たった今、母の語っている事が「母にとっての真実」の全てなのです。

そして会話をする機会が有る事にこそ意味があると、理解しました。

それからはイライラする事もなくなり、母の語る思い出話（？）を全部共有して楽しめる様になりました。

その母も97歳になり、年に1度くらいしか帰国できない私は、あと何回会えるのかしら？

錆びついた鍬とスコップでスタート

母から送って貰った本で農業の何たるかをざっくりと把握し、自宅のガレージの片付けをしていたら、前の家主が残していた錆びついた鍬とスコップを発見しました。

その時「お～！　これが有れば今日から農業を始められる！」と嬉しかった事を思い出します。

その鍬は昔の鍛冶屋が一本一本作った手作り品で、無骨だけれど手に馴染む温かさがあり、柄を

愛用の鍬©Alexandre Petzold

替えればまだまだ使えます。

　農業を始めてから20年間使って鍬の刃が短くなったので、福井県の「龍泉刃物」というう打ち刃物の包丁メーカーの社長に修理は可能かと相談したら、「任せてください！」と快諾の返事をいただき、柳刃包丁の鋼材を継いで更に20年間は使える様にして頂き、現在も愛用しています。

「天地返し」

　山下農園の農業は「天地返し」から始まりました。
　天地返しとは雑草の蔓延《はびこ》っている地表を掘り起こしひっ

くり返す作業です。

1996年11月半ば過ぎ、急激に秋から冬景色に変わった日に、庭の一部に振り下ろされた鍬の一振りから山下農園の歴史が始まりました。

その冬は数十年に一度と言われる大寒波がフランスを覆った年で、間もなく地面が凍り始め、最終的には地下60cmまで凍結し作業は想像以上に難儀し捗りませんでした。

作業前には全く認識していなかったのですが、敷地内の土質が強粘土質だと分かり、鍬やスコップにこびり付いた土塊を剥がすだけでもことのほか重く、最初の1区画（5m×5m）の天地返しが終わる頃には足腰の疲労の蓄積に音を上げ、初年度の作付け予定の1000平米の到達が危ぶまれました。

想像を超えた厳しい作業の進捗状況に途方に暮れ始めた頃、日本人ゴルフ会の忘年会で農耕機器メーカー、クボタのフランス支店長に、農業を始めた報告と、寒波と土質のせいで畑作りが捗らない旨を伝えたところ、早速トラクターと運転手を我が家に派遣してくれ、あっという間に翌年の栽培予定地1000平米の整地をしてもらえました。この助けが無かったら、早々に農業を諦めてしまっていたかもしれません。

種蒔き

年明けの一時帰国から戻り、年の瀬に耕してもらった区画で種蒔きの準備を始めます。土をスコ

山下農園の畝の様子©Alexandre Petzold

ップで掬《すく》っては盛り上げを繰り返して畝立てを始めました。

耕したばかりの時には細かく砕かれていた土は、雨に叩かれ霜に潰されて団塊になっておりました。

できる限り鍬で土を解《ほぐ》そうとしますが、粘土質の湿った土では表面が凸凹の畝《うね》にしかなりません。

農作業の中で一番大変なのが土を動かす作業だということが身に染みました。

生まれて初めて立てた高畝に日本で仕入れた野菜の播種を始めました。

私が初めて蒔いた野菜は小

松菜です。

畝幅1m、長さ10mの畝に4条蒔き、種の袋に2cm間隔の条蒔きと表記されていたので、メジャーを引いて2cm毎に先を尖らせた竹の割り箸で1cmくらいの穴を開けて、1粒ずつピンセットで種を落として行きました。日本の火山灰のサラサラした土壌で、畝立て機を装着した耕運機と手押しの種蒔き機を使えばものの30分もあれば出来る作業が、丸一日仕事でした。

種を蒔き終えた畝を眺めて小さな達成感がありましたが、たった1畝で受けた疲労感を抱えながら残りの予定地を眺めると、途方もない事に挑んでしまったと思いました。

山下農園の土壌

山下農園の畑はセーヌ川に向かってなだらかに下る北斜面で、村の一番低い所に位置しているので村に降った雨は畑の方に流れてきます。

畑の作土の理想は、水捌けが良く、水持ちも良い団粒構造の軽い土だそうですが、山下農園の土は強粘土質なのでその正反対で、雨が降れば泥濘み、乾くと鍬の刃が立たないほど固く締まってしまうので、土中の空気の含有量も僅かです。おまけに石ころだらけです。

プロの農家が見学に訪れる度に畑のロケーションの説明をすると、「何でこんな所で農業をしているのですか？　私だったら他の土地を探します」と口を揃えて言います。

鍬とスコップだけで畑に挑む原始的な農業を始めてみたものの、想像を超える身体への負担に音を上げたくなって来た時に、クボタから新たなバックアップがありました。

クボタに「安く買える中古品のティーラー（耕運機）のストックがあれば個人的に購入したい」と上顧客から問い合わせがあり、要望には何とか応えたい。だが新品の値引き販売をする訳には行かないので、「デモンストレーション用に在庫している新品を中古品にするために1カ月間限定で私に無償で貸し出してくれる」という申し出でした。

初めての耕運機で作業を始めると、鍬とスコップで1週間かかっていた手作業がティーラーなら1時間半で終わり、出来栄えも格段の差があるほど素晴らしいのです。

機械化される前の古代から続いていた農業を体験した後、ティーラーの有効性を知ってしまい、借用していたティーラーの返却直後に1台購入を決意しました。

ティーラーでの作業も広い面積を耕すと肉体的な負担は当然ありますが、それでも最初に経験した苦労に思いを馳せては、ティーラーの使える幸に今でも毎回感謝しています。

敷地を広げる

農業を開始した初年度の収穫期は5カ月間くらいで、それではとても生活を維持できないのでその年の冬に、敷地内の耕作可能な範囲を広げるために、敷地内の多数の樹木を伐採し開墾して、畑を現在の面積にしました。

リンゴやプラムや胡桃などの果樹や、欅や杉など20ｍを超え、抱えきれない太さの木などが多数植わっており、見た事もなかったチェーンソーを購入し、妻と二人で全て伐採し、切った木は暖炉に入る長さに切って運び出し、切り株は造園業者に頼んでショベルローダーで掘り出してもらい、小枝などと共に焼却しました。

焚き火は雪の降りしきる日も続けられ、その冬の3カ月間は煙の上がらない日はありませんでした。

開墾の仕上げは畑の整地ですが、水捌けの悪い粘土質の土壌は、奥の低い方に進むにつれ畑の泥濘が酷くなり、6月を過ぎてもまともにティーラーで耕運できない事が分かってきました。

農業に必要な設備

農業を始めたごく初期の段階で、必要な設備が明確になりました。

1　作業効率を上げるための機械化（耕運機）
2　作土の含有水分を減らすための雨よけビニールハウス
3　水遣りの給水ポイントの増設
4　収穫物を配達時まで保管する冷蔵室

これらは全て初年度から必要な品々で、ちょっと良い乗用車1台分くらいの金額で揃えることができ、持ち家を担保に銀行から融資を受ける事は可能でした。

その時に考えたことは、農業は資本主義の生まれる遥か前から存在する職業なので、資本力にものを言わせた農業に背を向け、農業の原点である土から生まれた自然の恵みだけで賄う、つまり野菜を売った利益を貯めて、一つひとつ整備していくことにしたのです。

野菜の売り上げや利益が年々少しずつ上がって来ましたが、子供達も大きくなって優先順位の高い出費が続き、買い物リストの最後に残った、収穫した野菜を一時保管する冷蔵室の設備ができるには、農業を始めてから15年を有しました。

初期に借入金で一気に整備しておけば、もっと短期間で農業を軌道に乗せることも可能だったでしょうし、借入金に頼らなかったことで失った時間も長大だったかもしれません。

しかし、収穫に波のある職業柄、毎年必ず訪れる収穫空白期に月々の銀行への返済に憂慮することなく、自己流の手探り農業に存分に時間を使うことで、謙虚さを学び、山下流の「しなやかな農業観」が育まれたと自負しています。

第6章

フレンチガストロノミーと山下農園

Asafumi Yamashita

パリで生まれた奇跡の日本野菜

「山下農道」の神髄

「奇跡の蕪」の誕生秘話

山下農園を始めた当初の顧客は、全て日本人シェフで、そのほとんどがパリの日本料理店でした。その頃から日本のメディアの取材はありましたが、フランスでは全く無名の存在でした。

当時、唯一のフレンチレストランの顧客は吉野建が1997年にシャンゼリゼ通りを登り切った凱旋門の直近にオープンした「ステラマリス」（2013年閉店）でした。

偶然にも私と吉野シェフは同年齢で、ステラマリスの開業と山下農園の開園もほぼ同時期でした。

当初からフランスのガストロノミーの料理界ではとても評判が高く、関心を集めていたレストランでしたが、ミシュランの星獲得は2006年まで待たなければなりませんでした。

ステラマリスにミシュランの星が付く以前のある日、フランスの料理ジャーナリストの心を鷲掴みした、私の野菜にまつわるエピソードがあります。

ある日の配達時に、シェフにその日の野菜の状態を説明し、

「シェフ、今週の蕪は素晴らしい出来栄えなので、騙されたと思って生で食べてみて下さい」

とお願いしました。

その日のディナーの営業後、私の伝えたメッセージを思い出して、試しに蕪を生で食べたその瞬間、光速でレシピが完成したそうです。

新作を翌日の営業前に店の外のメニュー板に記し、プライベートでランチに訪れた著名な料理ジ

ャーナリストに、自慢の新作「あかざ海老と生の蕪」をお薦めしたそうです。

そもそもフランスの普通のカブは辛味が強く繊維も太くて硬いので、生食が可能な代物ではなく、主にポトフの様に柔らかくなるまで煮なければ食べられないものばかりです。

料理ジャーナリストは蕪を一口噛みしめるなりサービススタッフを呼び付け、興奮した口調で「これは奇跡の蕪だ！」と絶賛したそうで、その事を翌週の配達時に厨房で伝えられました。

料理ジャーナリストはその料理を雑誌に寄稿し、その記事には私の名前も記されておりました。

後日私もその料理を試食しました。

中心がやや生の状態に火入れされたあかざ海老を、蕪の葉っぱで作ったグリーンソースの上に並べ、火入れの時に出た汁を、くし切りされ花弁の様に並べられた蕪にサッと回し、仕上げは塩胡椒というシンプルな料理でしたが、絶品でした。


盆栽のレンタル先の日本料理店の料理長からの要望を鑑みて農業を始めた山下農園ですので、殆ど日本料理店でしたが、現在は逆に殆どがフレンチレストランです。

日本料理店からフレンチレストランに一夜にして切り替えたのでも、徐々に移り替わったのでもなく、いったんレストランへの卸売を停止し1年半くらい宅配のみをしていた時期があります。

徐々に生産も増え、年々顧客の軒数も増え、売り上げも順調に増えていたのですが、このまま進んで行くことに疑問が湧いて来たのです。

海外で日本料理店を経営するというのは、日本の食文化を外国に伝える文化交流事業なのだから、全ての食材を日本から持ち込んで日本料理を作るのは、ロックスターのワールドツアーと同じアプローチで、紹介はできるけれど普及には繋がらないことに気が付いてしまったのです。

パリには日本食材店が何軒かあるので可能かも知れないけど、地方都市に行ったら無理です。日本の食文化を伝えるには、できうる限り現地の食材を使って日本料理を再現する工夫をするべきだという事に思いが至りました。

山下農園がパリの日本料理店に日本野菜を供給し続ける事は、寧ろ文化交流の妨げになると結論付け、日本料理店との取引から撤退しました。

その当時は売上の95%以上が日本料理店からのものだったので、無謀な方向転換でしたが、その決断がなければ現在の山下農園は存在し得ていなかった事は事実だし、何よりも私の決断を甘受し、信じて一緒に歩んでくれた妻に感謝しています。

グランシェフに求められる条件

宅配をしていた1年半の間に料理界を俯瞰的に考えていました。

フランスでは、一旦グランシェフと称されるようになるとその評価は保たれ、料理界のオピニオンリーダーで居続ける傾向があります。

その地位を守れている理由が何処にあるのか?を考察してみると、立派な店構えがあるとか、素晴らしいワインリストを持っているとか、良い顧客を抱えているとか、有名であるとか色々なファクターを併せ持っているというのは条件の傍流に過ぎず、本流は彼らの作る料理にあり、若い料理人の手本になり、フランス料理の最先端、オピニオンリーダーたるレシピの数々にある事が見えて来ました。

彼らはより良い料理を作るためには貪欲です。

1　より良い食材を求めています。
2　その食材が目新しい物なら尚好ましい。
3　希少性があったら更に良い。

山下農園の野菜はシェフ達の欲するその3条件を既に満たしていたので、包丁の代わりに鋏を使って調理するような場末のビストロではなく、三つ星シェフ達こそが必要としている野菜だという事を確信しました。

フランス人シェフとの取引の切っ掛け

フランス人シェフ経営のフレンチレストランとの取引の切っ掛けを作ってくれたのは、表参道の旧森英恵ビル「オランジュリー」（後の「パピヨンドパリ」）で25年間に渡り料理長を務め、後に六本木アークヒルズクラブの総料理長を担った上原雄三です。

クリスチャン　ル　スケールシェフ（写真右）

20代前半1976年に始まる私のフランス留学と同時期にフランスに修行に来ていた同い年の上原くんとパリで知り合い、交流を続けていました。

彼はフランスでの修行を終えた後も、最新のフレンチの動向を視察するため、度々パリを訪れており、宅配販売を行っていた時期に我が家にも遊びに来ていただきました。

「朝史くん、三つ星レストランの厨房に行くけど一緒しない？」と尋ねられたので二つ返事でOKし、ミシュラン三つ星レストラン「ルドワイヤン」の厨房を訪問しました。

シェフのクリスチャン　ル　スケールは「アーケストラード」という三つ星レストランで修行していた時は、上原くんの部下でした。

名刺代わりの手土産で蕪をいくつか持参して同行しました。

ル　スケールに蕪を手渡し、シェフの包丁を借りて皮を厚く剥き、カットして生で試食してもらいました。

蕪を口に入れ噛み締めた瞬間、シェフの瞳孔が開き、顔色が変わり、「このクオリティの野菜は当店が使うべき野菜だ！　早速来週月曜日に蕪を納入して欲しい！」と依頼されました。

それには「無理です。それは出来ません。山下農園の配達日は火曜日です」とお応えしました。

山下農園を始めたばかりの頃に、上原シェフの勤めていたオランジュリーの厨房を訪ねたら、「僕はフランス料理で日本で天下を取るから、朝史くんは野菜でフランスで天下を取ってくれ！」と力強く励まされた事を思い出しました。

バルボ、ガニエール、ルジョンドル——グランシェフへ続々と納入

上原くんの滞在中に、翌年三つ星を獲得する「アストランス」のランチもご一緒しました。シェフのパスカル・バルボ発案のメニューには食材しか記されておらず「お任せ料理コース一本」の営業形態は斬新で話題になり、現在では世界中のフランス料理店のスタンダードになった感すらあります。ちなみにバルボは、ミシュラン東京の発刊以来三つ星を維持している、品川にある「カンテサンス」の岸田周三シェフの師匠です。

初めてアストランスの料理を食べた時の感想は、次々に供されるお皿は色鮮やかで食材の持ち味を引き出し、軽く心地良いとても完成度の高い料理だと思いました。しかし同時に「私の野菜を使

ったらもっと美味しくなるのにな～」とも思いました。

後日知人から「バルボシェフに山下さんの野菜を知ってもらいたいので、厨房に届けてもらえないでしょうか？」との要望があり、それを機に三つ星になったばかりの「アストランス」も私の顧客リストに入りました。

料理界のピカソと称されるシェフ、奇才ピエール・ガニエールも長くお付き合いしている顧客です。ガニエールのレストランが青山で営業をしていた頃（現在はＡＮＡインターコンチネンタルホテル東京）、私の友人がレストランのオーナーと知己があり、「ガニエールシェフに喜んでいただける筈ですので、お友達に是非パリのガニエール本店にお野菜を紹介するようにお伝えください」との連絡があり、持参した所、即決で取引が始まりました。

フォーシーズンズグループのホテル「フォーシーズンズ　ホテル　ジョルジュ・サンク（ｖ）」のメインダイニング「ル・サンク」は3代前からのシェフ（現在のシェフは元「ルドワイヤン」のシェフ、前述のル　スケール）とのお付き合いです。世界ホテル・ランキングで何度もＮｏ１に選ばれ、ホテル内のレストランでミシュラン史上初めて三つ星を獲得したシェフ、ルジョンドルとの取引の切っ掛けは、シェフの行きつけだった私の友人の寿司屋で、たまたまお裾分けした私の蕪が出され、「是が非でも私の厨房で使いたいから」と友人から連絡先を聞いて、引き合いの申し込みがありました。

現在の私の顧客の中で、新型コロナやウクライナ戦争による影響を最も受けたのは「ル・サンク」です。それまでは、ホテル内にあるガストロノミーのレストラン「ル・サンク」と「オランジェリー」2店舗に野菜を納入していました。新型コロナのパンデミックによるロックダウンで営業を停止し、1年半後に再開しましたが、中国やロシアからの観光客を失い、昼夜年中無休だった営業もディナーのみ、週5日で、野菜の納入先も「ル・サンク」のみになってしまって、現在に至っております。

取引は6軒が限度

フレンチのガストロノミーの世界は狭いので、「ルドワイヤン」と取引を開始した山下農園の存在は瞬く間に知れ渡り、上記のレストランの他にも世界最古のフレンチレストランの「トゥールダルジャン」や「ムーリス」なども次々と顧客リストに名を連ねるようになって行きました。

しかし、山下農園は狭い畑を一人で栽培しており、生産量は限られているので、顧客数は6軒が限度。引き合いのあった多くの名店の要望をお断りしてきています。

顧客がグランシェフの有名店ばかりなので、自然とジャーナリストの関心が寄せられ、次々にテレビ、新聞、雑誌などの取材申し込みが舞い込むようになってきました。

私の取材にはシェフ達に協力を求め、シェフ達の取材に呼ばれて私も参加するという関係が現在も続いています。

いつしか、ジャーナリスト達が山下農園を「三つ星農家」と呼ぶ様になってきました。この恐れ多い呼称に関して、私は素直に喜んでいる訳ではありません。

納入先の三つ星レストランでは他の農家の方々とも頻繁に顔を合わせますが、その人達はそう呼ばれてはいません。

彼らは私の先輩で尊敬に値する立派な農家です。

実際は「三つ星農家」という呼称はメディアの世界での呼称で、記事や映像を発表する時のキャッチーなタイトルと内容のステイタスとして使われていると私は理解しています。

料理人の間での呼称は「ムッシュー 山下の野菜」ですが、この呼称がブランド野菜として使われている事は否めません。

私の目標は「三つ星農家」と呼ばれるよりは、"Le Maraîcher"（The Farmer）と定冠詞が付けられるような農家になりたいのですが、その道のりはまだまだ遥か彼方なので、これからも弛まぬ精進を続けたいと念じているところです。

ちなみに、２０１２年に"Maraîcher 3 étoiles"（三つ星農家）という題名のフランスにおける私の1冊目の本が出版されました。

私のポートレイトの印刷を施した布装丁で、美術書と見紛うばかりの豪華本で、内容は季節ごとの山下農園の野菜や農作業の様子とガストロノミーのグランシェフ達とのコラボレーションです。

「三つ星農家」というタイトルは出版社が勝手に決めたものでした。

農産物のブランド化について

山下農園の野菜が「三つ星」という名称で呼ばれることに関連して、農産物のブランド化を考えてみましょう。

昨今良く見かける野菜のブランド化は、野菜の品種名に別の名称を足すことで差異化を図り、購買意欲を促進し、通常よりも高値で販売する効果的なツールとなっています。

農産物のブランド化には四つのパターンがあります。

1　産地（京野菜とか鎌倉野菜など）
2　俗名（トマトならばフルーツトマトなど）
3　栽培方法（有機栽培とか自然農法など）
4　生産者名

ブランド化の流れは食料品店の大型化と歩みを共にしています。かつて野菜は、八百屋さんで買っていました。

八百屋は野菜専門店なので、店主も従業員も野菜の品質、地域特性や旬の時期など野菜に関する知識が豊富で、目利きの店主の選んだ店頭に並んでいる野菜にお客さんは信用を置いていました。

野菜の産地や俗名などは野菜の情報提供に過ぎず、「店主への信頼＝野菜の品質保証」でした。

時は移り変わり、利便性重視の風潮を受け、各地に大型スーパーの開業が進むに連れ、町場の八百屋は廃業の憂き目に遭い、専門店の商品だった野菜は大型店舗内の食料品コーナーの単なる一アイテムに成り下がってしまいました。

野菜売り場は専門知識の乏しいパートやバイトの従業員が仕切るようになり、「店主への信頼＝野菜の品質保証」の構図が消滅し、その穴埋めをするが如く「ブランド化」が進んだのです。

八百屋の店主は客の家族構成を知り、子供の成長を見守ってきていました。客はそんな店主の店で買う野菜は信頼関係で成り立っていました。

薄利多売の大型店舗では、野菜売り場には売り手と買い手の間のコミュニケーションが希薄なので、気持ちのやり場を失った買い手が「安心・安全」などと言い出したのです。

「安心・安全」の求めに応えるために野菜のブランド化は、次のフェーズに移ってきました。栽培方法と生産者名の開示です。

そもそも安心と安全は全く異質なもので、四文字熟語にするには無理があります。

安心なら安全とは限らないし、安全でも安心できないこともあります。

つまり、安心は気持ちの問題なので「文学」。安全は相対的な問題なので「科学」なのです。

産地と俗名は販売サイドからのブランド化ですが、栽培方法と生産者名は生産者サイドのブランド化の企てです。

近年よく見かけるケースは、栽培方法を明示し、生産者の姿のシールが貼付された野菜です。更に、ご丁寧にも「愛情をたっぷり込めて栽培しました」などのコメント付きのも見かけます。私はそのコメントを見る度に「親の愛だって時には鬱陶しく思うことがあるのに、ましてや見ず知らずの人のたっぷり籠った愛情野菜なんか食べたく無い～」って思ってしまいます。シールを貼る事で一手間掛けて包装を目立たすことで、高価格の設定に納得感を持ってもらう為に、生産者が自主的にブランド化する典型です。

そこには、野菜の周囲に生産者の顔、栽培方法、心掛けなどが分かる情報を付与することで、生産者と消費者の疑似コミュニケーションの演出をし「安心感」を持ってもらおうとする意図が見えます。

野菜の販売戦略とすれば、何故かブランドを尊ぶ消費者、目立つ商品は売り易い店側の要求にも合致し、シールを貼る経費を差し引いても高い利益率を得られるという、三方のニーズを満たした現代の高付加価値化のトレンドなのでしょう。

シールで顔出しをしている生産者はちょっとテレビとか新聞に取り上げられたことのある有名な農家なのかもしれませんが、顔を公開することで何をアピールできているのか、私にはよく理解できません。

私は農家としてするべき努力は、自らの顔を世間に晒すよりは、寧ろ物陰からでも自分の野菜を食べてくれる消費者の様子を伺いに行く機会を探す事だと思います。

山下農園のようなレストラン卸し専門の農家は少数派で、ほとんどの農家は店頭販売用か業務用の野菜を栽培しているので、規模が違いすぎ、私の様に対面でのきめ細かな対応は不可能だとは思いますが、見ず知らずの不特定多数のお客様の野菜を食べている姿に思いを馳せるだけでも品質向上が見込まれ、自家ブランドの名に恥じないクオリティの実現に繋がっていくと信じます。

ちなみに、山下野菜はフランスで生産者名がブランド化されたケースですが、発端はシェフ達からの高評価があり、レストランのお客さんの絶賛とそれに注目したメディアからの発信というように、色々な要件が重なり合い、自分からの仕掛けなしに自然発生的にいつの間にかブランド化された特異な例です。

何故日本人シェフの料理には感動がないのか

ここで野菜のブランド化から離れ、フランスで活躍する日本人シェフの料理について話しましょう。

タイヤメーカーのミシュランが出している「ミシュランガイド」は初版から100年以上の歴史があります。

ミシュランは覆面調査員が実際に足を運んで取材し、掲載する価値が有ると判断されたレストランを一～三の星の数で格付けして紹介するという斬新な、毎年発行される赤いガイドブックです。

掲載されたレストランにも、掲載されなかったレストランからも格付けにまつわる異論は毎回湧き上がりますが、私は一つのものが100年続けばそれは既に文化と認識すべきだと考えています。

レストランの評価は、フィギュアスケートの採点と似ていて、テクニカル・ポイント（技術点）＋アーティスティック・ポイント（芸術点）の合計点＋（第3の採点基準のポリティカル・ポイント、人間関係に由来する加点？）の総合点で決まります（フィギュアにはポリティカル・ポイントはなし）。（注：ポリティカル・ポイントというのは私の造語で、世論などの評判や過去の実績など、芸術性の枠に収まりきれない印象など加点要素も存在していると、勝手に訝っているのです）

日本とフランスは国交樹立してから160年以上経ち、船でなければ渡航できなかった時代から数えると、日本人がフランス料理に関わる様になってから相当な年数が経っているはずです。

私が初めてフランスに来た1976年にはパリに日本人の星付きシェフは一人もいませんでした。私がフランスに移住した1989年にも、野菜を作り始めた1996年でも星を取った日本人は現れませんでした。

それが今日ではパリにある僅か130軒の星付きレストランの内、星を獲得した日本人シェフは20人を超える勢いです。

フランスの誇るフランス料理の総本山とも言えるパリのガストロノミー世界で、狭き門の星付きレストランのほぼ6軒に1軒の割合でシェフが日本人だという事は、日本人シェフ排斥運動が起きても仕方が無いと思える程の高占有率で驚愕です。

それだけ、日本人の料理人が優秀だということだけでなく、フランス人がフェアだということの証明でしょう。

私は日常的にフランス料理のグランシェフやレジェンド達と交流しておりますが、配達で厨房に行けば、名店で働く若い料理人達とも話をします。名店で働こうと思う若い料理人達は皆熱心に料理と向き合い、向上心の高い子ばかりです。

その子達から未だに、

「ムッシューヤマシタ、今年一つ星を取った日本人シェフのレストラン○○の事をどう思っていますか？」

というような質問を1回も受けたことがないのです。

パリのガストロノミーの世界で雨後の筍のように次々と新しい日本人シェフ達がポジションを獲得しているのに、フランスの若い料理人達の話題に上がらないというのはとても不思議な状況です。

ただ、私にはその理由が分かります。

概して日本人シェフのレストランの料理は美味しいし、サービスもちゃんとしているので文句の付け所もないので、食事に行けば満足できますが、後にもう一度行きたいと思わせる印象が弱く感動も浅いのです。

一般論として日本人の料理人とフランス人の料理人を比較すると、日本人の方が次の3点で優れていると思います。

1．味覚の的確さ

2. 盛り付けの繊細さ
3. 仕事の丁寧さと再現性の高さ

です。

日本は緯度の関係で、明確な四季があり、南北に長く、海に囲まれている地政学的な条件があり、有史以来日本人はフランス人と比べて遥かに多種多様な物を食しているので、DNAレベルで味覚が発達していると考えられます。

盛り付けに関しても、日本人は茶碗にご飯を盛ることを、「ご飯を装う」と言うように、恵みに感謝を表し食卓を美しく整えたい国民性なのです。

日本のお母さんは、肉じゃがみたいな料理でも器の中で整えたいのですが、フランスの家庭料理だと、細やかな盛り付けにはまずはお目にかかれません。

仕事の丁寧さに関しても、千切りでも一つひとつの幅が見事に揃えられているように、一つひとつの作業に完璧を求めます。

これは、おそらく宗教観から来ていると、考えられます。

日本は八百万《やおよろず》の神を信じているので、神様が宿ってくれる様に願って、料理を作っているのでしょう。

フランス人が苦手なこの3点を備えている日本人が作るフレンチのクオリティの高さからして、ミシュランが星を付けるのは当然と言えば当然なのです。

ではなぜ、日本人料理人達のフレンチでは感動出来ないかというと、美味しくて美しい盛り付けなのですが、料理人の人間性（パーソナリティ）がお皿から窺えないからです。

私は料理人には2つのタイプがあると考えています。

1　自分の作りたい料理を作る料理人

2　自分の作れる料理だけを作る料理人

フランスのグランシェフ達は皆1のタイプの料理人で、イマジネーションが豊かで、自らの内側から湧き出たものをレシピとして定着させうる技術と経験を裏付けに新しい料理を生み出し続けているのです。

日本人シェフに多いのは2のタイプで、新作と言っても修行中にシェフから学んだ料理の技術と経験の組み替えなどのアレンジで、自らの内側から、パーソナリティを発露とした料理を見る事はゼロとは言いませんが、極稀なケースです。

インスタ映えして、バズる料理も素晴らしいとは思いますが、語り継がれる料理を追い求めてもらいたいと、私は思います。

日本で普通の一般人にフランス人の有名料理人の名前を3人挙げて下さい、とクイズを出したら、ロブッション、デュカス、ガニエール、トロワグロなどの名前を列挙できる人はかなりいると思います。

その同じ人に、第2問として日本料理の日本人料理人の名前を3人挙げて下さい、と言われたら中々困ると思います。

第3問で有名な日本料理店名になれば、きっと3軒ぐらいはあっという間でしょう。

この様にフランスではシェフ本人に評価が集まり、日本では屋号（メゾン）の重要度が料理長のそれを遥かに超えています。

フレンチだとシェフの新作料理が注目されますが、日本料理では創業以来変わらない伝統の味が珍重されます。

料理人人生の全てを伝統の味の再現にのみ費やされ、それを良しとする料理文化の中で教育をされたら、西洋では尊ばれるパーソナリティの発揮などは以ての事なのでしょう。

「ミシュランガイド」が出来てから最近まで、本当に長年に渡り、日本人料理人は誰一人として星を獲得出来なかった以前の状況を知っている者としては、誠に慶賀で隔世の感がしますが、同時に先行きを憂いています。

フレンチの盛り付け革命への提案

私はよくこんな質問をします。

「トンカツを食べる時にはどの部分から食べますか？」

答えの統計では、端から食べ始める人が大半です。私はいつも真ん中から食べ始めます。その理由は、お皿をきれいに保ったまま食べ進めたいからです。真ん中の切り身を取って、両橋を真ん中に寄せることで、トンカツの形をキープしたまま一切れ毎に小さくなっていくのです。

フランス料理の盛り付けは皿が目の前に置かれた時には絵画の様に美しいのですが、食べ始めた途端に形が崩れ、汚くなってしまいます。

対して日本料理は縦に盛り付ける物が多いので、お皿を綺麗に保ったまま食べ進めることが出来るのです。

私には一つの仮説があり、この盛り付け方が編み出されたのは武士の時代だと思っているのです。

武士は、今でいう職業軍人で、1年365日、常に臨戦態勢で支えている主君を護り、主君の為になら死をも厭わないという美学を誇りにしていたのでしょう。

さて、食事の最中に「いざ！　出陣！」という事態になったら中座を余儀なくされます。

その時にお膳が汚らしい姿だと、立つ鳥跡を濁さずが叶わなく成り、恥を残して戦場に向かう様では、心置きなく命を賭す事ができなく成ります。

このような料理の盛り付け文化の背景を持っている日本人にしか考え付かないフレンチの盛り付け方がある筈です。

日本料理は盛り付けの前に一つひとつのパーツを完璧に作り、ジグソーパズルの様に組み上げますが、フレンチの場合はパーツが不揃いなので、勢いキュービズムの様な重ね塗りの手法が主流なのです。

日本人のフレンチ料理人諸君！

日本料理の優れた美意識を投影した新しいフレンチの盛り付け。

誰か考案してくれませんか？

山下農園主催のフランス料理コンクール

日本はハイテクの国と欧米諸国から高い評価を得ています。

最先端の技術や製品を数多く作り出してきた事実があり、先進諸国の発展に多大な寄与をしています。

私が考える他国と比べて圧倒的な優位性を誇っている理由は、最先端技術をベースから支える、アナログな技術や製品の他を圧倒し続けている完成度の高さ故だと思います。

溝を掘ったプラスティックの板に刃を取り付けただけのシンプルな日本製の野菜のスライサー（フランスでは何故かマンダリンと名付けられています）を置いていないフレンチのレストランはパリに一軒もないでしょうし、それによって、技術のない料理人でも簡単に華やかでお洒落な盛り付けが出来るようになり、フレンチの進化に計り知れない貢献をしています。

前述したように、フランス料理の総本山のパリで130軒程しかないミシュランの星付きレストランの内で20人くらいの日本人がシェフとして活躍している現状は、誇らしく思うと同時にこのパーセンテージは驚愕です。

料理に関わるフランス人の若者の大半は、何時かは星付きシェフに成りたいという志を抱いて頑張っていますが、その脇からいとも簡単に日本人シェフが限られた星を攫っていく様子を、彼らはどう見ているのでしょうか？

フランス人の美徳の一つである、優れているものは出自を問わず尊重する伝統があるので、よもやバッシングにまで発展することは無いであろうと考えていますが、もし、京都でフランス人の料理人が日本料理でミシュランの星を獲得してしまったら、京都の料理人はプライドが傷つけられたと思い、あらゆる手を使ってでもその料理屋を潰しにかかるのではないか?と邪推してしまいます。

まあ、フランス人の料理人が日本料理でミシュランの星を獲得する日が来るとは想像できないので、この懸念は杞憂に終わる事でしょう。

パリで活躍している日本人のフレンチ料理人の殆どは、日本式教育法でフレンチの基礎を学んでから、修行の目的でパリに渡航し、チャンスを掴んでスポンサーを見付けてレストランを開いたり、シェフとして雇われ星を獲得したり、星付きレストランのシェフの後釜でシェフに就任してスライド式に星付きシェフになったりですが、折角フレンチの本場で活躍の場が与えられているのだから、フランス料理界に何らかの貢献をして欲しいと願っています。

フランス料理界に貢献する為には料理人本人が他の料理人や料理評論家達から一目置かれるオピニオンリーダーとして認められることが肝要です。その為には、フランス料理を未来に誘う事が出来るようなインパクトのある歴史を変えるレシピを発表するか、自分の厨房で若い子達を育成し、星付きシェフを次々と排出する事などが考えられます。

料理コンコールの様子©Alexandre Petzold

未来のオピニオンリーダー候補を発掘し育成を目指して、パリの星付き日本人シェフを集めて、4年前に料理コンクールを開催しました。

一応、有資格者全員に声を掛けたのですが、思いの外参加者が少なかった事は残念でしたが、有意義なコンクールが開催できたと考えています。

第2回からは2年置きに開催する予定だったのが、コロナ禍で止まってしまっていますが、折を見て開催を考え続けています。

コンクールはそれぞれ前菜とメインの2皿で競い合いました。

料理のテーマは、日本人である事、パリで活躍させてもらっている感謝という2点にフォーカスして決めました。

前菜は日出ずる国日本に想いを馳せて「朝焼け」。

メインはフランスを意識して「黄昏」。

という抽象的なお題にしました。

一応、フランスの料理関係の雑誌や日本のテレビの取材が行われました。

レストランのサービスについて

世間一般の認識では、知人の中に社長令嬢が一人居たら、その人を特別視する事があるかもしれませんが、思い返すと私の高校のクラスメイトは大半が令嬢や御曹司だったので、友達同士で親御さんの職業に由来する子供のシチュエーションが話題に上ることは滅多にありませんでした。

美味しい料理を食べ、最新のフランス料理の傾向を把握しておくことは、より良い野菜を作る上で必要なことだと思っているので、私が行くレストランは10回の内8〜9回はミシュランの星付きレストランになります。その事を自慢したいわけではなく、偶々そういう環境にいるだけです。

一時帰国中に日本のフレンチレストランに伺うこともあります。そこで、レストランのサービスについて考えてみましょう。

日本のフレンチレストランでは、日本らしい丁寧なサービスに感嘆しつつも、どこか居心地の悪さを感じます。オープン・キッチン・システムで料理を作る過程を公開している店もありますが、通常は客席から見えない厨房で料理を作ります。お客様は腹を凹ませながら、料理の期待に胸を膨らませて待っています。

レストランという非日常的空間（舞台）で繰り広げられるショウの幕を開けるのが配膳サービスの仕事です。運ばれてくる料理の一皿一皿は、それぞれがシェフの作ったエピソード（物語）で、演じるのは客の方で、サービス側ではありません。

ガストロノミーのレストランのサービスでは、マニュアルでもあるのか？一皿ごとに食材の産地や料理法、はたまた食べ方に至るまで詳しく説明されます。長い説明に料理が冷めてしまうことは残念ですが、それはまだ許せます。シェフには申し訳ないけど、客同士が会話に夢中になり、同じことをしでかすことも有りえるからです。しかし、説明が過ぎると料理だけでなく心までが冷めてしまうのです。

サービスのスマートな身のこなしやそつのない食器の上げ下げは結構ですが、スターを演じてはいけません。サービスの仕事は「客をスターの様な気分に」させることなのです。

料理人は披露する料理の実力を蓄え、サービスは心地良い空間を演出する実力を問われ、客には食べ手としての食を楽しむ実力が養われて、初めて三位が一体になって、レストランという舞台を彩るのです。先入観なしに料理を楽しみたいと思う客もいるはずなので、食べ手をもう少し信頼してください。それが洗練されたサービスに繋がるのだから。

成長するシェフの条件

テレビ局「フランス2」の取材は、とても得ることの多かった経験をさせてもらいました。次節で詳しく紹介します。

食に関わる仕事をしていて、今までに色々な媒体から取材を受けています。音楽に関する記事が、如何に正確に美しい文章で綴られていても一音たりとも耳に聞こえてこないように、食に関しても実際に口に入れて味わうこと無しに、何一つ伝えられるものでは無い、と思っていました。

今回の農園レストランのシミュレーションシーンの撮影に、この業界の超一流の人物が、山下農園というGPSにも正しい表示の出ないような場所にまで足を運んでくれるという現実を自分自身でどう捉えているかというと、初めてフレンチのレストランに野菜を持っていった時に、たまま開けたドアが正しい扉で、そこから新しい世界が始まり、その中に自分の居場所が出来てきた、というような感じがしています。

色々なシェフの料理を見る機会が多くありますが、私には料理の専門的な事は何一つ判りません。しかし皿の上に表現されている料理の印象は（技法ではなくシェフの料理に向き合う姿勢が）、自分自身を飾り、虚勢を張り、型や様式に逃げ込み、本人の姿が隠されている場面がまま見受けられます。その逆に（勿論技術的な裏づけは有るのでしょうが）、愚鈍なまでに素のままの自分を出してくる料理もあります。

そのような料理には感動しますし、概してそういうシェフは残って来ていると思います。ミシュランの格付けが神の声であろうはずはありませんが、私を含めて多くの人が、ヤニック・アレノよりもジャン＝フランソワ・ピエージュが先に三つ星を獲得するだろうと観ていました。

ピエージュに何が欠けていたのか知りたいと思っています。

私の仕事は、野菜が私の畑で育つ機会を与え、多少の手助けをするだけで、自然が野菜の種に恵みを与え、頃合いを見極めてシェフに届ける事です。自然の前では作り手の嘘偽りは通用しないし、一旦シェフに手渡した後の野菜は、俎板の鯉の如く、何も出来ない、何も隠せないのです。ある意味、とても潔い仕事で、スッピンで勝負できる肩の凝らない仕事だと思います。

感銘を受けたベテラン料理評論家の言葉

料理評論家（グルメジャーナリスト）って何者?ってその職業そのものに、否定的で、懐疑的に思っていました。


評論家は自分で料理を作らない。

評論家は自分で作物も作らない。

ただ、レストランに言って食事をして、美味しいだ不味いだと尤もらしく理屈をつけて言いたい放題いっているだけ。

確かに、方々に取材に行って様々な知識は持っているのだろうけど、それがどうした?

何でそんなことで飯が喰えるのか?　料理業界の寄生虫じゃないのか?

などと思っておりました。

しかし、我が家に現れたジル・ピュドロフスキーという評論家には、はっきり言って感銘を受けました。

確かに、貫禄があり、いかつい顔に射抜くような眼差しをした紳士です。

ピンマイクを付けられ、カメラに追われていることも殆ど意識せず、何時もの様に長靴を履いてもらって畑の案内をしに農園に下りて行きました。

この取材の話を私に持ってきて、ご本人も出演する、「ホテル ジョージⅤ」（フォーシーズンズ ホテル ジョルジュ・サンク パリ）総料理長、エリック・ブリファー、60歳がらみ（実際は59歳）の既に補聴器を付けているジル・ピュドロフスキー、小太りで愛嬌のある若い（30歳）女性新進料理ジャーナリストを引き連れて、粘土質に泥濘む畑を温室に向かいます。

職業的には、著名な老評論家の一挙手一投足が気になりますが、泥濘みを怖がるように、緊張、脱力を繰り返しながら左右に揺れる、はす向かいの女性ジャーナリストから目が離せません。

まずは一番手前のハウスに行きます。

左のハウスは手前から赤軸ホウレンソウ、寒冷紗の下のベビーリーフ、緑のホウレンソウです。

右のハウスの手前には、11月ですから季節柄もうあらかた終わってしまっているトマトです。

割れたり黴が生えてしまって傷んでいるトマトの中からそれでもまだ食べられそうなのを選んで一粒差し出しました。

女性とブリファーは、それを口に入れ、目を見開き、老評論家はワインの利き酒のようにまずは口先で、それから奥歯に移してじっくりと味わいます。

この時点までは、老評論家の私に対する眼つきも値踏みするようなところがありました。「私のトマトの特徴は、食べた後の余韻がとても長い所にあります」などという説明を聞いています。

それから、彼は自分の印象を話し始めました。

「まず感じることは、とても水分量が多い（水っぽいというのではない）、そして甘みと酸味のバランスがとても良い」と評し、それから、自分が食べたイタリアのとても美味しいトマトの話をし始めました。

イタリアの最高級のトマトはこうだけど、ムッシュー山下のはこうこうだ……と違いを明確に解説します。

その頃には眼つきが優しいものに変わっていました。お眼鏡に適ったのでしょうか？

トマトに始まって、ホウレンソウ、ベビーリーフ、京ニンジンにサツマイモ、ナス、とうもろこしなどなど一渡り案内をし、観てもらい、触ってもらい、味わってもらいました。

サロンに戻って、アペリチーフから食事が始まります。

この「フランス2」の番組は2時間番組で、内容は食材に焦点を当てたもの。3部形式で肉、野菜、後何かは知りませんが、ディレクターは野菜で26分のルポを作らなければなりません。

この時期はもう寒くなってきており、我が家のサロンは天井が高く部屋全体を暖められないので、引っ張り出してきた椅子式の炬燵にテーブルセッティングをしました。

食事は何時もですとランチョンマットに一度に数種類の小鉢を並べるのですが、今回はガストロ(?)っぽく1品ずつ出して行き、その都度料理の説明をすることにしました。

4人とも食べること、おしゃべりに夢中になり、誰もカメラを意識しません。

その意味では良い映像が撮れたのではないでしょうか？

それでも一応テレビの取材中ですので、ディレクターは自分の意図するコメントが欲しくて、手を変え品を変え老評論家のジルに質問してきます。

(野菜を中心にしたメニュー構成なので)「今日のランチの主役は野菜ですか？」という質問を重ねてきます。

老評論家は、

「確かにここの野菜は、極限の贅沢さを持っているけど、ランチの『主役』はムッシュー山下であり、彼のパーソナリティであり、彼の愛であり、彼の手から生み出される魔法です」

と頑として、したたかにもディレクターの欲する様なコメントを返しません。

(このやり取りに関して、撮影終了後にディレクター(彼も30歳と若い)がしみじみと「ジルの言っていたことは正しい、我々は素晴らしい野菜を作り出した『人』をレポートすべきだった事に気付かせてくれた」、と言っていました)

沢山褒めてもらって、そのコメントをプリントアウトして額に入れて、見えるところに飾っておきたいぐらいでした。

だから、思うのではないのですが、老評論家は、生産者、料理人、評論家はそれぞれの仕事を通じて、広く人々に対して食文化を伝える教育者としての使命があると考えているのです。

その仕事を続けるに当って評論家は対料理人、対読者やレストランの客双方から信頼されていなければならないということです。

その為には、時には手厳しく叱責もし、また高らかに絶賛もします。

しかし、それはセンセーショナリズムにのっとったものではなく正当なものでなければならないのです。

そして、(信頼を得るためのテクニックではなく)長きに渡って、評論家として読者の支持を受け続けている理由の一つを垣間見ました。

「誰が1番、誰が2番とか、最高、最低、好き嫌いとかの優劣、勝ち負けのステレオタイプな判断に踏み込まず、一つひとつの料理、食材、サービスなどの個別な観察、分析に徹し、比較をする場合でもAのここはこうで、Bはこうなっているという対比だけを示すことです。

そして、こうあるべきだというような、自分の嗜好を評論に反映させないことです」

考えてみれば、このような考察、評論方法は知識の量もさることながら、とても精神的に手間の掛かる努力無しにはなし得ません。

逆に言えば、1番2番と順番をつける事は容易いですが、それは専門家のする事では有りません。その時点で、それぞれの良い点悪い点を公正に分析することが不可能になり、本質から乖離し、思考が停滞してしまことに気が付きました。

「ミシュラン」やジルの監修している「ピュドル・フランス」などのガイドブックは、性質上レストランを、表現は星だったり皿だったりで、明確な指針を示します。

最高評価は褒め言葉で正しい努力の成果でしょう。

けれども、降格したレストランに対しては、

「この評価に至った問題点は自分で考えろ。しかし、また這い上がってくることを期待しているぞ」

という暖かい励ましであり、見守りなのだと、ジルの言葉から感じ取りました。

勿論、評価の世界では、テクニカル・ポイント、アーティスティック・ポイントの他に、ポリティカル・ポイントが存在するのでしょうけれども、誰も不味いものを食べたいわけではないのです。

ガイドブックは、お客さんが間違ったレストランを選ばないように。そしてレストランも自分の位置を客観視できるような目的で発行されています。

その先は、食文化の進歩の希求であり、食を通じた人々の幸せな生活に結びついていると考えているのでしょう。

「ミシュランガイド」は2009年に100周年を迎えました。

これも前述したように、同じものが100年続けば、もはや文化と言って差し支えないと思います。

胡散臭そうな爺さん（私と3歳しか違わないけど）の評論家ですが（評論家の全員が彼の持っているような高い志の人ばかりでもないでしょうが）、評論家に対してちょっと、いや大いに感に入りました。

四季を味わう重要性

白トリュフが豊作だそうです。それでも上物は1kg＝3500ユーロ（約50万円）します。

私は特別好きでもないので感激はしませんが、ここ2週間で2回食べました。

私は豊かな食生活を送っています。

でも、それはガストロノミーの中で仕事をしているから、高価な食材を食する機会が有るからではありません。

季節の移り変わりを大事にすることは、日本人の精神構造の中心に位置しています。

農業という自分の仕事を通じてなかなか気付きにくい旬を感じられます。野菜に旬があることで、季節を愛で、恵みを感謝できます。

食を単なる欲だけで捉えず、食事の機会のあること（自然の恵みを頂くこと）に感謝の気持ちを持つことで、食材の値段や希少性に拘わらず、食生活は無限に豊かになると思っています。

高級食材を、頻繁に食べていても自然の恵みを愛でられない人は貧しい食生活です。

エリック・ブリファーの考えるソムリエの役割

ソムリエは、料理人が喧騒の中で額に汗をして働きまわっている傍で、一人綺麗な格好をして涼しい顔をしています。不思議な職業です。

レストラン経営から考えると、ソムリエの価値はなるべく高いワインを言葉巧みに勧めて、お店の利益を上げることでしょう。

ソムリエ一人でシェフを含めて何人もの料理人に匹敵するだけの売り上げを上げます。

その為には、ソムリエはブドウ畑を訪ねたり、文献を漁って知識の積み上げの努力をしたり、シェフの料理との相性を吟味したり、スマートなサービスの身のこなしを練習したりもするのでしょう。

「ホテル　ジョージV」（フォーシーズンズ ホテル ジョルジュ・サンク パリ）の元総料理長、エリック・ブリファーがソムリエの仕事を一言で要約してくれました。

「ソムリエの仕事は、その当日に飲み頃になったワインを開けること」

これは久しぶりに聞いた凄い言葉だと思いました。

カーヴの中で、長い年月をかけて静かに降り注いできた埃を舞わす事無く、一本一本のワインと対話するソムリエの姿が目に浮かびました。

日本にも有名な「スターソムリエ」がいます。私はソムリエがスター扱いされる状況を好ましく思えません。ソムリエの仕事は、（本人が目立ちたい気持ちを自重して）レストランに食事に来られたお客さん一人ひとりを、飲むワイン如何を問わず（仮にワインを飲まなかったとしても）、気配りで心地良い酔心地に誘い「スター」になった気持ちにする事に心を砕くべきだと考えているからです。

自分の仕事を振り返ると、緯度の高いパリ山下農園ではイタリアやスペインのような強烈な日光を存分に浴びたパワフルなトマトは作れません。

でもその分、光合成は出来ないかもしれませんが、心の太陽の光で木を暖めて優しい味の野菜を作ってあげたいと思っています。

ピエール・ガニエールについて

ガニエールは世界中に自身の名を冠したレストランを展開しているグランシェフで、シャンゼリゼ通り近くのミシュラン三つ星の本店と取引を始めてから15年以上になります。

私自身が農業のレートビギナーだったので、グランシェフとして昔から名前を知っていたガニエールは相当上の人かと思っていたら、彼の年齢は私より2〜3歳上で、殆ど同世代です。

日本では、自身の名前のレストランを展開しているフレンチのグランシェフは、亡くなってしまったロブッションを始めとして、デュカス、トロワグロ、ブラスなどと並んでガニエールもとても著名なシェフですが、レジェンドと呼ばれるグランシェフの中で、今日も調理場でフライパンを振り、盛り付けをしているシェフはガニエールだけでしょう。

ガニエールはパリ、ロンドン、東京、ドバイなど沢山のレストランをプロデュースしている為に日々世界中を飛び回っており、彼と会えるのは年に数回、滅多に会えませんが、会えば何時もお互いにいつもの笑顔でざっくばらんに近況報告（野菜の出来栄えなど）や料理界などの話を短時間、立ち話しします。

ガニエールとは家族ぐるみの付き合いをしている訳ではありませんが、お互いがお互いを大切に思い、尊敬と信頼で結ばれた、大好きな関係です。

ガニエールの料理は、味わいはとても知的なのですが、それよりも斬新なアイデアがちりばめられ、盛り付けられた料理のキラキラと輝くエレガントな存在が、舞台を見ている様で何時も楽しませてもらえます。

ガニエールの料理は一皿に他のシェフよりも多くの食材で構成されていますので、複雑で分かり難い料理だと思われがちなので、彼の料理の評価は好き嫌いがハッキリ分かれるタイプの料理だと思います。

食材の数が多いので理解し難いと思われる事は、私も理解できなくは無いのですが、私にとっては彼ほど食材をシンプルに使いこなす料理人は居ないと思っています。

その理由は、食材本来の味が苦味や辛味が強い場合、普通の料理人は尖った味をマイルドにして食べやすくする工夫をしますが、ガニエールは「辛い物は辛く、苦い物は苦く」、時には更に苦く使

シェフピエール・ガニエールと共に

い、他の食材との絶妙な組み合わせで見事にバランスをとっているのです。

それは、食材の育ってきた由来に思いを馳せられる心を持っているからです。

パリのピエール・ガニエール本店ではコロナ禍前には、期間限定で山下野菜のスペシャルコースを行っておりました。レストランの通常業務ではレシピのどの部分に私の野菜を取り入れるか？というアプローチなのですが、スペシャルメニューは奇才ガニエールが農家山下とがっぷり四つに組んだら、どの様な世界観が生まれるのか？という試みなので、本当の意味でのコラボ料理の実現は光栄に想い、野菜の栽培にも力が漲ります。

今年（2023年）は久方ぶりに再開する運びになりました。夏野菜の味の練度が高まり、秋野菜の走りが現れる9月後半の秋分の日から2週間、1日10名までの限定メニューになります。

ガニエールは自身の名を冠したレストランだけでなく、様々な国でレストランのプロデュース（レシピ提供）など20件くらいのレストランに関わっているので、シャンゼリゼ通り、凱旋門近くの本店にいる機会が少なく、私も週1の配達なので、年に数回しか会えませんが、ガニエールが私にとって特別な料理人である様に、シェフにとっても私を特別な生産者との位置付けをしてくれています。

昨年暮れに、彼の生まれ故郷のテレビ局が制作した1時間の、彼の生い立ちから紐解く半生を描くドキュメンタリーにお声がけをいただき、20分近くの枠で私も出演しました。

山下野菜のスペシャルコースの初日はプレスの招待日で、私も同席するので、「シェフと私がどれほど愛し合っているのか観てもらいましょう」と冗談を言ったら、「我々がコラボをしたらどんな世界が生まれるのか？　それを示したい」と真剣な眼差しながら、ワクワクを隠せないでいました。

お互いに70歳を超えた（彼は私の3歳上）若者の様な意欲に満ちた、まだまだ元気な爺さん2人の戯れをお楽しみに。

さあ、スペシャルメニューの為の野菜を作りましょう。と言っても特別な事は何もしませんが、気持ちをちょっとそちらに向けます。

シルヴァン・サンドラのこと

「フレンチに行きたいのだけど、どこか紹介してくれる？」と尋ねられたら、私が真っ先に紹介するレストランは、シルヴァン・サンドラの「Fleur de Pavé」（ミシュラン一つ星）です。

シルヴァンは私の子供くらいの年齢で、山下農園の週末レストランのお客さんとして来園されてからの付き合いです。

週末レストランは食事の前に農園の案内をしているのですが、畑で野菜を試食してもらっている時の様子で、とても素直で繊細で的確な味覚を備えた料理人だと直ぐに分かりました。

当時もフランス料理店のオーナーシェフでしたが、ガストロノミーではなくビストロでした。

彼の店は「イチネレール」という店名で、その当時の顧客だった「トゥール　ダルジャン」の近所だったので、配達のついでにランチに行きました。

とてもセンスを感じる料理で、美味しい物で腹一杯にというビストロのコンセプトの上を行っていました。

ただ、彼の店の客単価では山下農園の野菜は使いきれないので、応援してあげようと考え、最初の1年くらいは、野菜が出来すぎてしまった時などに、無償で届けてあげておりました。

私の野菜を使い出してから、彼の料理観に変化が起き、翌年から料理の値段も上げ、ガストロノミーの料理に転換しました。

シルヴァン・サンドラ（右）と筆者

その翌年、見事にミシュランの一つ星を獲得しました。

その後、店名も変えて移転したレストランが「Fleur de Pavé」でミシュランの一つ星をしっかりと維持しています。

配達の道順でシルヴァンの店はいつも最後で、到着がランチの時間に食い込んでしまう事も度々です。

レストランは仕込みがあるので、なるべく早い時間の配達を希望しており、本来は営業時間に食い込むことは御法度なのですが、私が野菜を持って店内に入ると、彼の店のお客さん達はスタンディングオベーションで迎えてくれます。

それが許されるのは、シェフがお客さん達から愛されている証拠です。

パスカル・バルボの功罪

ミシュランの三つ星を10年以上維持し、2019年に二つ星に降格、再浮上を期して伝説的料理人ロブッションの最初のレストランだった店舗に移転した「アストランス」が、2023年度版のミシュランで一つ星の評価が下されたニュースは、フランス料理界には衝撃でした。

山下農園とアストランスの取引は、アストランスが三つ星に昇格した年に始まり、二つ星に降格後に店舗の移転が伝えられるまで続きましたが、現在は取引をしておりませんし、今後再開する考えもありません。以前の顧客の事をここでお話しするのは、憚れる気持ちもありますが、山下農園がアストランスに野菜を納入していた期間に起こったフランス料理の変革は振り返る価値があると思います。

バルボは当時最年少で三つ星を獲得し、維持していた期間に世界中のフランス料理店の姿を大きく変えた影響力は計り知れず、日本人の星付きシェフで、バルボから何らかの影響を受けなかったシェフは一人も居ないのではないでしょうか？

バルボの果たした功績は、ミシェル・ブラスの「ガルグイユ」のように華やかなフランス料理への扉を開く歴史的なレシピの創造ではなく、アラカルトを排除した「お任せ料理コース一本」という、「レストランマネジメント革命」に歴史的な意義があります。

客から料理選択の自由を奪い、逆にレストラン側には料理選択の自由を最大限発揮させる（料理が運ばれる前に、苦手な食材やアレルギーの有無は確認する）という、独り善がりな経営方針を掲げてスタートしたアストランスの当初の目標は、4年くらいで一つ星をというのんびりした物でしたが、開店後僅か4カ月で一つ星を獲得し、その2年後には二つ星、程なく最高評価の三つ星へあっという間に駆け上がりました。

その当時、料理界（料理人や料理ジャーナリスト）ではアストランスの三つ星に疑念の声がありました。ミシュランの気紛れか？それとも英断か？　カジュアルと言えば聞こえは良いが、安普請な店内に食器類も質素、ワインも高級銘柄が供される訳でもなく、それまでの三つ星のイメージには似つかわしい物ではありません。

しかし、バルボの料理はエレガントでシンプル且つ美しく、細部まで繊細に組み上がったレシピの載った皿は、それ以前の料理と比べると一線を画する完成度がありました。

現代フレンチでは「お任せ料理」スタイルのレストランがスタンダードになっていますが、間違いなくアストランスの継承です。アストランスの三つ星獲得はミシュランの先見性でした。

アストランスの「お任せ一本」のスタイルは現実的な考察を経て、消去法で生み出された物です。ペンキ屋の息子のバルボと共同経営者のクリストフは、独立性を保つために出資者を求めず、公的資金を借りてスタートしました。限られた予算の範囲内で見つけた店舗は、インテリアデザイナーが道楽で作り、放棄した物件でした。その厨房はガストロノミーの料理を作るにはあまりにも手狭で、彼らの求める水準の料理を作るには、何かを諦めなければなりませんでした。下したバルボの決断は、アラカルトの廃止です。

元来、お任せ料理に有り付けるのは常連客のみで、料理人と客との間で培ってきた信頼関係がベースで成り立つものですが、それを一見さん含めて全員に対して行うのですから相当なリスクがあります。昨晩どんなものを食べたのか？　その日の体調や気分はどうなのか？　今日は何を食べたくて来たのか？　店側はお客さんの状況を把握できません。そしてお客はシェフの独り善がりに付き合わされるシステムなのです。

バルボは「お任せ料理」のみに絞った運営に踏み切るに当たって、不安も大きかった筈です。厨房の条件と求める料理の水準など勘案した必然性、自分の料理のポテンシャルなど様々な検討が繰り返されたと思います。

バルボが捨てた物は、アラカルトだけでなくもう一つあります。それは、フランス料理がフランス料理たり得たエッセンスの調味料の「ソース」です。何十リットルもの肉や野菜の入った水を、何十時間も煮込んで、何十分の1にまで煮詰めて作るソースはフランス料理の文化そのものですが、それをも捨て去ったのです。お任せ料理一本だと、シェフの計算通りに食材を使い切れるので、仕入れの無駄を回避出来、ソースを捨てる事で、調理時間やそれに掛かる光熱費や人件費を節約出来るというメリットが生まれます。

この時期の世界の風潮が、アナログからデジタルへの転換期と重なった事もアストランスの成功の大きな要因だと、私は考えています。

デジタルだと再起動が容易に成せるので、人間関係のしがらみも希薄になってきた世相と「お任せ料理一本」スタイルの相性が良かったのでしょう。


アストランスの成功の素には、バルボのセンスの良さ、料理技術の的確さと料理の完成度の高さを繰り返し語らなければならないことは避けて通れませんが、経営コンセプトも、バルボの考案した省力料理も、比較的簡単に真似ることが出来、食材の管理など経済的なメリットが大きいので、あっという間に蔓延し、もう後戻りできない状況かも知れません。

しかし、デメリットも徐々に露呈し始めています。料理人の独り善がりが増幅して、客に寄り添う姿勢に翳りが出始めている様子が伺えます。同時に、客側も自ら料理を選ぶという機会が奪われているので、食べ手の実力が養われなくなってきています。

お任せ料理専門レストランは、アラカルトを捨てることで、客から料理を選ぶ楽しみを奪い、ソースを捨てることで、料理の滋味を失いましたが、失ったのはそれだけでなく、もっと大切なものを失っているのです。それは、料理人と客との信頼関係で成立していたお任せ料理を一見さんにまで提供することで、料理人と客との信頼関係を失ってしまったのです。

レトルト食品ばかりで育った子供はおふくろの味を知らない様に、このシステムだと何十年経っても忘れない味には巡り会えないと思います。

今回のアストランスの降格は、「お任せ料理一本の終わりの始まり」だと思います。フランス料理を応援する者として、加えて料理人に食材を提供する者として、失ったものを取り戻し、且つ時代に沿った新たなフランス料理の形式が芽生える事を願っております。

「山下セレクション」という試み

山下農園の野菜をパリの三つ星レストランにお届けする様になって、狭いガストロノミーの世界ですので、絶賛が瞬く間に拡散し、レストランからの問い合わせが殺到し、時を前後して一気にメディアからの取材申し込みも舞い込んできました。

そもそも私は外出するよりも家で好きな事をする方が心地良さを感じる方なので、メディアの求めにはお応えはするものの、プレスリリースなどの働きかけは一切しなかったし、それは今でも変わりません。

山下農園の野菜の評価は、山下朝史の作る「日本野菜は、未だ嘗て無かった味のクオリティ」だと言う事で集約されています。私にとってはその様な評価を頂くのは光栄でもあり、同時に大きな戸惑いでもありました。

私の顧客のグランシェフ達の殆どが、山下農園の野菜を使い出してから、料理観が変わったと言っております。「Fleur de Pavé」のシルヴァン・サンドラは、「ムッシュー山下の白菜はオマール海老より美味しい」と評してくれています。

その言葉を聞いて、動物性タンパク質の高級食材オマール海老と葉菜類の白菜との比較にピンときませんでしたが、実際にシェフの作った料理を食べて解った事は、食後に最初に現れる白菜の印象が明確で、濃厚なオマール海老の印象を遥かに凌駕して、主役が白菜のお皿だったのです。

グランシェフ達には音楽で言う絶対音感の様な味覚が備わっているのです。

実際にそれからも様々なシェフが、フォアグラや鳩などの強い食材と私の野菜を取り合わせた時も、私の野菜は些かも負けておらず、図らずも次々と野菜が主役で、動物性タンパクが付け合わせの様な料理が今日も供されています。

この事実は野菜が副菜の域を超えて料理の主役になるという、今までのフランス料理では考えられなかった料理革命が起こっているのだと思います。

私の顧客達のアプローチに触発された南仏の三つ星レストラン「ジャルダン　デ　サンス」も数年前から、野菜を主役に立てるレシピを発表しています。


山下農園の野菜の高評価を私の一人自慢の様に語っていますが、私の本意は、世間は日本人の私が作る「日本」野菜の勝利という事に注視している事を言いたいのです。

嘗て、日本料理がフランス料理に施した影響は甚大で、現代フレンチの形を作ったのは日本料理だと言うことを否定できる人は居ないと思います。

それならば、今度は日本野菜がフランス料理を更に発展させようじゃありませんか！

私の一時帰国の際には様々なレストランに足を運び、日本の野菜を食べており、同じ種で育てた私の野菜と日本のそれとは明確な違いがありますが、日本産の高品質な野菜は農業国フランスでも充分に通用するし、受け入れてもらえると実感しています。

実際にどこから入手しているのかは知りませんが、フランスの農家でも水菜などを栽培している人もいます。ただ、日本料理を知らないフランス人の農家が作った日本野菜ですので、結構いい加減な出来だったりします。

フランスでは山下野菜の評価は確定しており、フランスの料理人で山下野菜の事を聞いた事がない人は居ないくらいにブランド化されていますが、私は古くからの顧客を大切にして、新規の顧客は殆ど取らないし、顧客数も5～6軒なので、その他の料理人は日本野菜に興味が有っても入手できない現状があります。

山下農園の野菜を「ルドワイヤン」にリリースした時から一貫してガストロノミーの世界の頂点のグランシェフ達と仕事をしてきているので、日本野菜がどの様に使われるのか？　何を期待されているのか？を一番知っている日本人農家は私だと思っているし、ブランド化もされているので、日本産の野菜の輸出のお手伝いが出来るかも？と10年以上前から考え続けていました。

日本政府や農水省も日本の農産物の輸出を進めようとしていますが、東南アジアのお金持ち華僑をターゲットにしている現状で、その方針は筋が悪いと思っています。

お金持ち華僑の間で絶賛されている日本野菜に対して、ピエール・ガニエールは関心を示しませんが、ガニエールの絶賛する日本野菜にはお金持ち華僑は大いに興味を持ち、更に高値でも買いたがる筈です。

何処が筋悪なのかと申しますと、物事は川上から川下に流すのが理に叶っているのです。川上からならば少ない水でも麓まで潤おせますが、川下からだと強力なポンプで汲み上げても川上までは届かないのです。

私はフレンチの最初の顧客に三つ星レストランを選んだ様に、川上から川下派なのです。

美食の国フランスの首都パリは、正に西洋料理の頂点です。まずは、そこに日本産の野菜を潤沢に供給できたら、瞬く間に広がるでしょう。私の様に川上から川下は誰もが容易に通れる道筋では無いかもしれませんが、その為にはフランスでブランド化している山下野菜の名前を有効利用することで、日本の農家さんを励ます事ができないか?と思案してまいりました。

私が選択した日本の農家の日本野菜を「山下セレクション」と言うブランド名でフランスに輸出するという企画が進行中で、２０２３年3月に群馬県前橋市の定例記者会見で、山本市長から前橋市はこのプロジェクトを応援するとの発表がなされました。


食材の輸出入は食文化の交流です。この交流を礎にフランス料理の進歩に繋げるお手伝いをしたいと考えています。

日本は、北は北海道から南は九州沖縄まで２０００㎞の長さがあるので、桜前線の北上の様に、日本各地から選りすぐりの野菜をフランスに届けられたら素敵です。

その中で、私には一つポリシーがあります。日本の誇る最高品質の野菜は選考基準から外します。

その理由は、そもそも最高品質の物は少ししか生産出来ないのだから、それは日本にいる同胞たちに賞味して頂きたいのです。大丈夫です。日本の高品質な野菜はパリでも通用するし、喜んで使って貰えます。

137年前のワイン

「シャトー・ラフィット・ロートシルト」創業150周年（2018年）を記念する晩餐会の招待を承りました。

お城の地下のセラーをテイスティングルームにして10種、夕食時に6種のシャトー・ラフィットが振る舞われ、一番若いもので2010年、一番古いのは何と1881年でした。

そもそもこのような機会をいただけた事は誠に光栄なのですが、私が選ばれた理由が分からないまま、空港から迎えの車に乗ってお城に向かいました。

ディナーの時に私の隣に着席したのは男爵のご令嬢（現在は当主）で、会話の中で謎が解けました。彼女は「ニューヨーク・タイムズ」の記者として、数年前に私のインタビュー記事を掲載したそうです。

私は自分のニュースにあまり興味がないので、フランスで出演したテレビもほとんど見ないのですが、その記事も読んでいなかっただけでなく、インタビューを受けたことすらすっかり忘れていました。

しかしその時に私に興味を持っていただいて、今回の人選に繋がったそうです。

垂直テイスティング（同じ銘柄の年代別飲み比べ）をしていると、どうしてもだんだんと訳が分からなくなってしまいますが、それがシャトー・ラフィットだという分不相応な贅沢を堪能しました。

テイスティングリストの小冊子が配られ、年代が記されていないものは、何年物かを当ててごらんなさいというゲームというか、クイズ的な要素もある試飲会でした。

ワインにもヴィンテージ毎に、「愛」「信頼」「アイデンティティ」を伝える役割を神様から割り振られているという、私なりの仮説を立てていたのですが、その仮説は間違っていなかったと確かめられました。

1881年物（137年前）も旅をしていないワインは味に全く崩れがなく感動しました。

私の印象にもっとも残ったのは、香りも味も枯れているのですが、口に含んだ瞬間に何故かやり切れない悲しさが込み上げてきた1917年物でした。

そのワインの背景を尋ねたら、その年は第一次世界大戦の最中で、戦地に赴いた夫や子供の留守を護る妻や母、つまり女性が作ったヴィンテージと言われている物です。

晩餐会での料理も素晴らしく、30～40年前のスタイルでした。

パリでレストランに行けば最先端のフレンチばかり食べている私ですが、古酒を楽しむにはガッツリ系のクラシックなフレンチこそ相応しいと思いました。

夕方にシャトーに着いて、その晩はシャトーに泊まらせていただき、朝食と昼食までいただき、得難い経験をさせていただきました。

当日供されたワイン

今回のご招待の返礼として、山下農園の週末レストランにご一家をご招待させていただくことになりました。

召し上がりたいワインは持ち込んでくださいね、と一言添えて。

追伸1：古酒の抜栓はなるべく直前が良いそうです。状態によると、抜栓後20分ぐらいで壊れてしまうこともあるそうです。

追伸2：私は酔い心地が嫌いなので、味見だけを楽しみましたが、ほとんどの皆さんも賞味するだけで、飲み干していませんでした。1881年物のワインを飲み残す贅沢！

追伸3：シャトーラフィット150周年記念晩餐会後にシャトーで1泊させた頂いた翌朝、お暇のご挨拶の時に、城主のロスチャイルド男爵の夫人がご主人に対し「山下さんをレジオンドヌール（フランスの勲章）に推薦しましょう」

と提案されたのですが、「とても光栄なお申し出ですが、現役の間にそんなご褒美を受け取ってしまったら、仕事に向き合う姿勢が変化してしまう恐れがあるので、謹んで辞退させていただきます」とお伝えしました。

第7章

「山下農道」を分析する

Mana Iwamoto

パリで生まれた奇跡の日本野菜

「山下農道」の神髄

山下氏にとっての農道、その生まれた背景と現在までを聞くことで、私たちは新たに何がわかったか考えなければならない。

わたくし（岩本）は医者として人間の身体を診ているわけだが、ともすれば、皮膚美容あるいは美容医学という観点から「人間にとって美とは何か」を、暇さえあれば〈ああでもない〉〈こうでもない〉と考えてきた。だから、農道の美についても考えるべきなのである。そこで農業を植物栽培に近いものと捉え、植物界の特徴を踏まえつつ「美と科学」や「歴史と文化」など様々の観点から農道にアプローチしてみたいと思う。

植物の偉大なる恩恵、ボタニカルパワー

私たち自身の種であるホモ・サピエンスは、道具を持つことで自分たちが地球上のあらゆる生物の中で最も優れた知性を持っていると過信し、食物連鎖*のトップに君臨した。太陽は地球の周りを回り、人間は宇宙の中心にいて揺るがない存在だと、長い間信じこんでいたのである。

近代科学の発達で突きつけられたリアルは違った。地球は太陽を取り巻く惑星の一つに過ぎず、大地は不動ではなく自らクルクル回り、さらに地球がある銀河系も宇宙の中心ではなく遠い辺境に位置していたことである。目が醒めてみれば、これも一炊の夢だったのだ。

ことに、古代ユダヤ教から外延化したキリスト教やイスラム教圏の社会での衝撃は大きかった。この世のすべては唯一神によって創造されたものであり、人間は神の御姿に似せて創られた最も崇

高なものとして、他の動物とは隔絶した存在として認識されてきたからである。

19世紀、ダーウィンは人類の起源は他の動物たちと同じものであり、遥か彼方ともなれば猿どころか、ゾウリムシだったとしてもフシギではないと喝破したのだった。ヨーロッパの天地は「神は死んだ」と号泣したと言われる。

億年単位の地球上の生物進化の主導権は、実は植物にこそあった。地球上の生物量（バイオマス）割合では植物が80％以上であり、動物は15％程度で残余は微生物や菌類など微小生物となる。「地球上生物のほとんどは植物である」と言ってもいい。動物はそこらをうろつき回って顔を売っているごろつきのような存在にすぎないであろう。

植物が消滅すれば、即座に人間も動物も生命を失ってしまう。しかし、人間がいなくなったところで植物はなんの支障もない。むしろ、人間が侵した自然破壊を可及的速やかに回復して生命の楽園に戻すであろう。もしかしたら、人間の食の嗜好により選ばれし種となった、小麦、稲、とうもろこし、じゃがいもあたりは悲しむのかもしれないが。そもそも人間の原型が現れたのは400万年以上、ホモ・サピエンスが現れて20万年ぐらい。恐竜の繁栄にしても1億6000年もの長さがある。地質年代的に考えれば、人間の時代「人新世」**は今のところほんの一瞬、刹那のようなものなの

＊　食物連鎖：食物連鎖ピラミッドでは、植物よりさらに下に、落ち葉や枯れ木、動物の死骸を分解するミミズ、ワラジムシなどの土壌生物や微生物を据え置く場合もある。

だ。

ちょっと考えてみたい。我々人間は、そして動物たちは、どれだけ植物に依存して生きているのだろう？

動物の定義とは「従属栄養の生物」である。動物は他の動物または植物を食物とすることでのみ生きている存在であり、自ら栄養をつくり出す能力を持たない。殆どの動物は起きている時間の大半を捕食のために費やす。人間もまた然りである。――「親から独立して以降は自分一人で食っている」なんて、オチャラケはこの際言うまい。

栄養の補給がなければ動物は餓死するが、それよりも先に必要なものがある。酸素である。酸素呼吸をする動物にとって、これが欠乏したらその場で果てる。その点、緑葉植物は光合成を行うことができる。光エネルギーを化学エネルギーに変換し、生体に必要な有機物を作るメカニズムを持つ。光の力で二酸化炭素から高エネルギーの高分子化合物である糖を合成し、水を分解して酸素を放出する。而《しこう》して、独立栄養生物と称する。

次はエネルギー。光合成でできた高分子化合物は、薪や木炭、時には長大な時間を要して石炭など化石燃料に変わって、燃料として消費されている。

最初に記したように、植物はそのまま食物でもある。食物連鎖の最下層となって、生産者としての基盤であり土台を形成する。動物は植物そのものか、植物から栄養をとった動物のどちらかを食して命の糧とする。

それだけではない。衣類の原料（繊維）、紙の原料、建築材料など衣食住の総てにわたって、植物なくして人間は生活できないようにできているのである。

医者として、もう一つ、言い忘れてならないことがある。いにしえから植物は〃クスリ〃であった。人類発祥の遥か以前から、生き物たちすべてにとって、病や傷を治す効き目のあるものであった。花・実・根だけでなく、葉・樹皮・樹脂などいろいろな部位が利用されてきた。

藥は「艸＋樂」の会意兼形声文字。植物の実や根をすりつぶしたクスリ、あるいは病根をつぶす薬草をいう。樂は轢《レキ》（車でひきつぶす）・鑠《シャク》（金を摩滅させる）・療《リョウ》（病根をすりつぶす）と同系語である。薬の訓は〈いやす〉である。「薬石効無く」の薬は薬であり、石は漢方の鍼《はり》。もともと鍼は石で作られていた。

ＢＣ３０００年以上前のアーユルヴェーダに始まり、中医学・中近東のユナニ医学・アボリジニ・ネイティブアメリカン・アマゾンなど先住民族の伝承医学……。すべてが薬草であり植物を使う。世界中でクスリに使われていた植物であったが、現在の医薬品は植物から作られたものだけでなく、大部分は植物の天然成分を真似て生成したものに置き換わっている。

＊＊人新世：アントロポセン（Anthropocene）。人類の活動が地球環境に与える影響が大きく、地質学的な変化をもたらしている時代を指す。

植物の中には人間の欲望に寄り添って生きる高揚と感激を与えるとともに、同時に惑溺と沈淪をもたらす結果を惹起させるものもある。禁断の果実なるもの——覚醒系のカフェイン・エフェドリン（麻黄）・テオブロミン（カカオ）、ニコチン（タバコ）、クロロホルム（棗椰子《なつめやし》）、陶酔系のモルヒネ（罌粟）・カンナビノイド（大麻草）に代表される、植物由来のPsychoactive substances（サイコアクティブ物質）と呼ばれる生理活性物質などである。

　これらは中枢神経系に作用し覚醒や陶酔などの、人間に様々な心理的効果を引き起こしてきた。民間薬として歴史的には広く使用されてきたが、濫用や過剰摂取によって心身両面の健康へ大きな悪影響が及ぼすことが指摘される。

　果実や穀物などの糖類を発酵させることで生成されるアルコールも、発酵に用いられる菌類が細胞壁を持って植物に近い存在と考えられるので、広くその仲間といえよう。世界の古今東西、宴の席の祝杯に欠かすことのできないのが酒である。依存や過剰摂取によって破滅沈淪を余儀なくされた人も多い。地球温暖化による自然破壊の加速化やＡＩの無軌道化による社会秩序の混乱もあって、アルコールを野放しにすることへの批判は強い。とはいえ、現実を忘れさせてくれるひとときの安息を与え、どれだけ多くの人々の人生に救いや彩りをもたらしてきたことか。

　カンボジアの密林地帯に、アンコール遺跡群の一つで１１００年代に建てられた世にも美しい〝タ・プローム（Ta Prohm）〟という遺跡がある。ガジュマルの木の根が遺跡の隙間に入り込み、ミレニアムの歳月をかけて、枯れた葉と砕けた石からわずかな水分を吸収して、隙間をゆっくりと広げてきた。無機物が有機物に侵食されて融合し、根が遺跡の血脈のようになって一体化している。一度見たら二度と忘れられぬ、圧倒的な樹木の生命力と存在感である。

アフリカのナビブ砂漠にはウェルウィッチアという、見た目に巨大タランチュラと草のハイブリッドの（今にも這い出しそうな）グロテスクな裸子植物がいる。一年に何日降るか知れない雨を待って、砂漠の地で1000年から2000年を生きるという。

植物は動くことができず、逃げることができないが故に、過酷な自然淘汰に耐える力を持ち、あらゆる外敵から種を守る方法に長けた生物である。食料として動物に我が身を与えることもあるが、どんな動物の種よりもはるかに生命力が強く悠久の時を生き抜く。そもそもからして、敵う相手ではないのである。

農業と医業のクロスオーバー

山下氏も言うように「農はまず土ありき」である。農の甲骨文字は「林＋辰《かい》」の会意文字。林を焼き、貝がらで土をやわらかくすることである。篆文《てんぶん》は「かい＋頭のうみを両手でしぼるさま」で、かたい土を貝がらで掘って、ねっとりやわらかにする意味だ。

農の字の上部分は林を意味する象形文字が変化して曲となり、下部分はドラゴン（辰）と言いたいが、実は大蛤《オオハマグリ》が足を伸ばした姿。よって、林地をハマグリなどの貝殻を使ってやわらかく耕す様子を表したのが農の起源となる。大変な重労働ではないか。土地も人もcultivate*することで、より柔らかく豊かになるというわけである。

最近、健康維持の土壌とも言える「腸活」、腸内細菌（腸内マイクロバイオーム）の大切さ**が注目されている。乳酸菌、ビフィズス菌、酪酸菌等で知られる腸内細菌の総数は約100兆個から1000兆個で人体の細胞総数よりはるかに多く、種類で1000種類以上、腸内細菌の総重量は約1～2kgで脳より重い。人が腸内細菌と共同して作る〝土〟も、体外に押し出されるだけの柔らかさが必須である。便秘は万病の元。畑の土も人体も頭の中も、すべからく柔らかく耕すことが肝要なのである。

ミミズ温存のための不耕起農法を、幾度か試したことのある山下氏から「ミミズに頼るよりも、手を加えて深く耕した土の方が、間違いなく豊かに野菜が育つ」と聞いた。新芽は周囲の雑草より、必ず上に出ないと（＝光を浴びないと）育たない。そのためもあって、土の手入れは必要不可欠である。

農業と医学に共通する賢者のような存在といえば、中国の古代三皇の一人である神農が浮かぶ。彼は頭にツノがある牛頭で、体幹が透明、内臓が透けて見えるという奇怪な外見であった。民には農耕や養蚕を伝授したり、市場を設けて商業を教えるほか、様々な草を試食（毒見）して医薬（漢方学）の発展に寄与した。誤って毒草を口にした場合には、毒消しのためにチヤノキ（茶）の葉を噛んだといわれる。伝説の帝王は農医商をまとめて面倒みたのである。

神農をフィーチャーした2000年前に書かれたという『神農本草経』は、中国最古の薬物学（本草学）書で個々の生薬の薬効について述べる。年間日数に合わせた365種の薬物を上品《じょうほん》120種・中品《ちゅうほん》120種・下品《げほん》125種と薬効別に分類している。

上品は生命を養う『養命薬』――身体を軽く快活にし、無毒で長期服用が可能、長寿の源。中品は体力を養う『養性薬』――使い方で毒にも薬にもなり、病気を予防し虚弱な身体を強化。下品が、『治療薬』――毒性も強い。長期にわたる服用は避け、病気を治すため短期間用いる。『神農本草経』の説く〝徳〟は、上位に健康維持のための予防的な薬草や植物があり、下位に現在いうところの治療薬がランクにされているのが、おもしろい。

最古の医学書である同時代の『黄帝内経』によると、病気を治すだけの医者というのは下医だという。未病を治す。すなわち食生活など生活習慣を加味した予防医学にも長け、健康長寿を念頭に、健全な社会生活をアドバイスするのが上医なのだ、と説いている。病気になると、医療費も多大にかかる。未病段階で対策を講じれば、健康保険の負担も軽減される。上医は国をも治す！

＊ cultivate：cultusが語源で、主に以下の二つの意味がある。
(1)（土地や植物などを）耕す、栽培する、育てる
(2)（能力や品質を）養う、向上させる、育成する

＊＊マイクロバイオーム　microbiome　私たちの身体表面や内部に生息する微生物の集合体のこと。人間の体内や体表には、細菌、真菌、ウイルス、古細菌など、様々な微生物が存在しており、これらの微生物の集合体を総称してマイクロバイオームと呼ぶ。

野菜の上医である山下氏は、信念を持って、適宜に農薬を使用することを公言している。農薬の最大の効とは、病害虫の被害を遠ざけるための「予防的な試行」だというのだ。作物がダメージを受けてからの対症療法より、はるかに効果的である、と。

野菜は本当は食べられたくないのか

物心ついた時分から、わたくしは野菜嫌いであった。フランス人の野菜摂取量は200〜250g／dayで、日本人より100g少ないといわれる。ほとんど野菜を食べない人もいる。ラタトゥイユ*や蒸し野菜は好物であるし、カレーライスを食べる前に野菜を取り除いたりはしないのだから、正しくは生野菜嫌いなのであろう。煮たり焼いたりして加工されたものと違って、生野菜特有の青臭さは辟易する。特に青野菜は草食の家畜やウサギの餌、あるいは青虫のために存在しているとしか思えないのだ。キャベツやブロッコリーの原種に近しいケールの野性味たるや、名状しがたい眩暈に襲われる。唯一わたくしが生野菜やサラダを口にする場面は、香り高いバーニャカウダのソースや濃厚な旨みのあるドレッシングに出会った時のみである。

とは言いつつも、現今流通する野菜は時間と人手によって、かつての自生モノとはまるっきり違い、長い品種改良の積み重ねから、劇的に美味しくなっていることは間違いない。

かくて、「野菜は人間に食べられたくないのではないか」と思うに至った。だから、そのままではあまり美味しくないのだ。その点、フルーツは種子を散布して欲しい、そのために食べてもらうことが必要だから、甘くジューシィな味と香を提供している。

ここ30年ほど、植物同士が「微量の香り」を使って会話しているという〝トーキング・プラント〟説の研究が進んでいる。虫食いなどでダメージを受けた葉が、危険信号を意味する香りを放って周囲に知らせる。受け取った側が虫にとっての忌避物質を生成して防除する。あるいは虫の天敵を呼び込む化学物質を発生させる——小松菜がコナガという虫の食害を受けると、天敵のコナガコマユバチを誘う香りを発する。ポプラがイモムシに葉をかじられたら、天敵であるスズメバチを呼び込む香りを漂わせる、など——。なんと巧緻に長けた戦術であろうか。しかも、農薬噴霧で虫を全滅させるといった過激な反応ではなく、マイルドな対応で自然の秩序を毀損させないのである。

「ウンベルト」という言葉は、生態学や生物学の分野で使用されている。それは「生物の生態的な位置や特定の環境条件（ニッチ）で生息すること」という意味である。すべての生物は、自身が持つ知覚によってのみ世界を理解しているため、生物にとって世界は客観的な環境ではなく、生物それぞれが主体的に構築する独自の世界となる。

＊ラタトゥイユ　ratatouille：地中海料理の一つで、主にトマト、ナス、ズッキーニ、パプリカなどの野菜を煮込み、ハーブのスパイスを加える。

驚くべきことに、現代のインターネット社会のようなリアルタイムな情報交換やネットワークは、植物界にも存在していたのだ。土壌の菌糸や植物の根が形成する情報網も素晴らしく、植物同士が相互に情報交換や栄養の受け渡しを行っている。この情報交換は、隣接する植物同士や異なる種の植物との間で行われ、根の近くでの栄養の受け渡しや生存戦略の調整に役立っている。このような植物のウンベルトは、現代のネットワーク社会と同様に相互依存性と連携性を持ち、植物たちの健全な成長と生態系の繁栄に寄与している。植物たちは互いに情報を共有し、栄養を分け合うことによって、生態系全体が持続可能なバランスを保つことができるのだ。

「食べて欲しくないのが本当の野菜の気持ち」であるならば、山下農園の野菜は、なぜその美味しさを誇示しているのか。野菜たちは、山下氏の「我が子可愛さの嫁入り農法」に絆《ほだ》されて緊張を解き、彼の軍門に降《くだ》って美味しくなってしまったのか。さもなくば、高度知的生命体である野菜として、彼を操り籠絡するために美味と美貌の策略をもって、スターダムにのし上がろうとしているのかも知れない。

個性と愛情論

日本とフランスの種子を取り巻く環境の違いを俯瞰してみよう。気温・湿度・土壌・緯度など、違うといえばキリがないし、温暖な気候と一括りに言ってしまえば、それほどの差はない。

日本はモンスーンによって四季が明瞭で雨量も多く、農作物の豊穣と多様性に起因している。それらは火山や地震といったファクターも含めて、自然の影響に左右され易い。その結果、人々の性格に平穏無事と大勢順応の無個性を生みがちとなる。

農業が山国ゆえの協働作業と同調圧力の強制の結果、農家のやる気を削いで食料自給率の著しい低下を招いたことは已む無きことだったか。まだ総括も反省も始まっていない。野菜に個性は要らない、均一的平均的なものを求めるという商品観も放置されたままである。

フランスはどうだろう。ワインの良し悪しを評価するテロワールのことも先に書いた。

パリのカルチェラタンに住んでいた頃、近くのパン屋(ブーランジェリー)がパリ一美味しいパン屋と有名になったのだが、出来がいつも違った。美味しいときはとびきり美味しいが、そうでもないときも結構ある。そんなことを友人に愚痴ったら、「パンの出来は、その時の職人の状態に、酵母や気温変化なんかも関係しているだろうから、色々変わって当たり前なのよ」。なんと、文化の違いか。その日によって味の変わるパン屋は日本では考えられぬ。これも一種のナチュラリズムであろうか。

フランスの小規模農家の基盤も、意識はしていないかもしれないが、テロワールにつながるナチュラリズム派なのかもしれない。農業機械の保有率がEU内で最も高いフランスではあるが、規模が大きいところは大農法経営化している。どちらにしろ、ザックリ大雑把な感じである。

となれば山下氏の農道には相当なアドバンテージがある。小規模農業の利点を活かし、我が子をやさしく躾けるようにいい塩梅に手をかけ、野菜の持つ生命力の美味しさだけでなく、見かけの美しさまで計算して栽培しているのである。このことは日本の農作物が持つ特性とフランスの風土が融合し、新たな美味しさと多様性を生み出す可能性を秘めている。

「山下農道」の成功は、日本とフランスの農業の長所を組み合わせ、それぞれの特性を活かすことによる成功と言える。これによって、我々は、異なる農業環境や文化を理解し、それを超えて新たな価値を生み出す可能性を見つけることができるのだ。

宗教と自然科学

宇宙は螺旋ループ構造といわれている。量子力学の観点からは、人間と人間でない動物、動物と植物、さらには生物と無生物の連関性も説明がつく。この世はカオス(=混沌)である。仏教の教え(法輪)や仏陀の悟り(曼荼羅)には深遠な哲理があるのだ。

動物の定義は前にも述べたが、「従属栄養の生物」である。他の生物が作った栄養を糧として生きる。生きるがために運動する生物であり、人間においては他者の命を貪って命をつなぐ。滄海《そうかい》の一《いち》粟《ぞく》に過ぎない。

仏教が説く、全てのものが相互に依存し合っているという「縁起」の概念は、量子力学では物理現象はすべからく相互依存していると考えられる。すべてのものは常に変化し続けるという仏教の「無常観」は、量子力学では物理現象は常に変化し続け、相対性と確率性が支配するという事象にリンクする。現象と実体の区別と混在、「空」の概念、物体の間に明確な境界はなくすべては統合されている統一性など、哲学的観点から仏教と量子力学には共通項がいくつか見出せる。デカルトの二元論的な世界観では到底捉えられぬ。分子の動的流動を基盤にすれば、〝あなたは私の一部〟であり、〝私は世界の一部〟であり、全ては不可分なのである。突き詰めていくと他者への赦し、慈悲、自然への畏れ、観念的世界観にも通ずる。

このように最先端の量子力学に通ずるともいわれる仏教では、植物をどう捉えてきたのだろう。「草木国土悉皆成仏《そうもくこくどしっかいじょうぶつ》」とは、『涅槃経《ねはんぎょう》』で説かれる言葉である。草木や国土のような心識（意識）をもたないものもすべて仏性を有するが故に、ことごとく仏となりうると言うのである。生命なき無機物にも道が内在するとの道家の哲学を媒介に、六朝後期から主張された中国仏教の思想は、天台宗や華厳宗で強調されている。そこにおいても植物に対して敬意や感謝の気持ちを忘れずに慈悲の念を持てとは言えど、植物は仏教の六道輪廻には入っていないので、殺生の対象にも入らない。草木が意識（知性）を持たないとするのは、超越者（＝唯一神）の存在を否定し量子力学に通ずるといわれる叡智の宗教（＝仏教）でさえも、植物の本質を分かっていなかったということになる。

キリスト教では、植物は征服され続けるものであって、使い捨て自由の便利な道具の一つでしかない。命があるものとしても意識されなかったように思われる。なにしろ、旧約聖書創世記では、ノアの方舟に植物は乗船していない。

NHKの連続テレビ小説『らんまん』で植物分類学の泰斗、牧野富太郎*が主人公に擬されているが、彼はこんな言葉を遺している。

「造物主あるを信ずるなかれ。神を信じてはいけない、神様は存在しないと思いなさい。学問の目標である真理の探究にとって、神様がいると思うことは、自然界の未だわからないことを、神の偉大なる摂理であると考えて済ますことに繋がります。それは真理への道をふさぐことです。自分の知識の無さを覆い隠す恥ずかしいことです」(『赭鞭一撻』より)

宇宙量子論のステーブン・ホーキング、天文学者ニール・ドグラース・タイソンなどの自然科学者や、カント、ニーチェ、カミュなども無神論者を公言していた。スピノーザやアインシュタインなどは、自然の秩序や法則を神として捉える汎神論的な考え方を持っていたと言われる。真理を追究してきた哲学者や科学者のなかには、ある一つの結論に収斂される偉人たちがいる。無神論、汎神論、それぞれ違いはあるが、少なくとも、超越神信奉からは脱却している者たちである。

アメリカの天文学者ドナルド・ヨーマンズはこう語っている。

「私たちは皆つながっている(We are all connected)。生物学的に、お互いに。地球に対しては、化学的に。そして、宇宙の残りの部分に対しては、原子的に」

――私たち、生命体は皆スターダスト（星屑）からできていると言っていい。だから、突き詰めれば生物と無生物の境目さえ曖昧なのである。

野菜の野心と「野菜に育てられた男」

植物は、餌を求めて動きまわる必要のない独立栄養生物として根を張って生きている。動物よりものんびり緩やかに、時には気が遠くなるほどの、悠久の年月を生き続ける運命の星の下に生まれたのである。よって植物は、動物たちに想像もできない多彩な問題処理能力を有している。

感覚器官は一点集中ではなく全身分散型であり、一部が捕食されたとしても、命を取られる程の弱点にはならないようにつくられてきたのも地球が与えた知恵である。臓器が機能別に一カ所に集中すれば、そこを攻撃され捕食されたとしたらジ・エンドである。脳みそという中枢がないのも賢い選択である。現代では「動物的な脳や神経がないから知性がない」と言い切れなくなっている。現代科学で解明されていない数多くの事象の中の一つと言っていい。

＊牧野富太郎：今から130年ほど前、日本の植物学の礎を築いた一人が、高知出身の植物分類学者・牧野富太郎である。自らの足で全国を歩き、ほぼ独学で植物の調査・研究を行った。

植物間のコミュニケーション（通信交流）はインターネットの多重ネットワークのようなものだ。語らぬ言語で喋りシグナルを受け取る。土壌菌やバクテリア酵素と絡み合う森林地下茎ネットワークとなれば、菌根も総動員してまさしく曼荼羅世界となる。

進化論で知られるダーウィンが晩年の研究で心奪われたという植物の根端。むき出しの神経さながらに、感覚器官が複数の環境変数を記憶し、運動器官が対応して動く。根端には物理的知覚とともに、いろいろな化学物質が存在する。根端が他種の根に触れると、葉をより大きく高く生育させる。光合成競争に打ち克つためである。だが同種だと認識すると、時に場所を譲りやさしく共生しようと振る舞う。最近の研究によると競争する傍らで、種の違いを超えて、地中では炭素の受け渡しといった相互協力関係も築いているという。森には他種間ネットワークのハブとなるマザーツリーもいて、マザーが枯れてハブの機能を失う以前に、耐性や再生に関する情報を周囲の草木に伝えているとも言われている。

植物の祖先は約20億年前には存在したとされる緑色藻類の一種ミドリムシである。植物は光合成に必要な光を受け取るために4億年前には葉を、陸上に進出するために3億5千万年前には根を発達させた。さらに乾燥に強くなるために、植物は表面に細胞壁を強化した角質層を持つようになった。

バクテリア、菌類、植物、動物との共生、共進化の生態系の中で、要となる役割を担ったのはいつも植物だった。被子植物が出現し受粉や種子散布の方式に多様性が生まれる。美しく香る花を咲かせ受粉時に昆虫を呼び寄せるだけではない。みずみずしい果物を実らせて種ごと動物に食べさせ、遠く近く、空に陸に、植物の生活圏を拡大させる。巧みなウィンウィン使役術である。

森がメインだった長い時代を経て、6千万年前くらいから草原がメインの時代となる。丈の低い草はコンパクトで成長が早く回転も速くなる。より環境に適応して進化も進む。見晴らしも格段によくなる。敵はいないか、餌はないか。遙か向こうを見渡そうと二本足で立ち上がったのが、森から出てきて草原に住んだ猿人たち、人間の祖先である。

BC4000年、人類あけぼのの文明発祥はチグリス＆ユーフラテス川に囲まれたメソポタミア文明であった。なぜそこだったか？　エメルという突然変異種の小麦ができたからだという。実がバラバラと落ちずに種が飛び散らないが故に収穫しやすい。すべからく農耕が急速に発達したわけだ。

農業によって人々は定住できるようになり、人の集積は都市を形成し文明を誕生させた。人は土を耕す（culture）ことで文化を生みだし、都市化（civilization）して文明を獲得したのである。

もの静かにして語らず、自ら動くことなく専ら受け身になって、地球の進化を見つめてきたように思える植物であるが今では動物の進化、敷いては人間の文明化を先導したといわれる。数いる動物の中でも友好的な人間には一目おくかも知れぬ。彼らとフレンドリーな関係を持てば、便利だし何かとありがたい。仲間を地球上に増やしてくれるだろうし、何よりせっせと世話をしてくれる。自分たちを、天敵や獣たち、雨風や自然の脅威から守って保護してくれる味方となれば、代償といってはおこがましいが、ことに親切を施してくれる人間たちのために、美しくいい香りのする花を咲かせて喜んでもらいたいし、美味しい実を食べさせてやりたいと考えたとしても不思議はない。

あるイメージが浮かんだ。山下氏は野菜たちと秘密協定を結んでいるのではないか、と。経験は宝となる。「野菜に育てられた男」は盆栽との関わりも深く長い。植物と友好する技には年季も入っている。彼は植物の知性を頭ではなく感性で、すでに知っていたのである。甘い蜜を餌にハチに花粉を運んでもらう花と昆虫の関係のように、野菜との間に幸せな共依存関係を築いているかのようだ。

農道の美しさと日本の慣習

日昇れば畑に行き、日沈めば家に戻る。天気は気まぐれ、お天道さま任せ。天を仰ぎつつ、その日その日をプランニング。晴耕雨読は野良仕事の基本である。

「農業は自然に触れて、自然のサイクルや営みを見つめ、感嘆することのできる職業。自らも日光に正対してサーカディアンリズム（一日のリズム・体内時計）が整い、リズミカルな運動でセロトニン（脳内神経伝達物質・血管の緊張を調節する）がよく出て鬱になることがない。努力がハーベストという目に見える形で実り、美味しい旬の野菜も食べられる。運動と睡眠に栄養満点。健康の維持に農業のアドバンテージ、言うことなし！」

というわたくしの意見あるいはお愛想に、山下氏がしたり顔で返答した。

「農業が自然？　農業は自然なんかじゃないよ。元は何もないところに、わざわざ遠くからキャベツやナスの種を持ってきて、植えてさ。手をかけて人工育成するんだから。自然農法だって、種を蒔いた時でもう不自然じゃないか。自然の姿を徹底するなら、種を鳥に運ばせて空から蒔いてもらわないとね。健康的？　そんなこと考えること自体が不健康だよ」

農耕牧畜社会と神の関連については、梅原猛の『アニミズム再考』に、かく記されている。

「農業は植物への、牧畜は動物への支配であり、その発展と共に超越神がもてはやされ、アニミズムは否定されていった」と。

人間が世界の中心かつ最上位に君臨するというピラミッド型の構図では、超越神の宗教の方が座りがよいらしい。ホモ・サピエンスの自然征服を妨げるアニミズムは迷信的な原始宗教である。西洋において、自然崇拝のケルト信仰などは、姿を消していった。しかし、遥か東方に位置し島国であることが幸いした日本は、農耕社会へ移行しても、八百万の神々は全滅を免れ、民衆の間で生きのびてきた。自然を積極的に生活のうちに取り込み、ともに融和するものと考えられてきた。日本人は自然の摂理に常に謙虚であり、上手に活用する術を育んできたのである。

気候風土の影響も大きい。古代ユダヤ教―キリスト教―イスラム教の系譜はアブラハムの子孫であり、共通する起源と同じ超越神を崇拝する。発祥は過酷な砂漠の地である。その点東アジア諸国は草木豊かに生い茂るモンスーン気候。温暖多湿。周囲の海からの豊富な海産物にも恵まれて、飢えということを知らない。人々は無数の神々に囲まれて育つ。偶像崇拝なくして何を拝めと言うのか、である。厳しい戒律は必要ない。


日本には八百万神々信仰があり、山川海岩・雨雷火風などの自然及び自然現象から、龍や八咫烏《やたがらす》など架空動物に犬狐牛鹿猿などの実在動物、多くの植物が神となる。そこらの人間たちも神であり、人工物の竈やシャモジに至るまで信仰の対象となる。一切合財がくんずほぐれつ、共生共存しているのである。

日本の神祭りの多くは、農業ことに米作り（稲作）にまつわるものと関係が深い。春になると神様は里に降りられ、秋の収穫とともに山に帰られる。雨乞い、虫追い、風祭りなど、雨も風も神頼み。神道は春の祈年祭《としごいのまつり》と秋の新嘗祭《にいなめのまつり》を大祭とする、豊作祈願と豊作感謝である。米作はインド・アッサムや中国・雲南から発祥し、長江を下って江南から直接または朝鮮半島経由で日本列島に伝わった。このように米作は南から伝わり、ウラル・アルタイ語系膠着語の日本語は北方から中国・朝鮮半島を経てやって来た。

巷間謂うところの騎馬民族は馬と一緒に玄界灘を渡ってきた。ヤマト政権は米作りに熱心であったから、東北の辺境にまで稲作は急速に普及した。山国ニッポンの稲作は傾斜地に棚田をつくって、渓谷の水を上の田から下の田に落としていく灌漑土木が要求される。米作は家族というよりも集落単位の事業なのであった。四季折々の伝統行事や習俗習慣の維持は、たんに集落の融和というより、米作りの同調圧力の念押しのために受け継がれてきた。農作業の節目の祭事も然りである。祭事にかこつけた寄合も農村の独特のものである。それは稲作労働が時間的に余裕があることを示している。冬など稲作の閑散期には、温泉地で養生する湯治文化も全国的に普及した。

漁業はどうだろう？ 魚は捕まりたくて回遊しているのではない。「来たぞ」となったら、昼夜も晴雨も問わず出動しなければならない。大漁は成金となり、ゼロなら素寒貧しかない。漁師は「明日は明日の風が吹く」ギャンブラーなのだ。それに引き換え米作は篤実といっていい。集落の皆と一緒に働けば、それなりの実入りはある。むしろ、他人より出過ぎれば爪弾きにされるから要注意である。

野菜農家はどうだろうか？ クルマ社会の到来以前、野菜農家は都市近郊農家の副業富みたいなものだった。早朝、リヤカーに採れたての野菜を積んで市場に行き、仲買人に売っての小遣い稼ぎである。それが高速網の発達のお陰で取引の場は大都市の中央市場に変わった。すると、野菜の出来加減良し悪しよりも、明日の市場価格ばかりが気になるようになる。1年1回の米作だけに頼っていられない。彼らはファーマーではなくマーチャント（商人）に変身したのである。

こうして見ると、山下氏は米作農家のぬくっとした同調性を知らず、昔の野菜農家の軽快な立ち回りも経験したことのない、純粋野菜畑のマーチャントである。だからこその農道、じっくり点検しよう。

「いただきますは、〝お命頂戴します〟の意味だからね」——山下氏の言葉でハッと気がついた。西洋の信心深い家でも、食前に感謝の祈りを捧げる。

——天にまします我らの父よ。この食卓に供えられた食物をいただく前に、感謝の心をもってお祈りいたします。主よ、あなたの恵みと愛が、私たちに与えられたこの食物に宿りますように。アーメン。*

彼らは日々の糧を与えてくれる神に向かって頭《こうべ》を垂れる。その点、日本人は食卓にある〝対象物そのもの〟に対し「いただきます」という。他の命への感謝と弔いの意味をこめて、昔から紡いできた言葉である。

畑の雑草とのつきあい方については、山下氏はこう答えた。

「なにこの雑草！　苛立って力任せに引き抜くと、根が途中で切れたり茎が折れたりする。思うようにいかないとイライラが募る。力が入るので腰の痛みも増す。苛立ってはいけない、慈しみをもってお願いする。抜けてくれたら感謝するくらいの心持ちで、やさしく引き抜くとユルユルスーッと抜ける」

他者と同じ時間を過ごす際、終始憎悪の念に駆られたままの状態でいるのと、慈愛と感謝の念をもって待って接するのとでは、どのくらい異なる結果となるか？　当然、メンタルから健康状態にまで影響するレベルの差となって現れるだろう。

「雑草」と言う名の植物は自然界に存在しない、前述の日本の植物分類学の父と言われる牧野富太郎は語っている。人間の利益に反するからと、命をかけて生きている生命力の強い野生植物たちに対して、あまりの罵詈讒謗《ばりざんぼう》である。

ドイツでは植物生態学の論文には「雑草（ウンクラウト）」という言葉は禁止され、「野草（ビルトクラウト、ビルトプランチェン）」に統一されている。

山下氏は新しい年の初め、自身のフィールドである畑に降りる前に、深々と頭を下げて一礼するという。ご本人は「最近は年に一度の挨拶で済ませてしまっている、いかんな」と言うのだが、心中では毎回、感謝と畏れをもってフィールドに足を入れ、農作業をしていると思われる。

＊アーメン：amen。ヘブライ語で「然り、おっしゃる通り」。牧師の説教のあと、信徒皆で言うことば。

「農家の仕事とは、美味しい野菜が育ってくれことを神に願い、かつ祈り、かつ待ち望む。それができるか否かを、天から問われている試練の継続と思っている」と。この言葉から、彼が農業をただの仕事とは捉えず、自然と共生し、生命を育む行為として捉えていることは明らかだ。

山下農道は効率的な生産手段を追求する農業ではなく、人間と自然が共生する視点から新たな価値を見出す職分と言える。人間の利益だけでなく、自然との関わりや生命そのものを尊重する美学を体現しており、それこそが「山下農道」のエトス（道徳的価値観）であり、我々日本人としても誇りに思うべき美しい姿勢である。

山下農道はNeedsからWantsへのシフトにあり

農業を起業するまでの多彩なエピソード、盆栽で培われたアートな側面と忍耐強さ、山下氏は何をやっても人並み以上か、時には一流レベルに匹敵する巧みさと優れた腕前がある。多方面への応用を可能とする才能。一筋縄で捉えられないキャラクターも魅力的である。並みの人間では（たぶん）辟易する、職人気質に凝り固まった一流シェフたちとの付き合い方だって、飲食業就労の経験値を生かし、自然体で心を掴む。

彼は理解している。野菜の美味しさとは、素材そのものから生まれるわけではなく、むしろシェフたちの心眼と腕によって引き出されている〝何か〟の発現であることを。子どもは生まれつきの才能以上に、親や周囲の育て方で人間力が決定されるが、野菜も然り。

評価の最終決定権は顧客にあるのは論を俟《ま》たない。だとしても、収穫した農家からバトンタッチされたシェフが調理し、客もまたバトンを受け継いだ責任をもって食す。その一連の流れの中でシェフの感性を把握し、それに応じた野菜の栽培法を考え実行する農家など、世界中にそうそういない。

山下氏は消費者が生きるために最低限必要な必要性（Ｎｅｅｄｓ）としての農作物ではなく、消費者の欲望（Ｗａｎｔｓ）に応える野菜を作っている。実はウォンツはニーズに比べて不安定で、何が本当に求められているのか、見極めることが難しい。受け身の農業からマーチャントへの脱却には痛みも伴う。

けれど、ウォンツにはもう一つの側面がある。〝農道〟という実践哲学が構築しやすくなる。千里の道も一歩から。一歩先程度の道であれば、これを見究めることに大きな困難はないだろう。消費者目線での訴求力を磨くのだ。

山下氏は経験とスキルによって、ウォンツを具体的なデマンド（需要）に結びつけて成功するに至った。彼が提供する野菜は、ただの食材ではなく、芸術作品の一部となる。グランシェフのウォンツに対して細やかに応え、適材適所に野菜を手渡しで届ける。一つの大きな才能といっていい。自信家のようでありながら、実際は謙虚で思慮深いからこそ信頼される。人生円満哲学なのである。

アニミズムの祈りと一神教の祈り

美術史上における農民画家の巨頭といえば、フランドル（現ベルギー）のブリューゲルとバルビゾン派のミレーであろう。ブリューゲルが描いたのは、丸々と肥えた農民たちが狂乱するような教会の祝祭であり、それは戒めとしての意味合いがあった。一方、300年後のフランス・ノルマンディに現れたミレーは、ブルジョワジーのサロンにおいて、清貧ながら敬虔な農民の姿を力強く描き出した。大地と格闘する彼らと、彼らの労働の崇高さを高めたのである。

ミレーは『種蒔く人』『落ち穂拾い』が有名であるが、『晩鐘』（原題:『アンジェラスの鐘』1857〜59）は見る者の心を打つ光景を描いている。フランスではルイ11世の命によって、朝・昼・夕に教会の鐘を鳴らすことを定例とした。夕方の鐘が鳴ると、一日の畑仕事を終えた農民が頭を垂れて、信心深い感謝の祈りを捧げる。ピューリタン精神の担い手は感動したことであろう。

さて、その祈っている相手は誰であろう？　農民は、収穫された小麦また小麦をもたらした大地や自然に対して祈っているのではない。祈る対象は（自分に似せた姿で人間を創らせたという）唯一の超越的絶対神たるヤハウェである。契約宗教*でもあるので、祈り自体も義務となる。収穫の祭は感謝祭として欧米でも催行化されているけれど、感謝する対象は自然をも創って支配下に置く〝絶対神〟である。

そこがアニミズム的信仰と決定的に違うところだ。アニミズムでは祈りを捧げる対象として、田畑の神・山の神・雨の神・風の神・自然そのもの……。時には汎神論森羅万象に及ぶこともある。

宗教観の違いは意識下に潜んで（アンコンシャスに）人の行動を操る。たとえば自然の崇拝。善神も悪神もない、善悪では論じ得ないが故に畏れるしかない。大自然のカオスの中に生きてきた知恵である。アニミズムは死後を語られない、短い現世得失だけである。道徳観念からいえば鬼神すら信仰して人間性の堕落を暴露する。一方、一神教は文明を推進し、芸術分野においても多くの偉業を成し遂げたのは間違いない。ルネサンスでは宗教芸術が花開き、壮麗なフレスコ画や彫刻が生まれる。アルハンブラ宮殿、タージ・マハルの優雅で繊細なモザイク装飾しかり。またバッハやヘンデルの宗教音楽作品は、神への讃美と敬虔さを鮮やかに表現し、その感動は現代にまで響き続けている。良くも悪くも、信仰の力は壮絶である。人々の魂を揺さぶり、文化や芸術の発展にも大きな影響を与える一方で、争いや対立を引き起こし多くの人命を奪った。悲嘆の慟哭は人類の歴史に深く刻まれている。コインの裏表なのである。

現在まで絶えることなく日本で多神教が続いてきた理由といえば、ひとえに「畏れ」でしかない。西欧社会のように唯一神が自然まで支配下に置くことなど、日本人は考えもつかなかったのである。

＊契約宗教：信仰の対象となる神と、その神が提示する教えや規律に従うことで、信徒と神の間に契約が成立するとされる宗教のこと。ユダヤ教、キリスト教、イスラム教など。契約を結んでいる信者を優先的に保護する。

かといって、日本の自然が恐ろしく凶暴とも思われない。臆病すぎるのかもしれない。

森林伐採の弊害が叫ばれているが、日本の国土の67%は林野であり、フィンランドに次ぐ森林保有国といわれる。大型家畜の放牧をしなかったことや山岳地形の急峻が理由と言われるが、むしろ文化的・宗教的要因が大きいのではなかろうか。山々の鬱蒼とした森林は、八百万の神がおわす森林として畏敬され、不可触タブー視されてきたからではあるまいか。

科学の進歩でDNAゲノムが解明されたところ、下等生物と植物と動物、人間とその他の動物のであっても、思いの外に、大きな相違がなかったといわれる。ゲノムの数なら植物のサイズの方が大きい場合が多い。

ホモ・サピエンスはただ一種しかいない。生物学的に致命的不都合が生ずれば、いつ絶滅してもおかしくない。にも関わらず夜郎自大、何より出鱈目に傲慢である。何度戦争しても懲りず、恐ろしいまでの記憶脱落症に罹患して互いを殺し合い、自然を支配の対象と錯覚し地球の環境を破壊してきた。

ドイツの哲学者フリードリヒ・ヘーゲル**は「本物の悲劇は善と悪の戦いではなく、善と善との戦いなのである」と述べる。自然から離れれば離れるほど、精神も健康も病む。環境破壊やテクニカルなヴァーチャル世界の凌駕で、文明が脱自然のベクトルに向かっていけば、人類滅亡の危機は極端に早まってくるだろう。非常に深刻である。

多様性の神々を認めるアニミズムはいい。汎神論***にもつながる。地球とのコネクト。自然崇拝それこそが、平和へのマスターキーであると、わたくしは思う。

畑の雑草に、弔いの言葉をかけながらゆるゆると引き抜く、山下氏の姿が浮かぶ。

現場至上主義――現場にこそ真の価値あり

「自分は野菜に育てられた」と語っているように、山下氏はいつも野菜に敬意を払っている。経験こそ宝。コミュニケーションは現場での知見である。理屈は一体なんぼのものであろうか？

わたくしの愛読書の一つに、伝説の宮大工として法隆寺と薬師寺に関わった西岡常一氏の『木に学べ』がある。大和古寺巡礼といえば「柿食へば鐘が鳴るなり法隆寺」であり、「ゆく秋の大和の国の薬師寺の塔の上なるひとひらの雲」である。同書ではその二つ寺の美について語られている。著者の棟梁としての矜持は、神や仏が宿る道具や木材そのものへの畏敬と相まって、森羅万象につながる。

＊＊　フリードリヒ・ヘーゲル：18世紀末から19世紀初頭にかけて活躍したドイツの哲学者。ヘーゲルの最も重要な業績は、「弁証法」という思考方法を哲学体系に導入したことである。

＊＊＊汎神論（はんしんろん、pantheism）：自然と神を一体化することで、宇宙や自然を深く理解することができるとする哲学的な思想。神はあらゆる存在に宿る普遍的なエネルギーであり、宇宙の自然法則や現象、全ての生命の源であるとされる。

彼は宮大工をしていない時期は農業に携わっていた。効率的な農業や化学を農学校で学び実践していたにも関わらず、収穫が農家のおじいさんより少ない。ある時、「いったいそれはなぜだと思う?」とおじいさんから尋ねられ、「私にはわかりません。窒素リン酸カリの肥料配合もうまいことしてたのに、よくわかりません」と彼は答えた。

「お前は稲を作りながら、目の前の稲ではなく本と話し合いをしていたんや。農民は、本とは一切話し合わないけれど、稲と話し合いをする。作っている作物と話しができなければ、農民ではない。農民も大工も同じことで、大工は木と話し合いができなければ大工ではない。よーく心得よ」

経験は宝。実践した者しかわからぬ、強みがあるものなのだ。

山下氏の父は材木屋であった。広い意味での植物との接点は、ここから始まり、盆栽を生業《なりわい》とする頃には、植物と対峙する術《すべ》を身につけたというのが妥当であろう。盆栽業は美意識を養うための格好の修業期間であったが、鉢の中の土は隔離されたうえに少量である。現在の対話の相手は遥かな大地と、スケール感が全く違う。

それでは医療は、農業に比べどうであろう?

この150年間を顧みると、西洋医学の発達に伴って、身体はどんどん切り刻まれ細分化していった。科学の思考法は分類分科(「分ける」はわかるの語源)によって始まる。物事をバラバラに細分化して考えるのである。整理整頓をして、秩序立てて組み立てていく——反対に統括的に考えるのは哲学。

専門分野がみるみるうちに、セグメント化される。生命と自然を分離して分類操作することこそが医学の進歩であるかのように疾走する。自動車の古い部品を新品に取り替えるように臓器をも取り替える。一方でビッグデータ処理能力の劇的改良や、医学分野ＡＩの着実な拡張進歩は目を見張るものがある。最先端の研究やテクノロジーの進歩によって、かつては死に至る病であった疾病や外傷が救われるようになってきている。見逃し診断の防止、ゲノム治療、ダヴィンチなどロボット支援型手術の向上など。なにより、夢の根治治療といわれる再生医療の進歩は期待が高まる。

ところが地球規模のパンデミックに直面して思い知らされた。世界のトップ頭脳を結集してもコロナ禍では「ただ呆然……」である。医学も科学も、人間の既知はごく一部でしかなく、未知の分野は無限に存在するのである。ＤＮＡが全解読されても、部品だけでは出来上がりの姿が想像できないのと同じように、生命の本質を掴むことはできなかった。医学者も科学者も知っているフリをしていただけなのだ。神の領域に近づくなんてできるはずもない——神がいるかどうかは別として。

専門分野の細分化の結果、人を診ないで、モノである臓器を見る医者が増えてきた。ＡＩが解析した検査データが載った電子カルテを覗きつつ、患者に触れないどころか対話すらせず顔色一つ見ない——コロナ下の環境ではそれも許されるとの説もあった。

伝統的な中医学の名医ともなれば、患者の声を聞き・匂いを嗅ぎ・皮膚を触り・脈をとるだけで、ピタリと体調と疾患を当てたと伝わる。あるいは、やんごとなき方は顔も体も隠すので、僅かに覗く手足の先を見て触れて診断したともいう。最長の歴史を誇るインド発祥の伝統医療アーユルヴェーダは「〝ホリスティック（全人的）〟なアプローチの後に個々の体質をよく診る」ことから始まる。何千年に渡る歴史の淘汰に堪えて、現代まで脈々と続いてきているのには、それだけの理由があるのだ。

臨床医でもあるわたくしは、徹底して現場主義を貫きたいと思う。専門が皮膚科であるので、皮膚の病態を〝注意深く視る〟ことと同様に〝触る〟こと、時に体臭など匂いの違和感を意識し、肉眼では捉えられぬもの（本体）を探る。皮膚は内臓の状態を反映するので、予期せぬ深刻な疾患の兆候が皮膚に現れることもある。

一方で、皮膚への刺激が内臓や脳の調整に役立つという鍼灸や経絡も、専門家の意見を取り入れて診療に役立てている。ここ数年は患者のライフスタイルについても詳しく聞き、睡眠や栄養、運動に関するアドバイスを行っている。ＥＢＭ*（根拠に基づく医療）はもちろんであるが、患者の物語や経験を聞き出し、その人の背景や状況を理解するというナラティブ**（Narrative）のアプローチも同様に重視していく。患者からのフィードバックを受けながら、経験則を堅実に重んじていきたい。「野菜に育てられた男」さながら、医者は患者に育てられている存在である。個別医療の時代。山下氏に見習って、今一度、謙虚に人と向きあう医業の大切さを再認識し、実践していきたいと思っている。

「天地神明にさからうことなかれ　おごるべからず　生き死にはものの常なり
医の道はよそにありと知るべし」（手塚治虫『ブラック・ジャック』より）

山下氏は農業界の北斎なのか

1867年のパリ万博に初めて登場した浮世絵は、ヨーロッパに多大な衝撃を与えた。上流階級を中心に浮世絵収集癖が加熱し、ジャポニズムの火がついたのだ。ことのはじめは日本からオランダ貿易を通じて輸出された有田焼など磁器。磁器の美しさもさることながら、梱包・緩衝材に使われていた錦絵版画の反故紙の色の艶やかさと構図の大胆さに、西洋人は度肝を抜かれたのである。

それまでの西洋絵画は、宗教劇や貴族のスペクタクル、そして肖像画をテーマに、忠実な遠近法で写実的に描かれることが主流だった。けれども浮世絵にはそうしたスタイルとは異なる要素が存在した。色彩の鮮やかさやデフォルメされた表現、そしてマンガのようなスタイルが、写実的では

＊　ＥＢＭ：Evidence Based Medicine。医療分野では従来より徹底されてきた理念。科学的な研究結果や臨床試験に基づいた証拠をもとに医療判断を行う手法であり、信頼性や客観性を重視している。

＊＊ナラティブ：患者の物語を聞き、彼らの背景や人間性を理解すること。ナラティブの観点を取り入れることで、患者とのコミュニケーションや共感を深めることができ、個別のニーズや選好を考慮した治療計画を立てるのに役立つ。

ないからこそ、独自の迫真感を生み出していたのだ。江戸町人の庶民文化が、アッという間に世界の芸術をひっくり返した。

「そうか、絵画は見た事実を写すのではなく、描く者が感得した感動を描くのか」と。芸術開眼である。画家のみならず、彫刻家・工芸家・音楽家・作家らの芸術家を巻き込んで印象派を創出し、アールヌーボー（新しい芸術）運動となって新世紀になだれ込んだ。

1831年頃制作の葛飾北斎の傑作「富嶽三十六景」の中の『神奈川沖浪裏』は、強調された大波の動と遠くの富士山の静が、交錯するダイナミズムを迫り来るかの如く爆発的に描いている。おとなしく従順な日本人の感性からは想像できない傑作である。千葉県いすみ市の行元寺に、北斎がインスパイアされたという彫刻師〝波の伊八〟の欄間彫刻「波に宝珠」を観に訪れたことがある。波頭の崩れるさまはまさしく北斎のそれであり、ハイスピードカメラで捉えたようなリアルな動きを描き出していた。江戸の爛熟した町人文化であったればこそ、西洋のブルジョワジーが産んだ芸術とは全く違った視点での美しさに輝いていたのである。

ここではたと気がついた！　梱包・緩衝材であったという浮世絵、みすぼらしいぺらぺらのボロだったわけではないだろう。これは深謀遠慮な商売上手の戦略的な策略（Innovation Strategy）だったに違いない。磁器の間に色鮮やかな錦絵の断片が、遠近法無視の放縦な構図でのさばっていたら、西洋人たちはどう思ったであろう。「すごい！　なんだこれは！　宝物、見いつけた！」となるに決まっている。

山下氏は、日本野菜の種子を元手にただ一人で、添え物野菜の概念をひっくり返し、途方もなく美味しい野菜を独流で生育させている。戦略的にフレンチの先頭を走る三つ星シェフを虜にして、ヨーロッパにおける日本野菜の概念を塗り替えた。それ以後の日本食文化の進出や星付き日本人シェフの輩出などに、どれだけ大きなバックアップとなったか計り知れない。彼を「農業界の北斎」といっていいのではないか。北斎は「北斎漫画」や「百物語」でも知られるように多彩な表現力を持つ。山下氏も表情豊かに野菜の表現力を自在に引き出す匠である。

葛飾北斎はトップランナーではあったが、功なり名を遂げたわけではない。奇才でもあって「富嶽三十六景」や「富嶽百景」で名を馳せたが、後から来た歌川広重の「富士三十六景」や「東海道五十三次」の評判があがって苦労もした。このあたりは藤沢周平の文壇デビュー作といわれる『溟い海』に描かれた通りだったのかもしれない。人はそれぞれに他人の窺い知れぬ情念に生きるのである。

美しい野菜

山下氏の作る野菜は美味しいだけではなく、見た目からして美しい。エコール ド ルーブルで美術史を専攻したことで、美的感覚が培われたからか。

盆栽を生業《なりわい》としていた経験からも、的確に剪定することで外見を整えることは手の内にあると思われる。サイズが小さくても樹木と野菜では成長のスピードがかなり違う。発育スパンが短い分、トライ&エラーの経験機会も断然多くなる。盆栽業をしていた時に、盗難に遭って一つ残らず取られてしまったことも、(盗人にも三分の理と思えば)センスがいい作品ばっかりだったから全部欲しくなったから、となる。芸術家たる山下氏ならではのエピソードといっていい。

「キュウリの場合、日光が当たらないなど、いろんなストレスで曲がります。曲がった部分の皮の厚さや硬さが違うので、もちろん風味に影響します」と言う。

ハウスという聖域においても、サンクチュアリ内の四季変化を注視し、光の入ってくる方角、葉の向きと重なり合い、発育スピードの計算、根の張り方の予測、種ごとの癖など、諸々を加味して剪定・摘花摘果を行う。

また、虫除けのために農薬を使うときは、満月や新月など月の満ち欠けを考慮してタイミングを合わせる。それで効率よく最小限の量で済ますことができる。シュタイナー*のビオ・ダイナミック的でもあるけれど、月齢を中心に置く考えは、農事暦と親和性の高い旧暦(太陰太陽暦、中国では農暦)が馴染む。二十四節気七十二候——季節の恵み豊かな日本には5日ごとの歳時記まで備わっている。フランスだって遜色はない。月を眺めて風に頬を撫でられつつ、遥かに遠い故郷を思いながら農作業をする。山下氏の姿が浮かぶ、風流ならんや。

「各農家さんも色々と工夫をされています。すべてにあてはまる匠の技とかはなかなかないものです。土の耕し方ひとつもそれぞれに違う流儀があります。みなさん現場主義です。それにしても山下さんのお野菜は美しいですね。これだけ立派に仕上げるとは素晴らしい」（東京農業大学・高畑健教授）

「野菜は味といえども、美的感覚の刺激は必須です。これから若い人たちの育てる野菜は、現代感覚にマッチすること。要するに美しい外観であることがアドバンテージとなります」（長野県川上村元村長、元全国町村会長・藤原忠彦氏）

「見かけも良い方がより美味しく感じる」のは真実である。カラフルな野菜など、見ているだけで楽しくなる。心が満たされる楽しさは、なんと豊かなことであろうか。美しいものは理《ことわり》であり、種蒔きも植え付けも、できるだけ美しく仕上げているとのこと。徹底したアーティストそしてアーチザン（フランス語で職人の意）魂なのである。

＊シュタイナーのビオ・ダイナミック：オーストリアの哲学者ルドルフ・シュタイナーが提唱した有機農法の一つ。農薬や化学肥料を使用せず、「星と月の位置関係」等に基づき、閉鎖循環形態で作物を栽培する農法。

菜食主義のアンコンシャスバイヤス

私は月に数回ほど、にわかベジタリアンになる。肉食が3日ほど続いて、体臭がそこはかとなく獣《けもの》じみてきたなと感じるとき。植物繊維を大量に流し込んで「腸内大掃除の銅鑼《どら》が鳴る」のである。

菜食主義（者）はざっくりとヴィーガンとベジタリアンの2タイプに分かれる。ヴィーガン**は完全菜食主義者で100%植物由来の食材しか口にしない。一方のベジタリアン***は、卵や乳製品、蜂蜜などを摂取する場合がある。生活スタイルで考えれば、ベジタリアンニズムは食生活のみのスタイルだが、ヴィーガンニズムは生き方そのものと言えるだろう。

ヴィーガンニズムの根底には「食用・衣料用・その他の目的のために、動物を搾取したり苦しめたりすることを止めようとする生き方」がある。背景には動物愛護や地球環境維持の意識があり、宗教上の理由もあるであろう。自分以外の人、ことに成長期の子供や妊婦などに、強要さえしなければそれで結構である。

ただし、ヴィーガンニズムには原理主義的な側面を時に垣間見る。「菜食に比して肉食は罪深きことだ」と、価値観を押し付けられそうだったら注意しよう。病原菌を持っていそうな野生の獣の生食などは問題外として、何を食べようと自由であることは、人として生きる上での大きな喜びなのである。

ベジタリアンショップなどで売られている「ヴィーガン用肉」「ヴィーガンチーズ」「ヴィーガンヨーグルト」「ヴィーガンアイス」などの商品であるが、呼び名を変えて擬態したものとは訣別しよう。そこに肉食への思いが残っている証拠であり、となれば何かしらの無理があるのだから。一方でフードテックの進化は、代替食品を単なる擬態から、独自の味と栄養価を持つ新たな食品へ昇華し、食事を個々の嗜好や栄養ニーズに合わせてカスタマイズする未来を担うかもしれぬ。

人間は、歯や消化器官のつくりなど、生物学的な特徴から言えば雑食そのものである。栄養素は、植物性からも動物性からも、さまざまな種類からバランスよく摂取することが正解である。

＊＊　ヴィーガンの種類：
ストリクトヴィーガン＝動物由来の食品や加工品を一切摂取しない。

ローフォードヴィーガン＝ストリクトヴィーガンに加えて、加熱処理された食品や、精製された油や砂糖を避ける。

ローコストヴィーガン＝地産地消や、安価な食材を中心に選び、ヴィーガンの食生活をコストパフォーマンスよく実現する。

ジャンクフードヴィーガン＝ヴィーガンでも、フライドポテトやヴィーガンハンバーガーなど、ジャンクフードに偏った食生活をする人を指す。

＊＊＊ベジタリアンの種類：
レギュラーベジタリアン＝肉類を食べないが、乳製品や卵は摂取する。

ペスコベジタリアン＝魚介類を含め、肉類を除いた食事をする。

オボベジタリアン＝卵を含め、肉類を除いた食事をする。

ラクトベジタリアン＝乳製品を含め、肉類を除いた食事をする。

ベジタリアンもヴィーガンも他人のイデオロギーなので否定はしないが、大事なタンパク質や鉄分、ビタミンB12、カルシウムなどの栄養素は不足しがちとなる。体調には留意してほしい。完全排除・完璧主義は、生命力の枯渇を喚起しがちとも。

何度も植物の〝優性〟たる所以を語ってきたのでお分かりの通り、叫ばず血も流さないからと良心の呵責なしに搾取していいという道理はない。植物には感性も知性もきっとある。動物は、食料だけではなく酸素もエネルギーも、植物に依存している。植物の命と動物の命の重さは全く違う、と思うこと自体が驕りである。生きとし生ける命に重いも軽いもない。人間が自身のエゴだけで価値判断をする時代はとうに過ぎた。

生命の繋がりもまた、壮大な円環構造である。生き物は生き物を餌とし、分解して取り込み排泄し、互いの生命をダイナミックにエネルギーに変換していく。その循環の中で、様々な食の好みがあっても構わない。嗜好に優劣はない。ただそれだけのことである。

有機野菜とオーガニックコスメの類似点

一般的に有機野菜は、味が濃く、旨味が濃縮され、色鮮やかで、パワーがあり、加えて値段が高いといった共通概念があるようだ。わたくしも有機野菜を食する機会が結構あるが、常に美味しいと実感しているわけではない。山下氏の言うように「アクが妙に強かったり、野性味のような青臭さを感じる」ときもある。

有機農法や自然農法といったものは、循環型農業やＳＤＧｓを考慮したイデオロギー的な側面が強い。それを常に美味しいと感じるのであれば、「有機農法や自然農法は、美味しいに違いない」「美味しいものは値段が高いはずなんだから」と脳に刷り込まれた結果（プラシーボ）であろう。あるいはイデオロギー（空理空論）に振り回されて舌の感覚が無くなったかも。

ちなみにプラシーボ効果自体はバカにできない。ラベル効果で2割増、みたいなものと言ってもいい。すごく効く薬かもしれない、という思い込みだけで、疼痛が和らいだり（本当は乳糖やデンプン滴）、がん細胞が縮小したり（本当は生理食塩水の点滴）するのだから。ホント、うまく治療に活かせたらいいなと思う。


無農薬を徹底するという。虫を駆除する低レベルの薬剤すら忌み嫌うという姿勢は、病気になってもクスリを使わず〝気合いで治せ〟というようなものだ。時には近代科学の恩恵を享受するも好し。折々の的確で柔軟な判断でいいのである。自然と文明（科学といってもいい）を敵対するものにしてはいけない。人間の生活はそのバランスの中にあり、我々はその狭間で生きることしかできない。残留農薬だけにこだわっても、重金属・食品添加物・大気汚染・環境ホルモン等々によって、私たちの健康はいつも有害物質にさらされている。

「化学性の農薬であっても国産のものは、厳しい審査に合格しているので、用法や容量を守っていれば気にすることはない」と、東京農業大学・高畑健教授は言う。また、化学肥料の主成分は窒素Ｎ・

リン酸P・カリKの3要素。主にN（窒素）は葉に、P（リン酸）は花と果に、K（カリウム）は根に作用する。Nは空気中から合成され、PとKは海外の鉱石起源（国内では供給できない）ではあるが、基本ミネラルなので、それらがどうだというものでもない。

美容の世界も同様である。オーガニックコスメやナチュラルコスメは、その響きから「肌に安全で優しい」「自然派は肌によりいい」というイメージを抱かせるが、香粧品学的には正確ではない。自然と謳えど、そもそも何らかのケミカル処置をしないと化粧品の品質は保てぬ。実際には、自然由来の成分（特に虫に襲われないように自己防衛のために毒を持つなどのオーガニック原料）には刺激やアレルゲンが含まれており、意外と肌に刺激を与える場合も多いのが実情だ。園芸家が経験するような植物アレルギーを考えれば、容易に想像できるだろう。ましてや自身で作成する「自家製お台所コスメ」などに手を出すべきではないのである。

アロマテラピーで使われるアロマエッセンス（植物の香り成分）は、分子量が小さく脂溶性であるので良くも悪くも肌によく浸透するものである。伝統のフランスのメディカルアロマテラピーは、日本では禁止されている飲用が中心だが、食品や化粧品の範疇を著しく超えているので、フランスでは医師や薬剤師が取り扱っている。

化粧品に関しては、不純物を取り除いて精製された化学成分（石油由来のミネラル成分など）の方が、実は安全な場合が多いのだ。最近では、ヴィーガンコスメなるものも登場した。これはオーガニックであるかどうかは不問で、動物由来の成分を一切使用せず、かつ製造過程において動物実験も一切行っていないという。動物実験もしていないものを肌につけて、本当に安全であろうか？　代替え法や非動物実験法も進歩してきているのは認めるが、複数の手段で確認の必要があるように考える。つまりはリスクより動物愛護を優先するわけだ。

近年、科学技術の向上によって、精製度が格段に上がり不純物による皮膚刺激や皮膚毒性*などは劇的に減った。アレルギーなどのリスクを考えると、皮膚科医にとってケミカル成分は使いやすいものである。また、動物由来の成分（現在は多くがバイオテクノロジーを駆使した発酵法等に代わってきているが）は人と種が近いこともあって、肌の馴染みがいいとは、化粧品研究者の間での共通認識となっている。

遺伝子か環境か？“Nature or Nurture”

山下氏の蒔く種子は、帰国の際にその辺のホームセンターで購入した極めて普通の種子である。

---

*窒素、リン酸、カリ：「窒素、リン酸、カリ」は、植物の生長に必要な栄養素、窒素（N）、リン酸（P：H３PO４）、カリウム（K）を表す。

*皮膚毒性：１９６０年代、多発した「女子顔面黒皮症（現在名：色素沈着型化粧品皮膚炎）」は、化粧品アレルギーの症状であることが解明。以後安全性の高い化粧品、日用品の開発が求められるようになった。

「袖振り合うも多生の縁」という——辞書では、振り合うは〈互いに触れる〉または〈互いに振る〉の意。道行く知らぬ人と袖が触れ合うことさえも宿縁による。ちょっとした出来事もすべて宿世の因縁によるのである——。ご縁を大切にする山下氏にこだわりはない。その種子を、日本より随分高い緯度（tokyoN35.39/arisN48.86）の肥沃といえない土地に蒔いて、日本で作るよりも美味しい日本野菜を収穫しているのだ。むしろ厳しい環境の方が美味しく育つこともあるのは否定できないけれど。

かつて、“Nature or Nurture”という理論がよく論議されたことがあった。それは、人間の本質は生まれつきの遺伝子（Nature）によるものなのか、それとも環境（Nurture）によって形成されるのか、という問いについてである。現在では、このテーマに対して生まれつきの遺伝子と環境の相互作用が重要な役割を果たしていることが示唆されている。例えば、同じ遺伝子を持つ人であっても、育った環境によってその表現は変容し、逆に育った環境が遺伝子の発現に影響を及ぼすことが明らかになっている。具体的な影響の度合いについては明確な数値は示されていないが、おおよそ半々といったところであろうか。

同種の植物においては、遺伝的な要因よりも環境的な要因が極めて重要だ。遺伝的な要素が強く影響するのは、種子の発芽率や成長速度、花や葉の形や色などだ。けれども、植物の成長や発育においては、環境的な要因の方が圧倒的に大きな影響を与える。光の量や温度、湿度、土壌特有の菌根菌に、栄養素の供給など、外部の環境条件が変わることで、植物の成長は大きく変化する。例えば、鮮やかな色彩を持つ西洋野菜も、高温多湿で梅雨もある日本の気候で育てると、日本特有のみずみずしさや風味を帯び、より美味しくなるか、あるいは水で緩んで味が落ちるか。いずれにせよ、同じ結果であろうはずはない。

植物は自ら環境を選択することができない。乾燥した環境に適応するためには、蒸散を抑えて根の深さを変化させるといった、環境に適応するための戦略あるいは戦術を駆使する。その場から動くことができないので、与えられた環境の中で健気に頑張るしかないともいえる。人間は動じやすい性向をもつ。動じるかどうかは、それこそ時と場合による。すぐに逃げ出してしまうことなく、泰然自若と肝を据えて腰を落ち着ければ、やがて芽も出る花も咲くかも知れないのである。

食育と農育のグローバルな視点

フランスでは、幼稚園から食堂でプティコースの給食が供給されるなど、幼少時から食文化を重視し、栄養バランスや健康的食習慣についても配慮している国のように思える。2001年に「食品、健康、栄養教育の推進に関する全国的な計画」が立法化された。小学校及び中学校になれば、重要な教育領域として食育が位置付けられている。地域の農家や生産者たちと連携して、農業生産や食品製造現場に出向いての学習プログラムも行われている。

食育に熱心な国は他にもドイツ、イギリス、オーストラリア等が挙げられる。これらの国々は全般に肥満の増加に悩んでおり、その対策のために食育が重視されているという健康管理上の側面もある。

肥満大国アメリカともなると、健康的な食生活とは真逆をいくジャンクフードの故地である印象が強いが、実は素晴らしい緑の改革を成し遂げた一人の教師がいる。場所はマンハッタンのサウスブルックス。「新鮮な野菜はここでは手に入らない。それじゃ、自分たちで作ればいい」と、低所得者団地の生徒たちと一緒に〈都市型緑地計画〉を打ち立て見事に成功させたのだ。むろん、最新テクノロジーの活用も行った。採れた野菜は恵まれない人々に提供する社会還元もできた。しかし、一番の収穫は子供たちの意識改革ができたことだった。出席率が格段に上がった。43％から90％である。食生活の変化は子供たちを健康にした。屋内や壁を利用した都市型農業形態は新たな雇用を生み出し、同じようなプロジェクトが公立校100校に広がった。

土いじりから始まり、自然の不思議さやおもしろさに触れた子どもたちは、センス・オブ・ワンダー*を経験する。学びと実践そして収穫の喜びを体感することで将来的に幸せで健全な市民の育成にもつながる。

日本でも「食育は母親の役割」と言った、昭和のオヤジは今は昔。時はすでにジェンダーフリー。家庭環境や職をとりまくライフスタイルも多様化しているわけだから、食育は教育の一環として、社会全体で請け負うべきものであろう。食の根源である「農育」も欠かせない。母なる自然の利他的な循環を目の当たりにすることで、プラグマティズムでは到底得られない、心の豊かさや美学を学ぶ絶好のチャンスとなるはずである。

日仏農業俯瞰その1・農業大国フランスはどうなっていくのか

ここで日本とフランスの農業を比較してみたい。ご承知のようにわたくしは、山下氏のような現場のプロでもなければ、政治経済学を学んだこともない、素人目線での考えを述べる。

つい60年ほど前まで、日本は勤労者の半数以上が農家である農業国だった。ヨーロッパは16世紀からの重商主義と18世紀以降の産業革命によって、工業国家から軍事国家へ転換し、後進地域を植民地として収奪する帝国主義国となった。人の物を奪う者は、己が物を奪われる悪夢に囚われる。もっとも、日本が自然を相手とした農業国だから善良で平和とは、言えるはずもないのだが。

フランスは押しも押されもせぬ農業大国である。フランスと日本を比較する。まずは概観――国土面積は日本の1・5倍、人口は日本が2倍。GDP国民総生産額は2兆8千億ドル（仏）と

＊　センス・オブ・ワンダー：Sense of Wonder。一定の対象（SF作品、自然など）に触れることで受ける、ある種の不思議な感動、または不思議な心理的感覚を表現する概念であり、それを表現する言葉である。

4兆9千億ドル（日）。GDPの世界ランクは米・中・日・独・英の順でフランスは7位。国民1人当りGDPは42806ドル（仏）と40067ドル（日）（IMF[**]、2021年）。またフランスへの観光客数は世界一で8934万人となっている（2019年）。

フランスの農業を見てみよう。EUの農用地面積の16・6％及び農業生産額の16・2％を占めて（Eurostat、2020年）、どちらもEUでは最大だ。穀物生産量の世界順位（カッコ内は首位国）を見ると、小麦7位（中国）、とうもろこし19位（米国）、大麦13位（ロシア）、てんさい5位（ロシア）、ぶどう6位（中国）であり、畜産生産量では、牛乳9位（米国）、バター15位（インド）、チーズ3位（米国）となっている（FAOSTAT[***] 2019年）。穀物輸出額では小麦4位（米国）、とうもろこし6位（米国）、大麦8位（オーストラリア）、砂糖14位（ブラジル）（WTO[****]、2020年）。なお、ワインの貿易輸出額の世界一は揺らがない。

そうは言っても、1990年代以降、フランスの農業人口は毎年減少を続けている。フランスの農業者の平均年齢は65歳以上であり、後継者不足が深刻な問題なのだ。人口の都市集中と産業構造の転換は農地転用による農地減少をもたらしている。かつての窒素肥料大量使用による環境汚染も深刻な問題だ。フランスは「持続可能な農業」に向かって努力している現状である。

では日本の農業はどうか。食料自給率（人日熱量）を調べてみた。フランスは129％、これに対し日本は39％でしかない（FAO,2021&2019）。

日仏農業俯瞰その2・連作障害のない作物

同じ作物を同じ耕地に毎年続けて栽培することを「連作」という。連作によって地力は消耗し、病虫害が増えて収穫は落ちるので、人為的にいろんな方法で地力の補給を行う。作物を交替に植え付ける「輪作」もその一つ。ヨーロッパ中世の三圃制では村の耕地を3等分し、春蒔きの大麦・秋蒔きの小麦と休耕地の輪作を行った。近世になると休耕地には根菜やマメ科牧草を作付けして遊休地はなくなっていく。

日本の農村はどうだろうか? 米作り農家では、春の苗代から初夏の田植え、稲の花が咲き、稲光が結実を促し、秋はたわわに実った稲穂を刈り取りして脱穀。毎年見慣れた景色が繰り返される。稲は長期にわたって連作することのできる稀有な作物と言われる。もっとも稲の連作可能な原因は稲そのものにあるのではない。水である。水を湛える水田土壌にある。毎年更新される灌漑水は養分をもたらし、乾燥した畑土壌よりはるかに肥沃であり、酸性土にならず、病虫害の発生も抑制さ

** IMF：International Monetary Fund（国際通貨基金）
*** FAOSTAT：Food and Agriculture Organization of the United Nations Statistics Division（国際連合食糧農業機関統計部門）
**** WTO：World Trade Organization（世界貿易機関）
***** FAO：Food and Agriculture Organization of the United Nations（国際連合食糧農業機関）

れる。

水田土壌の形成は華南や東南アジアでも同じことだが、日本では歴史的な要因もあった。米作りに執着したヤマト政権から始まって、徳川幕府は米の収穫高のみで藩の大小を統制した。近代となっても、農業とは米作のことであり続けた。

米作の本質は灌漑である。山国で河川が急流な日本では、渓谷から水を引いて、最上部の田から低地の田に順次灌漑水を施していく、水利土木工事が不可欠となる。作るだけでなく設備の維持管理や営繕も必要だ。米作は一戸の農家で完結するものではない。この国の米作が始まって以来累々と積み重ねられてきたのは、村落の全員が参加する産業組織あるいは皆が組合員である農業協同組合の事業だったのである。

今でも村役場の農業振興課あたりが、年間の作業予定を一手に仕切って営農を指図している自治体は多くある。こうなってくると精農も惰農もない、同調圧力も鉄壁である。それによって元気とアイデアが摘み取られ、日本の農業は今「自然死を待つだけの状態に逢着しているのではないか」と危惧される所以である。

日仏農業俯瞰その3・足元に火が点いた食料自給率

日本に比べればフランス農業は強靭である。なにしろ食料自給率*がまるで違う（日37％・仏125

%：2018）。「日本農業の立て直し」について悠長に考える時間はとっくにない。
ロシアのウクライナ侵攻による戦争勃発と、終息がまだ見えぬことで、いろんなことが破茶滅茶、予測不能になっている。熱い戦争に巻き込まれた市民の窮状、幼気《いたいけ》な子供たちにも迫る命の危機。まさに鬼畜の所業である。なんとかならないものか。日本の食料自給率についても、長期的に伸ばしていくという悠長さではなく、喫緊の食料確保が国内生産でどこまでできるかを念頭にした施策が求められていると思う。

かつて湾岸戦争などの折に「相手国の思惑によって食料や原材料の輸入が途絶したらどうする？」という想定問題が論議されたことがある。時の大蔵大臣（宮澤喜一がNHKの討論会で述べた）は「物々交換の時代ではない。現代は貨幣経済、経済力さえあれば世界中から商品は手に入る」と、国民の杞憂を宥めた。これこそが平和ボケだった。今は軍事大国が侵略の牙を剥く戦時下。経済制裁とその反撃、資産凍結と貿易停止など、未曾有の混乱を覚悟しておかなければならぬ。食糧はまさに兵器に勝る時代になった。

政府は食料自給率向上のためにと、①旬の食べ物から食す②地産地消③米中心に野菜たっぷりの

＊　食料自給率：（カロリー：％）各国別。米国　132／カナダ　266／スペイン100／イタリア　60／オランダ65／スウェーデン　63／英国65／スイス51／オーストラリア200／韓国35。

食事④食品ロスをつくらない⑤国産品の愛好――を国民に呼びかけている。ともすれば今ある農家・農協と関連業者を保護することしか考えていないのかと勘ぐりたくなる。消費者を無視しているだけでなく、新しい農業の担い手を育成する取り組みも不十分と言わざるを得ない。

自給率低下の第一の要因は消費者の嗜好の変化ではなく、農業従事者の加速度的な減少の結果であろう。山間部に限らず、里山集落も崩壊あるいは限界化しているのが現状だ。稲作だけに頼ってサラリーマン兼業農家をやっていては、職業意識も湧かず消費者も見えず、村を離れていくのは当然である。

大前提として、農家の所得向上や生産環境の整備を目的に、農業に必要な施設や機械の導入支援、市場の拡大など抜本的な農業政策の見直しや改善が必要であろう。

次には農業の多角化である。農産物の生産だけでなく、加工製品化を行う。畜産、水産業とコラボする。あるいは観光や農村地域の賑わいづくりなども相性がいい。ファームスティや「里山観光」など、地域と連携することで、地方創生にも役立てる。農業＋体験型観光では、群馬県にある人気日本一の道の駅〝川場田園プラザ〟の代表・永井彰一氏や群馬県川場村の外山京太郎村長の戦略が参考になるかもしれない。野菜や果物にその加工品、乳製品にパン、発泡日本酒に至るまで、リーズナブルな価格帯で美味しい。２３００人の村に、全国から年間２５０万人もの人々がこの〝道の駅〟を目当てにやってくる。農作業が高齢者の健康増進に与える影響も悪くないと想像できる。認知症やフレイル**予防として、デイケア用や施設併設農園がもっと活発であってもいい。健康意識を軸に医療

・福祉分野と農業の間に新たな連携が生まれ、従来無かった視点での新たなビジネス展開が図られるかもしれない。

同時に幼少教育から魅力ある食育や農育カリキュラムを義務教育の一環としてしっかり行う。若い世代に農業の魅力と現実を正確に伝え、農業者の担い手を確保する必要がある。今の若者の心を捉えるには、〝泥臭さ〟からの脱却が必要であろう。今後のキーは「ファッション性とデザイン性」であると、年商4千万円の専業農家を生み出した長野県川上村***の元村長、藤原忠彦氏は主張する。日本を代表する農業振興と村おこしのリーダーである。藤原氏は農業推進派として、農林水産省・農協・地方自治体を巻き込み、霞ヶ関と最も近かった村長と言われている。外国人労働者の起用に、技術提携、国際間の連携も必要である。そんな策を懐に秘めて、休む間もなく海外を飛び回るレジェンドである。

「みどりの食料システム戦略****」は、有機農産物の生産を25%まで引き上げるという野心的な計画で

＊＊　フレイル（frailty）：高齢者において生理的な機能の低下や、心身の弱さが蓄積され、日常生活の活動に支障をきたす状態を指す。具体的な原因としては、栄養不足、運動不足、疾患や障害、ストレスや孤独など。フレイルを予防するためには、バランスの良い食事、適度な運動、社会的なつながりを持つことなどが重要である。

＊＊＊　川上村：信濃川の源泉の千曲川流れる標高1000mを超える豊かな農村。日本一のレタス生産量を誇り、台湾にも輸出している。

ある。有機農法は環境と人間の健康を守るために生まれた方法で、その意義は認められている。けれども一度有機農法に取り組んだ農家が指摘するように、その生産効率の低さと高い経済的負担は大きな課題である。ＳＤＧｓを追求する一環として有機農法を採用したにもかかわらず、慣行農業よりも早くに困難に直面し、精魂尽き果てるケースも少なくない。現在の有機農法の導入面積はわずか０．６％（２０２０年度、２０２２年農林水産省発表）という数字が実情を物語っている。核となる堆肥についても問題がある。時に土壌病害の引き金になったり、病害虫の蔓延を促したり、過剰に使われることで逆に環境を汚染するリスクがある。気候風土が全く違う欧米の基準をそのまま日本に適応するというのも問題である。それでも有機農法が理想とされ注目を集める背景には、その持続可能性と健康に対するメリットがある。この課題を解決する鍵となるのがドローン、ロボットなどを使うＩｏＴ（モノのインターネット）技術かもしれない。目的と手段をクールに捉えてのあえての提案である。農業の現場でＩｏＴを活用することで、より効率的で、問題を早期に発見して対処できる農業が実現可能になるかもしれぬ。

このようなテクノロジーとデジタル化の強化で、生産性の向上や省力化に向けた農業技術の開発（Ag Tek）と普及を図る。ＳＤＧｓ的には農業廃棄物の再利用などもいい。バイオエネルギー然り。新しもの好きな美容業界、健康業界、繊維業界は、革新的で斬新なアイディアを常に探している。

２０２３年の年明け、山下氏の一時帰国中に東京で催された年一度の〝とんちゃんを囲む会〟に出席した。とんちゃんとは山下氏の愛称である。農業界、料理業界の情報交換＆親睦会のようなもので、山下ファンと農業のリアルを知りたい多くの若者が集っていた。会場は一時話題となった〝トランプ大統領が食べたハンバーガー〟の系列店。皆バーガーにぱくつきながら、談笑する。山下流「農道」と山下アカデミー構想は、若者たちの心を捉えるだろうか。日本の若手農業家も決して世界に見劣りするわけではない。〝センスある農業〟へのパラダイムシフトに、妙手の一手を投じるかもしれぬ。

これらの取り組みを総合的に進めることで、将来的になんとか自給率をドイツ(86%)くらいにはしたいものである。

****「みどりの食料システム戦略」：国内農林水産業の生産力強化や持続可能性の向上を目指し、2021年5月に農林水産省が策定した食料生産の方針。農林水産業に伴う温室効果ガスの放出や、化石燃料由来の肥料の使用量を減らすといった環境負荷の低減策が中心となる。

第 8 章

農業と健康 その他思う事

Asafumi Yamashita

⚜「力強い農業」とは

食料自給率の低い日本では、政府はそれを向上するために「力強い農業」への転換を農林水産省に指示しています。

そして浮かび上がってきた政策は、輸入作物との競争力強化のために大規模農業とか農家の法人化の推進など制度面からのアプローチです。

私は過去20数年間で最もメディアに取り上げられた農家の一人だと思います。居住地のフランスや祖国の日本に留まらず、ヨーロッパ各国やアメリカの媒体でも紹介されています。

それでは何故、山下農園がメディアから注目されるのか？　客観的に考えてみましょう。

(1)　フランス人にとって日本は神秘的なくらい分かり難い国だが、好印象を持たれている、という事実。

この事は、フランス人に慕われ、生まれ故郷の日本に想いを馳せながらも、フランスに骨を埋める決断をした先人たちの行いの積み重ねのお陰で、その点では私はまだ何も貢献できていません。

(2)　私の顧客達がフランス料理界のオピニオンリーダーの偉大な料理人だという事実。

これはシェフ達の才能と努力の賜物で、私と取引を始める前から既にグランシェフでした。

つまり、(1)と(2)は単に借景が豊かだという事に尽きます。

(3) 山下農園は作付け面積が僅か1000坪の一人農業の極小農家だという事実。
このサイズの畑で専業農家をしている人は、日本にもそれほど多くはないと思います。

小規模だという事は、ジャーナリストとしてはフォーカスしや易い素材なのかも知れません。
(4) 私が中年になってから未経験の農業に挑み、生計を立てられているという事実。
レートビギナーでもチャンスがあるというケースの紹介。
(5) 山下農園の野菜のクオリティをシェフ達やその顧客達が絶賛している。メディアでの露出が多いグランシェフ達によるメディアへの口コミ。
(3)、(4)、(5)は悪条件にも関わらず、結果を出し続けている事が「力強い農業」だと評価されているのだと思います。
私のような多品種少量生産の小さい農家が存在する一方で、学校給食や加工食品用の野菜を大量に栽培している農家もいますが、メディアの取材対象になることはほとんどありません。

メディアに取り上げられる農家が価値の高い農家で、メディアが関心を示さない農家は価値が低いのか？

それはメディアにとっての価値で、農家としての価値は他にあります。

農家の一義的な役割は人々の為に食料を生産して命の糧としてもらうことです。

殆どの農家がその求めに応えている お陰で、山下農園は少量生産が許されていると思っており、感謝の日々です。

食文化と言いますが、種の保存にとって文化などは本来無駄なものです。

ガストロノミーのレストランに集まる、限られた金持ちの食欲を満たすことに応える私の農業と比べ、我々が残していく次の社会を担う、多くの子供達の体を作る学校給食に、食材を提供する農家の方が、遥かに崇高な農業だと思います。

日本の農業を力強いものに変える為に国の進める制度改革は些か的外れだと思います。文部科学省の官僚が教育現場の経験が無いように、農林水産省のキャリアにも農家のメンタリティが理解できなくても致し方ないのかもしれませんが、いくら立派なシステムを構築しても、そのシステムを構成する一軒一軒の農家が強い農家にならなければ機能不全は早晩避け難いものになってしまうでしょう。

制度改革の目指すところはビジネスとしての農業の強化で、費用対効果の様なコストパフォーマンスの観念をベースに設計図を描きます。

「人情などに構っていたら、ビジネスは成り立たない！」という考えが透けて見えます。ビジネス重視ならば確かに一理ある合理的な考え方だと思います。だって、「人情はコストが掛かる物ですから……」

効率の良い農業を否定する訳ではありませんが、この観点は農業には馴染みません。農業に於いてはこの手のものは切り捨ててはいけないコストだと思います。

何故かというと、農業は野菜という命を育み、人々の命の糧を届ける仕事だからです。

一軒一軒の農家が強い農家になるためには、まず「強い」とは何か?の定義をしておかなければなりません。

「強さ」には対戦相手を駆逐できる強さとか、理不尽な事には立ち向かえる強さとか様々なタイプがありますが、農業に必要なのは、

何をするのか?

何の為にするのか?

という「目的意識の強さ」と、苦難を凌ぎ抜ける「我慢強さ」の主に二つだと思います。

一軒一軒の農家は畑の広さ、人手の数、地域による特性（気象条件や販路）など状況はまちまちですが、それぞれの農家には独自に社会的役割が割り振られているはずです。

自分に与えられている役割を明確に把握する事は「目的意識の強さ」に繋がり、その役割を果たすべく行う日々の努力により生活は安定し、利他的な仕事に喜びを見出す事でしょう。

そのためには、自分の農業を見つめ直し、ブラッシュアップする必要があります。

農家のブラッシュアップには多少時間がかかり、その気運が湧いてくるようにするには、農業経営に係る負担が障害になるでしょう。

力強い農業を作るために、私の政府への処方箋は、期間限定（1〜2年）でハウスや農機具などのローン払いの肩代わりなどの金銭的援助の政策で、その時間稼ぎが「我慢強さ」を守るインセンティブになると思います。

持続可能な循環型農業とは

有機農法という四文字熟語を漢字9文字とひらがな1文字に変換されたこの造語は、邁進すべし農家の理想と思わされそうになります。

しかし、この造語を作って広めた人は農業従事者ではないと思います。

なぜなら、語感に土の香りや暖かさ、農業にまつわる悲喜交々《ひきこもごも》なリアリティが無く、机上の想像から生じた平面的な冷たさが感じられます。

農家には毎回新たな購入種を使う人もいれば、自家採取種を使う人もいます。

後者の場合の農家は種代の倹約という経済的利点に安堵しても、循環型農業と結びつける発想はほとんどありません。

私は作物を収穫した残渣は、土に漉き込む方法を取っていますが、残渣を全て畑から持ち出して処理している農家もたくさんいます。

これはどちらにも理由があり、私は持ち出す労力を省きたいという怠け者の効率化であり、後者は作物が罹患した害虫の卵や病原菌を次作に持ち越さない配慮です。

農業は露地栽培であれ、温室栽培であれ、水耕栽培であっても、想像で野菜を栽培しているのではなく、種を蒔いて作物を育てるという循環というよりも食物連鎖のシステムで動いているので、あえて循環型農業と言うのは、言わずもがなの問題提起というよりも、別の意図が働いているように感じます。

持続可能か？という観点を考えてみましょう。

先ずは一番身近な問題から、私、山下朝史の農業は持続可能か？

私が一生農業を続けると決断した時点で、お迎えが来る日まで持続可能です。

それでは山下農園の農業は持続可能か？を問われると、私には娘が5人いますが、パパの仕事を手伝い、パパが引退したら畑を継いでいきたい、という意思を示した娘は今のところ一人もいませんので、山下農園の農業は持続不可能で、私には一代で終わってしまう見通ししかありません。

私の周りには有機農業を始めたばかりの農家、実践している農家、やめたいと思っている農家がおり、私自身は有機農法でキャリアをスタートした脱却組（自虐的に言えば脱落組）です。この点は、第2章で詳しく述べました。

有機農業は作土の準備だけでなく、栽培管理にとても手間暇が掛かり、労働量と収穫量が見合わない（生産性が低い）タイプの農法です。

家庭菜園レベルの規模で自宅用の作物ならば、思う存分に手間暇を掛けて栽培する事は家族の喜びに繋がるので結構だと思いますが、専業農家の場合は、採算性を度外視しては家族に対しても社会的にも責任が果たせません。

「手間暇を掛けて栽培した野菜」というイメージは消費者が喜ぶので、それに応えようと有機農家は頑張りますが、1日は24時間しかないので頑張りにも限度があり、手の回らない畑は放任になります。

放任でも野菜はある程度は育ちますが、そうなると今度は雑草を避けながらの収穫作業に手間を取られ、採算コストが上がってしまいます。

「手間暇を掛けた野菜＝美味しい野菜」というイメージもありますが、実際には手間暇の質や量と野菜の美味しさとは因果関係はありません。

「自分の農業は果たして持続可能なのか？」という心配事は、慣行農法の農家の方ではなく、寧ろ生産性と品質安定性の低さに悩む、有機農業を実践している農家が日々自らに向けた問いかけだと思います。

有機農業の美化された観念が眩しすぎて、現実に目を向けられない農家を私は何人も知っています。

持続可能という四文字熟語の「持続」の文言に私は「あざとさ」を感じます。

敢えて「持続」という文言を持ち出すのは、環境問題に目を向けさせる意図が透けて見えます。

農家という職業には国の定めた定年はなく、多くの農家は自分の体が言う事を聞く間は、持続したいという意識を持っています。

それは、農業は派手さはないものの、自己肯定に繋がる喜びの詰まった仕事だからです。

農家は農業で家族を支えてきた自負があり、自分が生涯を掛けて慈しみ育んできた畑を、自分の子供に引き継いで貰いたいと願います。

その最中に、農家のマインドとすれば、招待していない客の来訪のような「持続可能か？」という問題提起に戸惑っており、農家の懸念は、後継者が見つかるのか？という「存続問題！」に向けられているのです。

存続問題を解決するのは難しく、そもそも子供は親と違う職業に魅力を感じるものです。

農業が子や孫にとって魅力的なビジネスモデルたり得るかという観点が最重要課題で、畑の土壌環境ではなく、むしろ作物の販売環境の改善を望んでいるのです。

農家は自分の畑の土を毎日触っているので、取り立てて土壌分析などしなくとも、土の質や場所の癖などは把握しており、毎年ちゃんと作物は育っています。

多くの農家は野菜を立派に作る事は出来るのですが、如何せん収穫物を上手に売る事には疎いのです。

元来、人類は種の保存、生存維持の為に食糧獲得の手段として農業を営んで来ましたが、それでも長い間飢餓問題に直面してきました。

野菜の栽培の妨げになる要因は、干魃や寒冷など気候的な困難に加えて、動物や病害虫からの被害と雑草による生育不良の収穫困難があります。

嘗てはそれら全てを自然災害と括っており、対処する術を持たなかった人類は豊作祈願の神頼みに委ねることしかできませんでした。

農家はそれでも様々な工夫を凝らし、生産性の安定と向上に努めてきました。

例えば、動物の被害を防ぐために「案山子《かかし》」を設置したり、用水路を引いたり、防風林があるような場所で栽培したり、様々な対処の経験は言い伝えなど時を超えた連携を図って現在を迎えています。

それでも、効果は限定的であると共に、様々な困難はしばしば同時進行で生じるので、時間や体力の限界を超え、作物の全滅などに繰り返し見舞われてきています。

栽培の効率化、省力化を模索しながらも、結局は人海戦術に頼らざるを得ず、農家の経験値だけでは解決策の構築は不可能でした。

人間は愚かな生き物なので、戦争を繰り返してきました。

負けた方は壊滅的な被害を受けますが、勝った方も戦地に駆り出された農民が戦死するなどして、食糧危機に陥ります。

そこで、農業従事者でない化学者が農業の問題点を総括的に分析し、化学的観点から個別の解決法を考察して作成された物が化学肥料などのケミカルな農薬です。

化学の進歩による恩恵は圧倒的で、第二次世界大戦以降の農業を変え、栽培成功率と労働の省力化という長年の懸案事項の解決が叶い、人類の永遠とも思われていた課題である「飢餓の克服」の目処が立ってきたのです。

物事は須《すべか》らく表裏一体化しておりますが、ケミカルな農薬の功罪に関しては、コインの裏表ではなく、「光と影」という二面性の観点の方がイメージしやすいと思います。

闇に光を照らせば、翳されていた物の存在を知り、光を回せば全体像が現れますが、その光が生み出す影は限定的だという事実です。

昨今のＳＤＧｓなどの流れの中で、懐古趣味なのかどうかは分かりませんが、ケミカルな農薬を全否定して、生産性の低い有機農法に回帰を是とする「持続可能な循環型農業」の流れがあります。食糧安全保障の観点から鑑みると不合理であると共に無責任な言動で、危うい考え方だとさえ感じております。

まずは「腹が減っては戦もできぬ！」でしょう?

ケミカルな農薬に起因する健康被害が生じているというニュースを度々目にしますが、我々農家は農薬散布の作業の度に、光エネルギーなどに拠る無毒化分解前の生の農薬を最終消費者の何千倍も浴び続けているにも関わらず、農家の知り合いから農薬散布の所為《せい》で命を落としたり、病気になった人の話は一度も聞いたことがありません。

病気は病原菌や毒性物質だけでなく、遺伝子レベルの体質、不摂生に拠る自己免疫力の低下やストレスの蓄積など、原因は多種多様で複合的な物だと思います。

それを、ケミカルな農薬に収斂させる論調は、皮膚病の診断結果は全て「アトピー」で処理してしまう皮膚科医のようで、「坊主憎けりゃ袈裟まで憎い」的な幼稚な仕草に失笑してしまいます。

何が良い、何は悪いと世界中には数多くの「〇〇農法」と呼ばれるものが有りますが、所詮人間の考え出した農法ですので、完全農法というのは存在しないと謙虚に考える方が、心穏やかな農業が営めると思いますし、農家の心が穏やかならば、野菜も優しい味わいに育つと思います。

農家は各自が信じる農法を実践しつつ、不都合が出れば対処方法を模索して、常により良い農法を考えて行く事が、農家の務めだと思います。

環境、環境とヒステリックに唱え、悪戯に手間の掛かる労働を強い、労働量が収益に見合わない有機農法の推進が過ぎると、若者の農業に向かう気持ちに水を差し、農業の存続（持続ではない）問題が棚上げになってしまう事になりかねません。

私自身、農業はとても豊かな職業だと思っています。

大地を相手に四季折々の季節毎に走りや旬や名残りを感じながら働ける喜び、芽吹きの嬉しさ、同時に病害虫の被害に遭わないかを心配しつつも生育時の逞しさに勇気を貰い、音に頼らぬ野菜からのメッセージを心の耳で言葉に直して聴き、天の恵みを受けて実った野菜の美しさ、良い香り、美味しさを愛で、収穫された作物は人々の命の糧となり、その命は次の世代へと繋がっている事を実感します。

この本当の意味で豊かな職業に携われることに感謝しつつ、更に経済的な豊かさまで求めるのは欲張り過ぎなのではないでしょうか？

ただ、この価値観はあくまで私の個人観に過ぎず、それを伝える事には吝《やぶさ》かでは有りませんが、一番大切な事は後継者の育成であり、若い子達のそれぞれの価値観を尊重しつつ、農業の新規参入を促せる魅力的なビジネスモデルの構築が待たれます。

日本農業はなぜ「弱い」のか

講演会で農業に興味のある若者や、プロの農家、農業女子の方々に集まっていただき、質疑応答のコーナーで、日本の農家の皆さんの意欲や真摯な取り組みを垣間見る機会がありました。

しかし僭越ですが、日本の農業は総じて「閉塞感と空元気」に支配されているように感じました。

ほとんどの農家は、何かにこだわりを持っていたり、新たなこだわり先を模索する姿勢が見えます。

「こだわり」という排他的な盾に身を委ね、その姿勢を「誇り」と履き違えることで、安心感を保持しているのだと思います。

「こだわり」の本来意味するところは、さしたる価値の無いものに対する異様な執着を示したもので、もし言霊が存在しているのならば、悪い意味の事を良い意味として間違った使い方を続けていると、日本は良い方向に進んでいかなくなるのではと危惧しています。

「こだわり」の最大のデメリットは、こだわった時点で思考が停止し、向上心が失われることです。

そして、こだわりは自らのオリジナルでは無く殆どの場合転用された物だと想像されます。

もし、自分のオリジナルだとしたら、そのこだわっている物の長所短所も分かっているので、改良もしくは進化版が出てくる筈です。

つまり、「こだわり」には自主性が乏しく、強がっている分弱さが露呈しています。

「こだわり農業」は、果菜類を栽培する時に用いる接木苗のようなものだと思います。

接木苗というのは、例えばキュウリを栽培する時に、パワフルなカボチャの苗にキュウリを接いで作る苗の事で、メリットは、土台がしっかりとしているので自根《じこん》苗よりも初期生育が旺盛になります。

ただ、ナスやキュウリやトマトでも接木苗のものよりも、自根で育ったものの方が、私は美味しいと思っています。

誰かの考えたイデオロギーという台木《だいぎ》苗に自分の人生を接木する作業が、こだわっている姿そっくりなのです。

苗屋さんから購入する接木苗よりも、自分でがっしりとした自根苗を作れるように、育苗の技術を習得する方が、自分の農業に利するという考えです。

良いじゃないですか！　最初は苗が上手に作れなくても、自分の根っ子（独自の信念）で地面を掴んで立ち上がり、もし倒されても、その場からまた天に向かって伸長を止めなければ良いのですから。

農業だって、人生だってそんなもんだと一番分かっているのが農家の人達でしょう？

もうそろそろ、食生活と健康を無闇に関連付けることは止めませんか？

健康ブームが謳われて暫く経ちますが、健康という定義しづらい概念を商売のネタにする事を最初に思いついたのは誰でしょうか。

「健全な精神は健全な肉体に宿る」を言い換えてか「健康の源は良い食生活にあり」と広く伝えら

れていますが……。

健康は、亡くなって初めて気付く親の愛みたいなもので、普段は存在すら認識していないのに、損なう事は恐れるもので、死んだら困らせる人がいるから加入する生命保険と同じで、「潜在的な恐怖には商品価値がある」のです。

健康で居られれば、「こんな事も、あんな事も出来る」というポジティブなイメージは封印して、健康を損なってしまうと、「あんな事や、こんな事すら出来なくなる」というネガティブなイメージの定着を図ることが、恐怖ビジネスの肝です。

例えば、夫の健康を願う妻が、有機野菜を使ってバランスの取れた食事を用意したとします。ところが、あろう事か、食事中に夫がうっかり失言して、妻の地雷を踏んでしまったとします。

さて、妻の発する怒りと蔑みビームの中で俯きながら食べるバランス食は、夫の健康に利するのでしょうか？

この場合は、有機だとか栄養バランスだとかよりも、妻の地雷を避ける細かな配慮の方が、健康に資すると思えませんか？

食生活は「身体の健康」に寄与する一要素であることは否定しませんが、それはごく一部であって、決して全部ではないという事です。

ある年の暮れのテレビ番組で「菊芋は糖尿病に効く！」という特集が報じられました。

すると、スーパーなどから農家に菊芋増産の問い合わせが多く寄せられました。

菊芋は植え付けから収穫まで1年掛かります。

糖尿病に対する菊芋ブームの去った（であろう）1年後に、増産された菊芋を全量買い取る覚悟は、問い合わせをかけたスーパーなどにはお有りなのでしょうか？

マスコミさん、あまり日本の農家を虐めないでくださいね。

健康について

私には農園を訪れた方々によく言うフレーズがあります。

「農業を始めてから二つの言葉が嫌いになりました。『エコロジー』そして『ヘルシー』です」

常日頃「健康という不健康な概念」とか「自分の健康に関心を向けている貴方は不健康」などと嘯《うそぶ》いている私です。

一般に野菜とヘルシーは親和性が高いと考えられており、美味しい野菜で有名な野菜農家の山下は、さぞかしヘルシーに関しても深い造詣を持っている人物だろうと思い込んでいる訪問客は、私の「ヘルシーが嫌い」の発言に皆一様にキョトンとした顔をします。

健康問題の難しさは、定義する事の困難な「健康」をどの観点から捉えるのかによって、印象が甚だしく変わってしまう事にあります。

「貴方は健康ですか？」

と尋ねられると、多くの人は、健康診断の数値は適正基準に収まっているのに、最近寝付きが悪いとか、以前は大丈夫だったのに最近はよく胸焼けするようになって来た、など不具合を探し始めます。

「そう言えば最近会ってないけど、〇〇ちゃんどうしてる？　健康なのかな？」

と尋ねられたら、

「あ～　〇〇ちゃん？　元気！元気！　失恋したばかりなのに、もうすっかり立ち直ってるよ」

という様な会話も日常茶飯です。

つまり、健康を「主観的」に捉えるか、「客観的」に捉えるかで表情が正反対になってしまうのです。

私は、定義の困難な「健康」というテーマは主観的に考えるのは無理があるので、避けた方が賢明だと思います。

「どう？　山下くん、最近の健康は？」と尋ねられたら、質問者にこう問い返すことにしています。

「どう見える？」

質問返しの返答で、

「健康そうに見えるよ」と言われたら、それを信じて安心する事にしています。

「健康の源は食生活にあり」と言われ、肉などの動物性タンパク質の過剰摂取は不健康とされ、野菜中心の食生活が健康に寄与すると教えられます。

この説に私は１００％の賛成はしかねます。そもそも肉でも野菜でも「過剰摂取」は体に悪いのです。

健康と食生活は無関係だとまでは言いませんが、どれほど強い因果関係があるのでしょうか？

例えば、管理栄養士の資格を持ったヘルシー志向の寮母さんの作る食事を、毎日食べている寮生の中からでも病気にかかる人が出る場合もありますが、その時にはどのように説明がつけられるのでしょうか？

他に健康を害した要因がある――その通りです。

食生活は健康を導く主要な要因ではあるけれど、単なる一要素に過ぎないと考えるのが妥当です。

極端な話をすると、食糧事情の厳しい国ではその日に「食べられる物があるだけでラッキー」という切迫した生活を強いられているので、「健康のために毎食バランスの良い食材を摂取すべし」というセオリーは見向きもされないでしょう。

そんな国の子供達でも、食生活の保障された国の子供達みたいに元気に遊び回っています。

彼らの健康は食生活よりも、あの「屈託のない笑顔」が護っているのでしょう。

私が野菜を栽培するインセンティブは、食べてくれる人々に「小さな笑顔をプレゼントしたい」という事に尽きます。

その笑顔の下には小さな健康の芽吹きがあるはずですので、「小さな笑顔を大切に」して頂きたいと願っているのです。

「健康」というものは生きていく上で好ましい状態を示す状態ですが、定義をする事の困難な一つの概念です。

昔から言われている「健全な精神は健全な肉体に宿る」様に、精神と身体の両面を分離したら成立しません。

もし自身の体を隈なくチェックしたら誰でも程度の差こそありますが、不具合が見つかる事でしょう。メンタルな部分でも、社会生活を送る上で影響する長所と短所を兼ね備えています。

健康とは心身の長短を併せもちながらも一方には偏らず、出来る限り振り幅を抑え、微妙に均衡（バランス）のとれている状態です。

昨今のヘルシー志向（嗜好？）は肉体面に特化し、〇〇はダメとか、〇〇をしなければならないというような偏った論調が支配しています。

疲労回復のためには睡眠が重要ですが、眠らなければという思いが強迫観念になると中々寝付けず、逆に寝過ぎて寝疲れのせいで気力の湧かない朝を迎える様な、チグハグさが私には不健康に思えるのです。

健康は均衡なので、身体的には「騙し騙し程々に」あまり無理をせず過ごし、精神面では「長所は他人の指摘で知り、短所は自問して見つけ出す」事を心掛ければ、貴方に小さな笑顔が宿ってくれる事でしょう。

私はヘルシー嫌いを公言していますが、その心は、私は決して健康を否定する者ではありませんが、健康を問題化する人々が嫌いなのです。

「命を大切にする」

この言葉を聞いて違和感を覚えたり、否定的に考えたりする人はいないはずです。

動物は基本、自分以外の他者の命には無関心で、唯一の例外は独り立ちするまでの我が子だけでしょう。

それは種の保存という強い本能のなせる業です。

それに対して、人間は我が子のみならず両親や祖父母などの血縁者や友人知人など縁のある人々、人類全てに留まらず、動植物にまで範囲を広げて考慮できます。それは人間ならではの美徳だと思います。

しかし「命」って何なのか？が漠然としていたら、何をどのように大切にすべきなのか？が導き出せません。

野菜は、日光と水とCO_2と葉緑素で光合成をして炭水化物を生成し、根から窒素、リン酸、カリウムなどの栄養素を吸収して体を作ります。

人は、動植物を食し、それを胃や腸などで消化吸収して生命を維持し体躯を作ります。

野菜も人間も体内に取り込めるのは無機物（ミネラル）だけで、それを使って有機物（オーガニック）、生命体としての体躯を作るという同じシステムの上に成り立っています。

従って、ミネラル→オーガニック→ミネラル→オーガニックの無限連鎖の「プロセス」こそ「命」

そのものだと私は理解しています。

そして、そのプロセスには「大切にする」というセンチメンタル・バリューが介入する余地はありません。

つまり、誰もが信じて止まない「命を大切にする」という命題にはそもそも大いなる矛盾があるのです。

昨今の有機野菜ブームを演出する有機農法VS慣行農法の不毛なバトルも、スタート時点が既に矛盾しているので、双方共落とし所が見つけられず、勢い主張が先鋭化するのも已むなしです。

命を大切に考えているような印象を醸し出している有機農家でも、「歩留まり」という概念があり、一定割合の「命」の無慈悲な破棄が行われ、「商品価値のある命」にしか関心は及んでいないのではないでしょうか？

私は宗教家でもなければ、さしたる科学の知見もありませんので、この命題は考えれば考えるほど堂々巡りをしてしまいます。

でも私は「(命を大切にする) 気持ちを大切にする」農家でありたいと思っています。

神様の模範解答って、どうなのかしら？

「疲れる」ということ

私くらいの年齢になると、学生時代の同期生達は社会人としての責任を全うしたかの如く、数年前から次々と現役を引退し始め、悠々自適な老後の生活にシフトしています。友人達は私を見て、年々体力も落ちているはずなのに、いまだに農業という肉体労働に従事しているけど、疲れないの？辞めたくなることはないの？と都会育ちらしい心配をしてくれます。

確かに以前のスピードでは走れなくなっており、重い物を持ち上げるときには怪我を恐れて慎重になるし、持久力も含めた身体能力の衰えも自覚しています。しかし、疲れ易くなっている訳ではありません！

寧ろ、70歳を数えて辞めようと決心した事があります。

「疲れるのを辞めることにしました」

作物の間に生えて来ている雑草取りなど単調な作業を続けていると、個別にクロスオーバーするが如く、体力と精神力のそれぞれが小さなバイオリズムの様に減少↓回復を繰り返します。それぞれの波長が違うので、体力が減少軌道に入っている時に精神力が上昇軌道を描くようにそれぞれが補いながらバランスを取れている間は集中力も続きます。

集中力が続いている間に作業の区切りに到達する事が望ましいのですが、得てして区切りを迎える前に体力と精神力が減少の最下点を同時に迎えてしまう事があります。

その時に気持ちが切れてしまうのです。集中力が消えてしまうのです。限界を迎えたのでしょう。

その時点からは区切りに到達したいという圧迫観念との戦いになり、その遂行を一般的には根性の発揮と言いますが、私は無理強いと考えます。

私は気持ちが切れた事を自覚した瞬間に作業の継続を放棄する事にしています。

その理由は2つあり、一つは集中力が消滅してからの作業は精度が落ち、ミスが多くなるのです。

農業の様に（野菜の）命を預かっている仕事のミスは、取り返しの効かない事が多く、1年1作の農業ではリベンジは1年待たなければならないからです。

もう一つの理由は、圧迫観念との戦いの時点で体力と精神力のバランスが崩壊しているので、「疲れ」を認識しその積算が始まってしまうからです。

それでも区切りまで到達すれば精神力は一気に回復するのですが、「やっと終わった！」という開放感と「あ～疲れた～」という愚痴を吐きたい内混ぜの気持ちになります。

区切りまで出来ずにその日が終わってしまうと、開放感を得られずに疲労感だけが残ってしまうのです。

したがって、疲れることを辞めるために、気持ちが切れたらその時点で一旦作業を中止し、新たな気持ちになれるように、別の種類の作業に転換する事にしています。

とは言うものの、頻繁に気持ちが切れてしまうと仕事全体のマネジメントが出来ないので、気持ちを切らさない為の工夫はします。

例えば、20ｍの長さの畝の草取り作業で端から始めて15ｍに差し掛かった頃に気持ちが切れそうな気配を感じたら、先を見据えて後5ｍだから頑張ろうとはしません。

そうではなく、タバコに火を付け、振り返って綺麗になった15ｍを見て自分自身を労う事にしています。

自分を褒めてあげるのです。

頑張ると言うことは、「頑固に突っ張る」事なので、疲労感を呼び寄せる恐れがあるのです。

私のライフワークという程でもありませんが、年に一度の楽しみであるパリ日本人学校にアウトリーチに行って小中学生に農業体験の指導をさせてもらっています。植え付け後の水遣りに遠くの水場からジョウロで水を運ばせると、毎年一人か二人の児童は「あ~疲れた~」と言ってきます。疲れやすいか否かは年齢とは関係がありません。気の持ち様です。前述しましたが、畝立ての様に土を動かす仕事が農業では一番の重労働ですが、溜まった疲労を癒すには、横になって休息をするよりも、剪定などの違うタイプの仕事にシフトして農業から離れない方法をとる方が、疲労の蓄積の軽減になるというのが、私の経験則です。いったん止めてしまうと、リスタートする時に余計な精神的エネルギーが必要になるのです。疲れの主原因は、気持ちの持続性(意欲)の問題で、体力とは然程の相関関係は無いと思います。

私は70歳を目前に迎える頃、スポーツ用品店で腹筋台を購入しました。ムキムキの筋肉を作るのが目的では無く、農業は腰に負担の掛かる姿勢を長時間続ける作業が多いので、腰痛が持病化しており、湿布やマッサージでの軽減措置ではなく、腹筋を鍛えることで筋肉の柔軟性と強靭化と運動域の拡大が腰痛の軽減効果が有ると考えたからです。攻めの措置ですが、無理せずにゆっくりと進めています。最初の週は1日15回から始め、毎週5回ずつ増やしており、1日100回まで到達したら、次はセット数を増やしていく予定です。

「一人農業を続けていて、どうやってモチベーションを保っているの？」という質問もよく受けます。「プロの仕事にはモチベーションは必要ない！実力の無い奴に実力以上の仕事をさせる時にモチベーションという高揚感が役に立つ場面があるかも知れないけど、瞬時に仕事モードのスイッチが入るのがプロで、プロに必要なのはモチベーションではなく平常心です」。そして「今日は自分の残りの人生の最初の日」だと日々気持ちを新たに過ごしている次第です。

マリアージュについて

フランス料理の世界では「マリアージュ」という言葉が頻繁に出てきます。

普通は料理と合わせて飲むワインを選ぶ時に使いますが、私は性質の異なる複数の食材で作られる料理、お皿の上にも用いられるべき概念（擬人化）だと考えています。

このある意味重いテーマを日本料理では「取り合わせ」という言葉でサラッと処理してしまう所に、日本料理の洒脱な軽さの秘密があるのかもしれません。

料理とワイン、そしてお皿の上で繰り広げられる取り合わせをマリアージュ（結婚）と尊ぶ上で、「結婚」自体を少し考えてみましょう。

言うまでもない事ですが、別々の親から生まれ、別々の環境下で育った男女が出会い、夫婦となって新しい家族を作るのが結婚です。

「結婚初期」

この頃は二人が一体になる事が最優先事項で、相手の好きな物を自分も好きになれる事を何より嬉しく思い、深く強い結び付きを求め合う、「愛」こそ全ての時期です。

「結婚中期」

初期にお互いが発していた高熱もいずれは平熱に戻ります。

結婚という二人が選んだ道を踏み外さない範囲で、お互いの独身時代に慣れ親しんだ考え方や生活スタイルを取り戻したくなります。

同じ道を、相手に配慮をしつつも、自分のスペースを確保し、それぞれの観点で進む様になるのです。

すると、それまでは相手の方にしか向けられていなかった視点が、他方にも向けられる事で、二人のより広い結婚観が育まれてきます。

この時期になるともう愛は要りません。

「信頼」があるので、離れて歩いても安心なのです。

「結婚後期」

結婚初期、中期では早く歩く方が遅い方の手を引いて、目的地に一緒に到達できるように図りますが、後期になると、如何せん老化スピードに差が出ますので、遅い方に合わせざるを得なくなります。

急かされての早足よりも、自分のペースを殺して遅く歩くことを強いられる方が、精神的な負担は大きいかもしれません。

でも、遅い方に合わせたお陰で、ついぞ見過ごして来た景色が見えてくるかもしれません。

例えば、過去に培った二人の素敵な思い出など……。

結婚初期に一番大切だった「愛」が中期には「信頼」に取って代わられ、後期になると信頼も必要ではなくなります。

何故ならば、後期になると「貴方（女）の存在が私のアイデンティティ（存在理由）」に昇華されるからです。

この結婚生活の流れは理想の姿かもしれません。

そして、「会うは別れの始め」の言葉の様に、添い遂げた日に結婚は完結をみるのです。

「性格の不一致」は離婚理由の上位に常にランクされています。

そもそも生まれも育ちも性別も違う二人の男女の性格が一致する方が不自然で、それが離婚の原因とされるのならば、理不尽です。

何かが一致しなくなったのが離婚に至った事は確かでしょうが、その不一致となってしまったのは、性格の不一致ではなく、「認識の不一致」だと推測します。

何の？

それは、結婚現在地が、初期なのか中期なのか後期なのか？それぞれの「認識の不一致」が本当の理由のような気がします。

例えば、一方がまだ愛こそ全ての初期との認識を維持しているのに対して、相方の認識が既に中期に入っていたら、一方は寂しく思い、他方は鬱陶しく感じ、お互いが相手に不満を抱いてしまう事でしょう。

「性格の不一致」は努力で何とかなるものではありませんが、「認識の不一致」は相手を思い遣る気持ちがあれば、歩み寄って擦り合わせはできると思います。


料理やワインからマリアージュの事を考えてきましたので、この考察を料理に沿って収めてみたいと思います。

まず、料理とワインのマリアージュに関して。

一皿の料理は複数の食材で構成しているので、皿の上にもマリアージュがあります。

シェフが愛こそ全ての結婚初期をイメージした料理に対して、ソムリエが信頼を伝える結婚中期を表現したワインを合わせてきたら、認識の不一致が生じ、マリアージュ（結婚）ではなくディボース（離婚）になってしまうので、私の判定は「アウト！」です！

私にはいつか食べてみたいフランス料理があります。

フランス料理には日本料理の型式は存在せず、唯一の型らしきものは、前菜→メイン→デザートの流れです。

シェフが愛をイメージした前菜、信頼のメインディッシュ、パティシエがアイデンティティを感じさせるデザートを作ったとしたら、一回の食事で長く幸せな結婚生活の全てを経験し、味わい尽くすことが出来る筈です。

誰か作ってくれないかな〜。

三つ星レストランでのＶＩＰ待遇

レストランでの食事について書いたので、記憶に残った体験を紹介しましょう。

第6章で述べた「シャトー・ラフィット」１５０周年記念晩餐会の後日、友人の娘さん（ＪＡＬの客室乗務員）とそのお友達の宝塚の女優さんと一緒にランチをしました。

女優さんにとっては初めてのパリ、翌２０１４年の宝塚歌劇団１００周年記念の公演が決まっており、ナポレオンをテーマにした演目だったので、役作りのためにパリに来ていました。

それならば打ってつけのレストランとして、「ルドワイヤン」にお誘いしました。

このレストランはルーブル宮からチュイルリー公園を抜けた先に在る、小ぶりで隠れ家的な館で、ナポレオンが後の妃となるジョセフィーヌと初めて逢った場所だったのです。

ミシュラン三つ星レストランのルドワイヤンは、私にとっては初めてのフランス人シェフの顧客で、テレビや雑誌の取材の時に何度か試食はさせて貰っており、何年も前からシェフに食べに来て欲しいと言われていたのですが、機会に恵まれず延び延びになっていたので、私にとっても楽しみな初めてでした。

レストランのセンターの席に案内され、

「お腹はお空きですか？」

とのシェフからの伝言をサービスの人に尋ねられたので、

「今日の食事を楽しみにしていました」

と答えると。料理はシェフの御任せで出てきました。

店内を見回すと、全ての料理も飲み物も、我々のテーブルからサービスされ、その後のサービスは波紋を描くように周りのテーブルに広がって行くのです。

サービスの人は知り合いだったので、後で聞いたら、

「ムッシュー山下のテーブルから目を離すな！」

とシェフから命じられたといっておりました。

ずーっと監視？されていたのに窮屈さを微塵にも感じなかったサービスも流石でした。

本当のＶＩＰ待遇は食事が始まってからが本番でした。

前菜からデザートまで7皿のコースを出して貰ったのですが、3人×7皿＝21皿の全てが違う料理だったのです。

ルドワイヤンの全てを知って欲しいとのシェフのご配慮だったのでしょう。

三つ星レストランのど真ん中の円形のテーブルに座るＶＩＰ待遇を受けている農家の親父一人に美女二人のグループ、出てくる料理が全部違うので楽しくて、流石にお皿のやり取りはありませんでしたが、他のお皿の料理もつまみ食いするノリは女子会のそれ、でした。

ボート競技と私の農業

東京オリンピックの目玉として、3・11の大震災から復興した福島で、ボート競技の開催を検討しているというニュースが流れたとき、何故か一度も関心を持ったことの無かったこの競技の様子がハッキリと脳裏にイメージされました。

そして「ボート競技は、まさに農家としての私の生き方そのもの」だという事に気が付きました。

この競技の特徴は、数多ある競争の中で唯一ゴールに背を向けて行われることです。

この競技は、いかに短時間でゴールラインを横切れるかを競うものですが、本質は、スタート地点から水面に真っ直ぐな線を引くという事に尽きます。

スタート地点というのは常にゴールと正対しており、人生に例えると「初心」です。

私が農業を始めた時に抱いた初心は、どうせ作るのならば「美味しい野菜を作りたい」という願いでした。

その日から、初心から一瞬たりとも目を逸らすことなく、無心にオールで水を掻いて水面に真っ直ぐな線を引くことだけに専念してきました。

気が付くと山下農園も27年目を迎え、知らず知らずのうちにいくつものゴールを越えていました。越えてきたゴールはというと、最初に蒔いた一粒目の小松菜が料理人の元に届けられ、プロとしてスタート出来た事。

それ以来今日まで一度も営業活動をする事なく、レストランからの要望に対応する形で、販路が途切れたことがありません。

やがて野菜の評判は料理ジャーナリストの知るところとなり、唯の一度もプレスリリースを出した事が無いのにも拘わらず、フランスや日本のみならず他の海外メディアからも取材の依頼が舞い込み、特筆すべきは、まずは大手メディアからの取材が舞い込み、ローカルやマイナーなメディアはその後ちらほらという順番です。

新聞だとフランスならば「ル・モンド」や「フィガロ」の本紙や雑誌で特集が組まれたり、日本だったら「読売」「朝日」「日経」など、アメリカからは「ニューヨーク・タイムズ」「ビジネスウィーク」など。テレビも日仏共に主要な全チャンネルを網羅しました。

その間に複数の出版社から執筆依頼があり、日本とフランスでこれまで3冊出版しました。

また世界的に有名な「TEDx」で講演（フランス語）し、「情熱大陸」と「TEDx」の両方を経験した人物はそんなに多く無いのでは？と思ったりしています。

他には4年前からフランスで日本人として初めての「ホンダ」のアンバサダーに就任させてもらっています。

そういえば、数年前にこんな話を伝えられました。

車で15分くらいのところに住んでいる日仏家族の友人の娘さんの話です。

ある日、1821年創立のカナダのマギル大学（McGill University）に留学中の娘さんから電話があったそうです。

「ママ！　私、びっくりしちゃったの。今日の哲学の授業でシャペ村のおじちゃまの事習ったのよ」

私はカナダのメディアからの取材を受けたことがないのに、カナダを代表する世界大学ランキングで常に10位以内の名門大学の教材として私が取り上げられたことに不思議な感慨を覚えました。

2年前から、シャペ村の村長の発案で、私の名前を冠した農業大学「山下アカデミー」設立の計画が進んでいます。この話は第10章で詳しく述べます。

この企画は水面に引かれる真っ直ぐな線の何処かの地点で実現している事でしょう。

農業の「一期一会」

「一期一会」を大切にという言葉もよく耳にします。確かに、新しい出会いは自分の知らなかった価値観に出会うことで世界が広がり、人生がより豊かに展開していく可能性を感じさせます。

何よりもそれまでに悩まされてきた様々な事柄を一旦脇に置いて、真新しいノートの最初のページに向かう様な新鮮味は格別です。

しかし……農業にも一期一会はあります。

栽培経験のなかった野菜の種を入手できたり、新しい栽培方法を試す時など、新たな出合いに満ちているのです。

そして、人間関係の一期一会が常にハッピーエンドではないように、農業の一期一会も期待はずれの結果を突きつけられることも日常茶飯事です。

栽培方法に関しては、私は自己流からの試行錯誤で、他の農家や文献から仕入れた方法を鵜呑みにするのではなく、日々繰り返している農作業のルーティンの最中に降りて来る「気付き」が元になっています。

そのために、いつ降りて来るのか分からないアイデアが、地面に落ちて紛れてしまう前に空中でキャッチできるように、柔軟な農業観を大切にしています。

農業は農作物を栽培する仕事と思われがちですが、それは仕事の一プロセスに過ぎません。

栽培した農作物の収穫、それも単なる一プロセスです。

一番大切な仕事は、収穫期を迎えた農作物を自分の畑から送り出し、誰かに委ねる事なのです。

農業は、栽培期間を通して心を配り、愛を寄せて見守ってきた農作物と「お別れをする仕事」なのです。

卒業式を迎える教師や娘を嫁に出す父親の気持ちととてもよく似ています。

私は野菜を業者に委ねて配達するのではなく、受け取って下さる人の目を見て手渡したいのですが、その際に、栽培方法とか苦労話など自身のセンチメンタル・バリューに類するエピソードは自分の心に留め、一切語ることはありません。

むしろ、大切に育ててきた娘を、信頼できる相手に託せることが嬉しいのです。

私は農家の仕事を次のようにイメージしています。

私は日々土と共に仕事をしています。すると、大地から様々なメッセージが聞こえて来ます。そのメッセージの一言一言を紡ぐと、「一編の詩」になります。

その詩を私は「野菜」と呼んでいます。

レストランに届けられた私の詩に、シェフはメロディを乗せ、お皿を「一曲の歌」が飾ります。

その歌はレストランに来たお客さん達の笑顔に歌われます。

「一期一会」は勝手に訪れて来るものなので、自分ではコントロール出来ません。出会いに過剰に期待をすると、自分自身を見失ってしまう事にも繋がりかねません。

でも「お別れ」の仕方は自分で決められます。

もし雑な別れ方をしてしまったら、次の出会いもきっとそれなりでしょう?

「親密なお別れ」を心掛ける人には、次の一期一会も素敵な出会いが待っていると思います。

礼儀正しさとしなやかさ

2022年8月にフランスで世界アマチュアゴルフ選手権が開催されました。

私が名誉会員になっているゴルフ場「ゴルフナショナル」に、日本チームの応援に駆けつけました。試合前日に滞在しているホテルに伺い、暑い夏を乗り切れるようにと、ミニトマトと蜂蜜を差し入れ、当日はコースに、アスリートにはスポーツドリンクですが、日本人なら「麦茶でしょう！」と冷やした麦茶をペットボトルに入れて持参しました。

試合は男女共4日間で戦われ、1チーム3人で上位2人の合計スコアで競うチーム戦と、同時に個人戦も行われました。

試合は2週間に渡り、1週目は女子、翌週には男子の大会が行われました。

男女共に日本チームは団体戦も個人戦も僅かに及ばず優勝を逃しましたが、素晴らしい戦いぶりを見せてもらい、在仏日本人として誇らしく、勇気を貰えたゴルフ観戦でした。

この観戦を通じて、特筆したい事が二つあります。

初日は、前回優勝国のアメリカ、ホスト国のフランスと我が日本という、願ってもない組み合わせに心躍らされました。

朝8時、世界アマチュアゴルフ選手権の幕開けです。

スターティングホールに向かうと、フランスゴルフ協会の会長とゴルフナショナルの支配人が談笑していたので、挨拶に伺いました。

選手一人ひとりは軽く体を動かしながら、集中力を高めてスタートを待っています。

ゴルフナショナルの支配人がこんな事を話してくれました。

「昨日の各国の練習ラウンドの様子を見て最も感動したのは、日本チームの選手達だけが、スターティングホールでコースに向かって深く美しく一礼をしてからティーショットを打っていた姿です。日本人はコースに対して敬意を払い、裏方のグリーンキーパー達にも感謝する、何と礼儀正しい国なのか！」

日本では武道など道場を使う場合には「礼に始まり礼に終わる」事は皆意識せずとも行っている事ですが、それがゴルフにおいても実行されていること、更にそれをフランス人から指摘された事に、誇らしい驚きを覚えました。

私は自分の畑に降りる時、新年の最初の一礼以外は端折っている毎日を恥じ、深く反省した次第です。

もう一つ特筆したい事は、日本の女子選手、馬場咲希さんのプレーを見て感じた事です。

彼女は当時弱冠17歳の高校生ながら、2022年度の全米女子アマチュア選手権で37年ぶりに優勝した日本人として大いに注目されている将来性抜群の女子ゴルファーです。

アマチュアゴルフ界で最高難度の大会を17歳で優勝したこの少女のメンタルの強さを見たくて、数ホール同行してプレーを観戦させてもらいました。

ゴルフはリカバリーのゲームと言われるように、名手でもミスショットが出ます。

誰でもナイスショットが出れば喜びますし、ミスショットになれば、悔しさや自己否定や焦りなどの感情が湧き、その時々の精神の歪みは次のショットに影響します。

馬場さんのミスショット後の対応を観察して分かったのは、彼女のメンタルの特徴は強靭さではなく「しなやかな強さ」を持っていることなのです。

そして何よりも感心したことは、ナイスショットの後でもミスショットの後でも揺るがないしなやかなメンタルの強さを担保する、ショット前の「ルーティンの完成度の高さ」です。

日々刻々と気象条件の変化の中で営む農業において、私が大切にしている事は「しなやかな農業感」です。それを担保するための「ルーティン」の大切さを17歳の女子ゴルファーから学びました。

「鶏は3歩進むと忘れてしまう」

美味しい卵が食べたいという妻のリクエストから鶏を飼い始めて20年余り。毎日観察していて飼い犬と比べて知的レベルの差は歴然です。

しかし、今朝畑仕事をしていた時に、あれ?馬鹿な鶏からも学べる点が有るんだ~と気付きました。

鶏は卵の殻を丈夫にし、失われたミネラル補給のために、砕いた牡蠣殻を毎日食べます。鶏にとっては、主食の穀類、好んで食べる野菜や動物性タンパク質の昆虫類などと並んで、牡蠣殻は健康を維持する必須の副食品です。

何年か前にノルマンディ地方に海水浴に行きました。

ノルマンディの海岸は砂浜ではなく、一面に貝殻が敷き詰められた浜辺です。

カルシウム補給は他の貝殻でも代用が利くので、ビニール袋にごっそりと詰めて持ち帰りました。

翌日からその貝殻を粒餌に混ぜて鶏に給餌しました。

量は牡蠣殻を砕いたものと同程度だったのですが、餌箱の底の方にノルマンディ産の貝殻ばかりがどんどん溜まっていくのです。

観察すると、鶏は貝殻を一応は啄むのですが、細かく砕かれた貝殻以外は全て残していました。「鶏は嚥下できないものは餌としない」という事実にハッとさせられました。

その意味する所は、「価値のあるもので有ったとしても、身の丈に合わないものは断固として取り込まない」という取捨選択の重要さと外連味《けれんみ》のない清々しい姿です。

人は他人に対して優位な場所に陣取るために、得てして自分の能力を上回った言動や物品を纏おうとする癖があります。

皆、多かれ少なかれ見栄っ張りなのです。

記憶の限界が3歩歩くまでというお馬鹿な鶏が教えてくれたことは、「分不相応なものには価値はない！」という単純な真実です。

この一点を学べただけでも20年養鶏を続けた甲斐がありました。

自分という役柄を演じる

これまでに日仏に留まらず欧米諸国や遠くはブラジルなど様々なメディアから取材を受けてきましたが、私にとっては全て伝言ゲームだと捉えており、報道されたものは（私を題材にした）ジャーナリストや番組制作ディレクターの作品に過ぎないと考えています。

もちろん、誰かの作品の題材として、私に興味を持って戴けるのは光栄なことですので、敬意を持ってオンエアのチェックとかはするべきですが、私は自分がどのように映っているかには関心が無いのです。

私はテレビに出たいとか、有名になりたいと言うような功名心が全く無いので、対応は常に自然体です。

にも関わらず私が取材を受ける理由は、視聴者が私の携わっている農業の魅力に気付き、若者の新規参入などのインセンティブになれば、農業の発展に寄与出来るかもしれないと言う願いがあるからです。

ゴルフ界では嘗てタイガー・ウッズというスーパースターの出現により、東南アジアのローカルなプロの大会の賞金総額の増大にも寄与した様に、何かの業界が進歩発展する一番効果的な事は、スーパースターの存在と波及効果です。

自分から言うのは、烏滸《おこ》がましくて恥ずかしい限りですが、もし、フランスや日本の農業が発展する為に、農業界のスーパースターの出現が望まれ、その役を演じるに当たって、私が求められているのならば、虚心坦懐に、自分自身と自分に与えられた役を演じる事を厭わない、と言う気持ちでいるのです。

人生は一幕一場の芝居のようなもので、準備はすれどもリハーサル無しのぶっつけ本番の一発勝負で、自分自身という役柄を演じ続けていくものなのでしょう。

その観点から、日々の暮らしもテレビ出演も一刻一刻が特別な時間であり、同時に通常の時間でもあるのです。

自分に求められる役柄は時と場合によって変化するので、その都度に個性などというものを意識するとギクシャクした対応に終始してしまいます。

そもそもアイデンティティや個性は、自分以外の他人が認識してなんぼの物ですので、私の取材をする人にとって代表作品が作れるように「誰かのためになれたら嬉しいな」と単純に捉えることが、自分自身という役柄を演じるコツなのでは？と考える今日この頃です。

生放送の日仏比較

前述した通り、私は日本でもフランスでもテレビの地上波全局の他、アメリカやドイツなどＥＵ数カ国などで何十回もテレビで取り上げられてきました。

私はタレントでは無いので、ほとんどが自宅や配達先の顧客レストランでロケを行い、番組内でコメンテーターが私の紹介をして映像を流すという形で、スタジオ収録は数える程しか経験していません。

その数少ないスタジオ収録ですが、フランスのテレビで食に関するトーク番組のスタジオ収録をしたことがあります。

楕円を二つに切った形のテーブルの内側にＭＣのシェフとアシスタントの女性アナウンサーが座り、私を含めた食のジャーナリストなどのゲストが内側を向いて着席するという建て付けでした。30分の番組だったので収録は2時間足らずで終わり、収録後にディレクターが私の元に来て、こんな事を言っていました。

「この番組は長く続いており、私がずっとディレクターを務めているのだけど、貴方が来られて今までになかった空気感の番組が作れました。

ご存じのように、フランスのトーク番組では出演者は皆勝手に話し出し、人の話は誰も聞いていないのが普通ですが、今日は一旦貴方が話し出すと、皆自分の発言を止めていました。

皆、貴方の話を聞きたがっていたのですね」

日本では生放送の出演はＮＨＫで2回経験しています。

1回目は、今は普通になりましたが当時は珍しかったＳｋｙｐｅでのリモート出演でした。スタジオに集められた日本の若手農家との対談番組でした。

2回目は渋谷のＮＨＫのスタジオでした。

尤も、生放送の本番以前に取材が行われ、フランスからの帰国便の到着した羽田空港の税関を出た所にＮＨＫのカメラクルーが待ち構えていた時は、びっくりしました。

日本のテレビ取材では通常は事前に構成が練り上げられ、それに沿ってロケを進め、生放送のスタジオ収録だと台本が用意されています。

番組の放送準備中に楽屋で待機していると、ディレクターが私を呼びに来ました。

「山下さん、リハーサルを始めますからスタジオに入ってください」

しかし私はそのリハーサルを辞退させてもらいました。

困った顔をしたディレクターには私の一言で納得してもらいました。

「封を開けてしまうと鮮度が落ちるから」

この経緯は日本のメディアとしては異例の出たとこ勝負の取材になりましたが、日本以外のメディアではこの手法がむしろスタンダードで、事前に決めているのはざっくりとした取材意図だけで、取材相手の反応、対応を元に臨機応変に番組として纏め上げます。

番組自体の完成度は日本の方が高いのですが、ハプニングを繋いで番組にする機動力に勝る海外の方が、自由度が高いので、イキイキとした番組が作れているのかなと感じます。

ナンバーワンとオンリーワン

平成時代を代表する流行歌の一つにSMAPの「世界に一つだけの花」という楽曲があります。その中で「ナンバーワン」と「オンリーワン」が対極に扱われていました。

ナンバーワンは最上位を獲得した一人だけに与えられる称号ですが、敗者でも各々が個性を磨けばオンリーワンとして輝けるチャンスもあると示唆し、リベンジを期する人々に抽象的な努力の方向性を示して前向きな気持ちに誘うものです。

しかし、私は違和感を持ちます。何故なら現実には元々特別なのはナンバーワンで、オンリーワンの方ではありません。

頂きに辿り着く為に必要な資質、つまり生まれ持った才能に加え、努力を厭わない才能、運を味方にできる才能が備わっている人がナンバーワンになるのです。

私は常々「美味しい野菜は良い野菜だが、良い野菜が美味しいとは限らない」と申しています。同様に「ナンバーワンはオンリーワンだが、オンリーワンがナンバーワンとは限らない」と言い換えることができます。

ナンバーワンは相対評価で、オンリーワンは絶対評価なのです。

ナンバーワンを目指して正々堂々と競い合う気力の維持に見切りをつけ、戦うことから逃げ出した自身の不甲斐ない気持ちのやり場に困った若者に向け、取るに足らない貴方の癖も「オンリーワン」と美化することで、気楽に生きて行きましょう。

「世の中には様々な価値観があるのだから、正面から向き合ったら勝てないと思うなら、別のジャンルに望みを託しましょう」とも読み取ることができ、それは安易な敗者の言い逃れ、現実逃避です。

ナンバーワンの人でも努力を怠ればその座から陥落するし、タイトルも永遠に保持できるものでは無いのも事実です。

先ずはナンバーワンと自分を冷静に比較し、劣っている部分があったら謙虚に認めて、改善点の克服に努めること。

ナンバーワンといえども完全無欠では無いのでウイークポイントを見付け出し、その改良版を編み出せればそれはオリジナルな技術になり、ナンバーワンに成れるチャンス到来を期して精進するというのが正統派の考え方です。

私には何回負けても挫けずに、何度でも正々堂々と愚直に挑み続ける姿の方が、強く美しく見えます。

強く、美しい、の続きですが、「シンプル　イズ　ベスト」と言うことがよく言われます。最高の物を作るには、極端な単純化を施すべきと短絡的に考えがちですが、実際はその真逆で、「ベストなものは、シンプルに見える」というのが正しい認識だと考えます。

以前、テレビの仕事で山下農園にオリンピック3連覇をした野村忠宏氏をお迎えしたことがあります。軽量級の選手だったので、タッパ（身長）は私よりも低いのですが、大きく見えたのです。

それは野村氏が現役を引退されてから何年も経ていても、オーラが醸し出されているからだと言われればその通りなのですが、それでは本質に近づけないので、もう少し観察してみると、佇まいに無駄が無く、何処にも力みを感じないような自然な姿勢をされていたからです。

顔合わせの時に握手をしたのですが、驚きと感動を覚えたのが「手の柔らかさ」でした。

柔道着の様な分厚い丈夫な布を手で掴み、力自慢の対戦相手と引っ張り合いをして来た筈だから、さぞかしゴツイ手をしているのだろうとの想像を良い意味で裏切られました。

オリンピックの王者といえども、技を完全に掛けられたら争う事はできない筈です。それを避ける為には、反射神経を研ぎ澄ませると共に、予備動作の開始をキャッチする敏感さが重要で、その感度を保つためにはゴツゴツした手ではなく、強くて且つ柔らかい手が肝なのでしょう。その手を持っていれば、一瞬の隙も見逃さず、技をかけられるのでしょう。

つまり、様々な要素の混在したものを、それぞれの無駄を省きながら、絶妙なバランスが取れているので、ベストなものは一見シンプルに見えるのです。

これは盆栽でも同じ事が言えます。

盆栽は、掌に乗せられるくらいの鉢植えの樹木に剪定や整枝を施すことで、自然界で千年も生き続けてきた木の様な風情を求める園芸です。重なった葉や、交叉する枝を整理して、無駄を省くというよりも、一枚一枚の葉、一本一本の枝の役割を全うすべくバランスを整えることで、実際の物理的な大きさよりも大きく立派な木に見えるのです。

絶対一番

相対評価のナンバーワン、絶対評価のオンリーワンのお話をしましたが、実は私はその両方とも重視しておらず、私が大切にしている観念は「絶対一番」（私の造語です）だけです。

絶対一番は「普遍的な一番」を意味します。

例えば、悩んでいる子供に向かって親が発する言葉で、「我々（両親）には貴方の幸せが一番なのだから、力になれることがあるなら何でも言ってちょうだい」というときの一番にはナンバーワンのランキング最上位という意味も、オンリーワンの唯一無二という意味ともそぐわない、普遍的で大きな意味が含まれており、この一番は「何よりも」と置き換えるとしっくりきます。「貴方のことが世界で一番好き」という時の一番も絶対一番の一番です。この場合は「誰よりも」に置き換えられます。

私は一番美味しい野菜を作りたいと願いつつ農作業に勤しんでいますが、この場合の一番は、個々の野菜のポテンシャルが最大限に発揮され、旬を迎えた野菜という意味なので、これも絶対一番です。

皆さんもご自分の絶対一番を探してみては如何でしょうか？人生が愛と希望に満ちた豊かな景色に変わるはずです。

これからの世界

3年前に突然降って湧いた武漢発の新型コロナウイルスによるパンデミック、その後に勃発したロシアによるウクライナ侵攻のせいで、世界中で享受していた価値観が毀損されてしまいました。

これらの災難が収束すれば元の姿に戻ることを期待する人は多いでしょうが、実はそう信じている人はそれほど多くは無いのではないでしょうか？

第二次世界大戦後に西側諸国が力を合わせて培ってきた資本主義の秩序が、争うことすら叶わずに屈してしまった事実を重く受け止めなければ、未来は拓けて来ません。

グローバリズムによって多くの資本主義国家は発展しましたが、皮肉なことに権威主義国家の利益の方が遥かに大きかった事に、遅ればせながら気付かされました。

自由・人権・法の支配を共通の価値観とする西側諸国も制度設計をし直さなければなりません。

そのために、新たな価値観（幸福感）を模索する必要があります。

遠い過去から現代に至る年月で、社会生活を営む人間の本質はそれほど大きく変貌したわけではありません。さもなければ、数百年前に作曲されたクラシック音楽に心を揺さぶられるはずはなく、古典文学で涙することもありえません。

第二次世界大戦後に生まれた現代の価値観は僅か70年余りの歴史しかなく、人類の歴史と比べると取るに足らない短期間の出来事です。

求められる新たな価値観といっても、誰かによってゼロから創り出されるのではなく、戦後の価値観によって軽んじられてきた、古き良き価値観が一周回って最先端になると私は考えています。

資本主義は一言で言えば“Time is Money”という概念で、借入金で時間を買うことでビジネスチャンスを逃さない手法です。

最大のデメリットは手っ取り早さの対価として金利が発生し、右肩上がりの成長を続けないとシステムの維持ができないことです。

それよりも、右肩上がりの成長などという、うつつを抜かした身の程知らずの幻想が永遠に続くだろうと考えるのは如何なものでしょうか？

代々地元の人に愛され、１００年以上も続く老舗の豆腐屋さんは、「今年は前年比30％の増収を目指そう！」などと考えるでしょうか？

これからの世界は無闇な拡大が終わり、減少する収入に応じた支出の抑制でバランスを取りながら、物欲から質素でも心豊かな生活に移行するのではないかと想像しています。

ミニマム主義

2年も袖を通さなかった箪笥の肥しのような衣類は、将来も着る見込みが無い物だから捨ててスッキリさせれば、住空間が広がり豊かな生活が送れると、必要最低限の物品に制限することの効果をしたり顔で説く人達に対して、私は眉を顰めます。

生活感溢れる「秩序ある混乱」を愛する私にとっては、無駄と断定した物を全て取り払ったモデルルームの様な家は、温もりが無く居心地が良くありません。

例えば、家に祖父の愛用品が残っていたとします。現在のライフスタイルでは不要な品で、将来的にも使う機会は無さそうです。オークションに出品しても値が付くような市場価値も無く、置き場所に困る代物です。瞬時に破棄の判断を下す人はいるでしょう。でも、立ち止まってその品物の意味を考えてみましょう。

祖父の愛用品ということは、自分の愛してくれている人(親)を愛してた人が、死ぬまで手元に置いて大事に使い続けた品物です。その価値観を併せ持って生きて行くという事は、3世代に跨る愛の連鎖の証しで、今その品物を慈しもうと思う自分がいれば、美しい幸せの構図です。始末に困ったとしても、それは幸せのコストです。

そのコストを忌み嫌って生活を貧相な価値観に染めるより、喜んでコストを負担する生活こそ、豊かで厚みのある幸せの形だと思います。


ミニマミストの考えに従えば、デスクの上に知らず知らずの間に溜まった使いさしのボールペンは、直ぐに必要な本数以外は纏めて破棄し、スッキリとさせる事を善とします。

しかし、同じボールペンをゴミ箱に捨てる行為でも、余分なものを捨てる時と、最後まで使い切ったボールペンを捨てる時とでは、どちらの方が充足感を得られ、心を豊かにする行為でしょうか？

いつの日か私もこの世にお別れをする日が来ます。

その時に残された家族や友人からは、使い切ったボールペンをゴミ箱に捨てる時の気持ちで送ってもらえたらと願っています。

第 9 章

美容医学専門家の考える「野菜の美学」

Mana Iwamoto

パリで生まれた奇跡の日本野菜

「山下農道」の神髄

わたくし（岩本）のパートにおける最終章では、植物や野菜や農業に関する「美学」を、専門の美容医学、皮膚科医の視点から、人体とのアナロジーを含めて解説する。最後には、奇跡の蕪のタネ明かし、となるか？

植物と人間の相対性理論（Theory of Relativity）

世にも稀なる美味しい野菜の秘密解明から始まった旅は、遥かかなたの地球創生時代における植物進化論にまで遡行《そこう》することとなった。

「踏まれても、踏まれても、雑草のごとく立ち上がって」とはよく引用される比喩であるが、実際の植物はそんなことはしない。踏まれたシグナルを感受したら方向を変え、地を這うように茎を伸ばして花をつける。植物の使命は、一にも二にも花を咲かして種を保存することである。種子を結ぶ、種《しゅ》を維持することである。踏まれたら反抗する〝根性〟とかは浅はかな人間の幻想である。余計なことにエネルギーを使うより〝実〟をとった方がいい。植物ははるかに合理性を持った生き物である。したたかで、しなやか。だから美しい。

所与の生命をいかに合理的に賢く生きるか。植物総体が数十億年の時を超え、厳しい自然淘汰に耐えぬき、今もって地球における生物たちの王者であることがそれを証明している。やわらかに環境に適応し、動物たちや昆虫たちをうまく利用しつつ、平和な共生生活を営んで繁栄しているのである。

植物の根は、深く潜み、神経系の別の経路で地球の中枢と繋がっており、地球そのものの司令塔として、存在する可能性だってある。腸脳皮膚相関*ならぬ、地球植物相関（plant-planet Axis）である。植物は地球上で最も長く繁栄してきた存在であり、地球との関係性は、想像もつかない程のまったく異なるスケールを持っている。植物は地球の意志を表現する一つの形であり、植物自身が地球の使命を背負っていることを示しているようにもみえる。物静かに佇む植物の美学は、絶対的な力を持つ者の誇りそのものかもしれない。

これに対して叡智の王を気取っている人間たちはどうであろう？　人種間・民族間・種族間にとどまらず、資源争奪・宗教の相違など、あらゆる紛争を言いがかりにして、人間たちは国境を越えて大量虐殺や戦争を仕掛けている。カール・フォン・クラウゼヴィッツ**は著書『戦争論』で、「戦争は他の手段をもってする政治の継続である」と本質を見抜いたが、それは武器による殺戮にとどまるもの

＊　腸脳皮膚相関：腸と脳と皮膚は、それぞれに密接に関係しあっているという概念。わかりやすい例えで言えば、温泉地では、身体全般に調子が良くなるといったもの。

＊＊カール・フォン・クラウゼヴィッツ：19世紀、プロイセン（現ドイツ）の軍人・軍事理論家。戦争の不確実性や摩擦、意思決定の複雑さに焦点を当て、戦争の本質的な要素を明らかにした。

ではなくなっている。
いま、人間の手による地球環境の破壊が急速に進みつつある。地球の健康を維持することは人間の義務である。にもかかわらず、ＳＤＧｓを掲げた環境保全問題でも各国の足並みは揃わない。毎度の〝政治〟をして状況を混乱させている。

宇宙の起源となるビッグバンが１３９億年前、地球の誕生は38億年前という。生命誕生のカオスを経て我々の祖先は海から陸に上がり、７００万年前に二足歩行を開始し、森から出て道具を使う猿人がアフリカに現れた。２００万年前に現れた北京原人やハイデルベルク人は原人と呼ばれ、火を使い言葉を話したという。その後、旧人といわれるネアンデルタール人は壁画を残し、20万年前に新人のクロマニヨン人が現れた。新人はホモ・サピエンスと呼ばれ、旧人を駆逐し地球上の生命体のトップに君臨し今に至る。

人間の行動が地球環境を破壊していたとしても、それによって地球本体が消滅することは考えられない。生態系が大きく変化して、人類が滅亡することは大いにあり得るだろうが生き残る種はちゃんといる。生き残った生物はよりしたたかに環境に適応して進化し、人間の忘形見となるＡＩもすぐに同化し、協調して新たな世紀を生き続けることになる。
植物は変わらずに妖艶な芳香を放ち、種族保存の媒体者を獲得する。独立栄養生物であり、千年を生きる植物たちが繁栄している未来予想図は疑いの余地がない。

光合成への憧憬

万能のジーニアスであるレオナルド・ダ・ヴィンチも、『植物の運動力』(1880年)を研究したダーウィンの晩年も植物一色であった。1770～80年代の疾風怒濤(Sturm und Drang)ドイツ文芸時代を牽引したゲーテも植物に傾倒した。ゲーテは植物生態学を研究し、植物の大胆な変態(メタモルフォーゼ)のリズムの中に、揺らめく生命の神秘を重ね合わせたのである。真理を追い求めるロマンチストは〝植物の魔力〟に心を奪われるのではないか? あるいは植物は地球からの指令の担い役であり、真実を探求する生物学者や哲学者はそこに無意識にコネクトしているとしたら?

ゲーテは詩人シラー*との交流によって植物学にのめり込むようになったといわれる。シラーは現代に至る美学論の大家として知られ、きわめて理知的な視点で美の本質を捉えようとする。エモーショナルで叙情的でありつつ、ロジカルで論理的なのである。彼はゲーテと共に、自然と個性の尊重を謳って束縛する因習を排除し、自然美の嘆賞と民謡への素朴な愛、人間感情の本然の発露を提唱した。

＊シラー:ヨーハン・クリストフ・フリードリヒ・フォン・シラー。ドイツの詩人、歴史学者、劇作家、思想家であり、ゲーテと並ぶドイツ古典主義の代表的人物。ベートーヴェンの交響曲第9番の詩の作者。

横浜・みなとみらい駅「クィーンズ・スクエア横浜」にある、吹き抜け空間にコンセプチュアル・アート*（概念芸術）として、まるで巨大な墓標のような御影石（ジョセフ・コスース作）が屹立している。
そこでシラーの言葉に触れることができる。

“The Boundaries of the Limitless”（無限との境界）

樹木は育成することのない
無数の芽を生み、
根をはり、枝や葉を拡げて
個体と種の保存にはあまりあるほどの
養分を吸収する。
樹木は、この溢れんばかりの過剰を
使うことも、享受することもなく自然に還すが
動物はこの溢れる養分を、自由で
嬉々としたみずからの運動に使用する。
このように自然は、その初源からの生命の
無限の展開にむけての秩序を奏でている。

物質としての束縛を少しずつ断ちきり、
やがて自らの姿を自由に変えていくのである。

フリードリヒ・フォン・シラー
「美学的なことに関する書簡27号」より一部抜粋

自然は絶え間なく創造し、豊かな命を解き放つ。自然は産み出したものをただ無駄にすることはない。余った実や卵は他の生物の餌となり、分解されてまた栄養になることで、次の生命の滋養になる。人間はその大量生産を模倣しているものの、人間の作るものは実は効率が悪く、使われなかったものはゴミと化してしまう。かつて産業革命初期のまだ持続可能であった時代（電気もクルマもない時代）に作られた世にも美しい自然賛歌は、現代において大量消費社会への警鐘のように静かに心に響いてくる。

ゲーテの最期の言葉である「もっと光を！」（Mehr Licht !）。

＊コンセプチュアル・アート：物理的な作品よりも背後のアイデアや概念を重視する芸術形式。ジョゼフ・コスース〈Joseph Kosuth〉はこのムーブメントの代表的な芸術家で、彼の作品は言葉や定義を用いて芸術そのものの本質を探求している。

ゲーテが常に知識や理解を追求してさらなる知恵や啓示を求めていたことから、自らの死の瞬間においても、自身や人類の進歩のための新しい啓示や光を望んでいた、と一般的には解釈されている。けれど、ベッドの明るさが足りなかったので、カーテンを開けて欲しかっただけだ、とする説も頑なである。わたくしが死んだら、本心を訊きに行こうと思っている。

ひょっとしてゲーテは「光合成をしたかったのではないか」とも考えた。従属栄養生物である人間から、長年の憧れであった「美しさと繁栄を実現する独立栄養生物」への転生を夢みての言葉だったら、ドイツ浪漫派として立派な一言である。

聖《きよ》く、普《あまね》く、光のもとに、自然はつねに生成して変性し、そして永遠となる。

生命活動の源泉（ルーツ）を求めて

我々生物は、エントロピーの増大という自然法則に対抗しながら、持続的な生命維持を実現している。分子レベルで壊されて再生したり（分解と合成）、酸化と還元という真逆の作用を同時に行って、一瞬たりとも静止することを肯《がえん》ぜず、巧みにダイナミックなバランスを保っている。自己の同一性というのは開かれたものであって、常に変化している中で絶妙の平衡感覚から秩序が維持されると考える方が正しい。さらに、各種細菌たちにも住みかを提供して、持ちつ持たれつのバランスをとりながら共存している。

細胞単位の生死は日常の営為であり、完全なる健康体であること及びあり続けることは不可能であって、身体は常にどこかが病んでいるものである。エントロピーの法則には抗いようもなく、やがては秩序の維持に耐えられなくなることは必然である。いずれ滅びゆくものだからこそ、滅びの美を全うしなければならない。そこに美しさの開眼があると考える。

ここで植物のつくりと人間の身体を対比してみよう。植物の根には栄養吸収細胞があって、土壌から栄養を取り込む。人間を生物の究極系にまで単純化すると一本の管となる。口から肛門に至る管（腸管）の内面には、実は外界が入り込んでいる。

人間の体で根（roots）に当たるのは何か？　それこそが腸にある腸絨毛である。〈農業と医業のクロスオーバー〉の項で、土が何より大事と述べた。土壌に相当するのは腸の中身で、その中に豊かな細菌叢（マイクロバイオーム）が存在する。植物の樹液は血液やリンパに相当し、葉は肺の役割を果たす。幹は骨や筋肉に匹敵する頑丈さを持つ。また、華やかな花は一時的に現れる「顔」であり、同時に「生殖器」でもある象徴だ。

つい見た目で判断しがちであるが、植物も人間も、健康にとって最も重要なものは目に見えない部分にある。植物には中枢神経や末梢神経のようなものはなく、代わりに全体に分散しているといわれる。この分野はまだ十分に解明されていない。

ルーツは、植物なら根、人間なら腸である。腸とその中に存在するマイクロバイオームのバランスが保たれることで、健康な生命活動が可能となる。この共生関係の理解と保持が、健康を維持し続けるための重要な要素となるのである。

医療のオートクチュールの現実と未来

山下農道、野菜のオートクチュールの意味合いは前に述べた。医療では現在プレシジョン・メディシン（Precision Medicine）といって精密医療と訳されることが多いが、〃それぞれの患者に合った最適な治療を行う医療〃が浸透しつつある。病気の深刻度から「がん」[*]のDNA解析に利用されることが多いが、広く一般の疾患にも対応しようと準備されている。オーダーメイド医療・カスタムメイド医療・パーソナライズドメディシンの概念となる。

前項でも触れたが、腸内細菌（intestinal microbiome）は、近年の研究で独自の特性と世界観を形成していることがメタゲノム解析でわかってきた。人間の身体をマイクロバイオームらが棲息する小宇宙とすると、隣人との差は銀河系とアンドロメダ星雲ほども隔絶しているのである。腸内細菌が関連している代謝や免疫を考えてみよう。大食いでもガリガリがいれば、水や空気で太るかのような人もいる。同じ感染症に罹患しても、症状も後遺症もまさしく千差万別。ＣＯＶＩＤ－19パンデミックがもたらした過去数年間は、悲劇ではあったが、歴史は常に我々に学びを提供してくれる。その一つの成果として、個々の差異、すなわち千変万化の個体差が、我々に驚きをもって示されたのである。

医療も個体差をしっかり加味したオートクチュール時代を迎えようとしている。ただ、医療は公共の福祉の基底であるから、患者の負担は少なければ少ない方が望ましい。精密医療は理想の形態だが、個々人に適した薬剤や医療機器の研究開発費用を考えると、天文学的な金額を必要とする。現状は自由診療という〝富裕層の道楽〟認識が抜けきらず、一歩一歩踏み固めるしかない――保険診療と自由診療のイイトコ取りである混合診療が許されない理由でもある。

COVID－19パンデミックは医学の限界も知らしめたが、一方で技術進歩ももたらした。今後はIoTの一部であるスマートホーム**やデジタルヘルスが人体データを収集し、医療技術が格段に進化する可能性がある。ただし楽観論に基づくものであり、現実には課題や制約（許認可における法規制など）も多く存在する。ビックデータベースのAI技術は進化しているが、完全に医療現場で実用化されるには、さらなる研究や検証が必要となる。医療従事者は従来の技術に加え、再生医療、ゲノム医療、AIテクノロジーにも精通する必要がでてきた。医療の未来はAIによって指数関

＊ がん：Cancer：上皮組織という「身体の表面や体内の臓器を覆っている細胞」が悪性化したものが漢字の「癌」。一方、上皮組織ではない血液細胞や骨、筋肉などからできる悪性腫瘍は「癌」に含まれず、両方を意味する時は「がん」と表記する。

＊＊スマートホーム：Smart Home。家庭環境をスマートデバイスやセンサーなどの最新の技術で連携し、高度な自動化やモニタリングを可能にするシステムのこと。

数的に変革可能かもしれないが、それを指揮する医療チームの専門技術や知識の熟練、進展にはまだ時間が必要なのだ。

山下農道と共通することであるが、一人の図抜けた才能と努力だけでは多くの人々の命を救うことはできない。美味しい食べ物が手に取りやすい価格で、多くの人々の食卓にあがってこそ、食の幸福はもたらされる。そのために美味しい野菜・果物・作物を作れるスキルを、誰もが習得できることが望ましいのであり、世界から飢餓をなくさなければならない。

不可能という概念は人間の強欲か怠惰によってしか生まれない。努力を怠ることなく精進を続けようではないか。

医療のマリアージュ

野菜とシェフ、シェフの作った野菜料理とワインのマリアージュについては別項で述べた。それは医師と患者との信頼関係が死活的に大事である点と似ている。医師は患者の状態を正確に評価し、病気や治療法についての十分な情報を提供して、患者の意見や希望を尊重しつつ最善の治療法を提供する。患者は自身の体調に関する情報を正確に医師に伝え、その助言や指示に従うことが求められる。互いのコミュニケーションが円滑であり、共同で最適な治療法を見つけることができる関係性がベストである。

医師はソムリエ（指南）役であるので、情報と治療法に精通するべく日々研鑽を重ねることが必須であり、治療において最高のパフォーマンスを発揮しなければならない。そのためにも、医師と患者の間の意思疎通が不可欠であり、それは理論だけでなく、感性も重要となる。そして、医師や治療方針との相性が患者の運命を左右する場合もある。不確かな場合には、第二、第三の意見を求めることも必要である。

医療施術者としてはそうであっても、被施術者の立場もまた尊重されなくてはならない。日本では長い間、医療を〈施す〉〈受ける〉の関係として捉えられてきた。それ故に医師は偉い存在であり、その意思は無条件に貫徹されなければならないとされてきた。これは、「パターナリズム」と呼ばれる思想で、現代の解釈では「強者が弱者の意志を無視して介入し、その結果が弱者の利益となる」とされる。しかし、この考え方は旧弊であり、自身の命を自分自身で決定する権利は基本的な人権である。医療の提供者である医師は、ただ治療法を提示するだけではなく、患者と医師の間に築かれる信頼と共感による対話を重視すべきだ。

その関係性の中心には、医師の専門知識と経験、そして患者の生活習慣や体調、さらにはその感情や希望といった要素が含まれる。これらの要素が融合し、共有された経験として機能することで、医療のマリアージュは最大の効果を発揮する。この視点は、医療を単なる疾患の治療から、患者の生活全体を考慮した包括的なアプローチへと転換するのに役立つ。医療のマリアージュは、医師と患者が共に健康という目標に向かって歩み、それぞれの役割を果たしながら対話を続けることを意味する。それは、全体的な健康とウェルビーングを追求するという、医療の本質的な目的に直接つながる。

なお疾病の治療における医療のマリアージュは、目的の違いから、〝最高のパートナーシップではあるものの期間限定の関係性〟こそ、理想である。医師にしてみれば、患者の状態が1日でも早く改善し、〝卒業〟してもらってこその喜びとなる。

孤高の農道

日本人は「道」が好きな国民と思われる。道とは何か？　道を知ることは、日本人の意識や日本人の文化概念を理解する「みんなが知っている暗証番号」であろうか。

――僕の前に道はない、僕の後ろに道は出來る。（高村光太郎『道程』）

道には、パイオニアが何もないところを拓いてつくる道もあれば、先人が開いた道を黙々と補修してさらに極めていく道もある。日本人のいう道は後者がほとんどではなかろうか。新規開拓ではなく漸進改良、そして普及である。ただし、さほどの年数はなくとも伝統とか歴史は強調してやまない。

道のレパートリーには、芸術としての茶道・華道、武術としての剣道・柔道・弓道といったものがある。これらの濫觴《らんしょう》は安土桃山から江戸初期あたりに集中しているが、仰々しく「道」をつけるようになったのは明治以降。それまでは術であり稽古事であった。

剣道はかつて剣術や撃剣術と称され、柔道は柔術、弓道は弓術。茶道は茶の湯、華道は立花《たてばな》、香道は聞香《もんこう》と呼ばれた。江戸期までは茶道などの稽古事も（家族内は別として）男性のみが教養として身につけていた。瀕死の状態だったお茶やお花が息を吹き返したのは、明治の女学校教育に取り入れられたからである。

「道」の名を冠することで、勝ち負けに拘った真剣での仕合（真剣勝負）や、礼法・作法の型の技術と実践といったものが、精神性や人間形成にも深く関わるものと認識され、美学への昇華を遂げることも容易になった。

道といえば武術や芸能とは異なって、身分規範であった武士道が存在する。武士道という言葉は、新渡戸稲造が1899年にアメリカで上梓した、英文の書籍タイトルから一人歩きした。それまで抽象的だった内実が、この時点から次第に倫理化したが、最終的にはファナティックに転落して、日本人の若者が貴重な生命を捧げる教義へと変質した。〝命惜しむな名こそ惜しめ〟は、美意識に収斂し血気盛んな若者を洗脳する。その結果、最も良質な部分は雲散し、極端なパーツだけが戦後を跋扈した。
元禄時代に成立した『葉隠』は「武士道と言ふは死ぬことと見つけたり」と語られている。武士たるもの、死は強制されるものではなく、常住坐臥に覚悟するものと説く。口述の山本常朝は、主君鍋島光茂の「古今伝授を受けたい」という無茶振りを受けて、京都中を駆けまわって賄賂を贈り、殿の代理となって三条西実教から伝授を受けた。今際《いまわ》の際の光茂に報告したというが、それだけのこと。

その点、農道はいい。歴史の中で培われた、苦労の耐えない農民の「尊い道」である。その響きにノスタルジーと鷹揚さが交錯する。生きるために不可欠な命の糧を支えて、自然の循環を肌で感じることができる。厳しい肉体労働を伴いつつも、至高の価値ある職分を担う。ＣｈａｔＧＰＴなどＡＩの登場で産業に新たな革命が起こるであろう近い未来において、カテゴリーとしての呼称が消える職業が続出することは容易に想像できる。テクノロジーとしての農業はもしかしたら、ＡＩが台頭するかもしれないが、「農道」には人の魂が必要であろう。

農法*にはいろんなものがあるが、どれも否定はしない、と山下氏は語る。慣行農法・有機農法・自然農法・ビオ・ダイナミック農法・不耕起栽培・減農薬栽培など。選ぶのは個人の自由であり、それぞれにメリットとデメリットはある。完璧な農法はどこにもない。地域の状況はどうか？　ニーズがウォンツか？　環境はどうか？　経済的な問題はないか？　農家や地域の状況に照らし合わせて、適切な方法を採ればいい。

誰の助けも借りず、自分だけで大地に根を生やし、しなやかな農業感を持ち、機に臨んで変化に応じてきたのである。

農法を農道――〈精神性を持った道〉にまでに究めていくには、ただ一つ「誇りと信念を持って、全身全霊で対峙できるかどうか」である、と。それだって、百人いれば百の道がある。それでいい、ただ一人だけの個性を花開かせるのは、ただ一人の私でしかない！

最高のものを創造せんとする匠の技。職人気質は美意識に連係して、紛れもない美をして視覚の美を凌駕する。作物を育てたザラザラと荒れた指や掌《たなごころ》、紫外線にさらされ続けて焼けた肌、土とお天道さまの匂いに、慈愛に満ちた美しさが宿る。

＊主な農法

1　慣行農法＝農薬や化学肥料を使用し、高収量を目指す農業方法。

2　有機農法＝化学肥料や農薬を使わず、動物性堆肥を使って土壌を肥やす農法。有機認証機関の基準に沿って栽培する。

3　自然農法＝肥料や農薬を使用せず、耕すことも基本せず、自然の力を利用して土壌や植物を育てる。

センシュアルな野菜

生野菜の美しさとは、いったい何だろうか？　野菜が持つ魅力には、感性に深く響くものであり、官能的な魅力とも言える美味しさがあるのではないだろうか？

野菜そのものに目を向け、手に触れた時の感覚を考えてみよう。生野菜をサラダにすると思い描くと、もういけない。ドレッシングはかけないとしても、盛り付けや調理をする人の存在や、包丁の切れ味、使われる器、場の香り、周囲の雰囲気など、他の要素が次々と介入してくる。

わたくしは純粋に、単純に、個々の野菜そのものの美しさを感じたいのだ。

インスタ映えするフォルムやカラーはどうか。万聖節にはいろんな形のカボチャが勢揃いするし、美しすぎて怖いフラクタル構造のロマネスコ、プチトマトも水彩絵の具さながら鮮やかな色が出回っている。存在感あるカラフルパプリカも楽しい。

形？　色？　艶？　手触り？　匂い？

あえて言いたい。目に見えないものの美しさは、想像力を駆り立て、妄想を繰り広げてくれる分、最強となる。コロナ禍の長いマスク生活の中で、どれだけの数の自称他称美男美女が増えたと思われるか！

かくなる迷走の挙句、野菜の美しさの本質とは、肉眼で捉えることのできぬ〝美味しさ〟と言い切ることにした。

野菜には多くの水分が含まれ、タンパク質や脂肪分こそ少ないが、カリウムやカルシウムなどのミネラル、ビタミンや食物繊維、それにポリフェノールに代表されるフィトケミカル*など、健康によい機能性成分が豊富である。野菜に感じる独特の苦みやえぐみ・青臭さは、植物が持つ最強の抗酸化物質集団〝ポリフェノール〟の風味である。

野菜は食卓に彩りと風味を添え、心を豊かにしてくれる。もっとも、外見がキレイで栄養素が豊富にあるとしても、中身の味が美味しくないものは、食する側にとって魅力半減である。味の美味しさが外に溢れ出れば良いのか？　美味しさはヒミツゆえにいいのだ。重さ、色合い、切り口の色、匂いとか。情報にヒントはあるにせよ、一噛みしないと実際のところは分からない。人によって味覚も違い、好みも違うことも含めての話である。

美味しさの中核となるものは、味覚は当然であるが、噛んだ時のシャキ、カリカリなどの音感覚、

＊　フィトケミカル：phytochemicals。「植物化学物質」を意味し、植物が持つ自然な成分や化合物を指す。これらの成分は、植物の健康や生存戦略に関与していると考えられており、食品や薬品などにおいて健康効果や生理活性をもたらす。

口腔内から鼻腔に抜ける匂い、アツアツなど温冷覚、口内に溢れる汁のテクスチャーも含む。正確にはそれらが絡み合う、と言われても、そんなものは各人の主観に負うところが大きい。野菜の美味しさの客観的評価はどうだろう。人による官能評価**の他に、果実でよく使われる糖度・酸味・旨味・渋み、そしてコクやキレ（濃縮感やスッキリ感）。計測できる味覚センサーが登場してきて、数値化（見える化）できる側面も多くなってきた。それでも山下氏が、味の肝心かなめに置いている「風味」となると、客観評価に少しは到達できそうになったのか。まだ難しいのだろうか。

オートクチュールのその先へ

〝技術の日本、理論のアメリカ、伝統のヨーロッパ〟――そんなことが言われた時代もあったのである。〝技術のニッポン〟なんて何のこと？　大工さんの鉋《かんな》削り、左官屋さんの壁塗りレベルを技術とは言わない。栄光は重ねて来たらず、ただ春の夜の夢の如し。

むかし産業のコメといえば鉄といわれ、少し前までは半導体であった。ありとあらゆる製品に半導体が組み込まれて使われている。バブル絶頂期、世界の半導体の50％は日本産であったが、１９９１年の崩壊後は、需要急増による設備投資累年増加への不安と、新規生産が記憶容量増大一辺倒への傾斜に奔って潮流を見誤り、製品の更新ができなくなってジリ貧となり生産途絶状況に陥った。現代はＡＩとＩＴの時代といわれているが、ＣｈａｔＧＰＴはじめ全てが大国の後追いだ。ロボット技術においては、中国同様一歩抜きん出てはいるものの現在の劣勢具合は、そのまま国力の低下を証明している。新型国産ロケットH3の打ち上げ失敗も未来を暗くする。

職人の技、匠の技に回帰してはどうであろう。これならイマドキの国民でもなんとかできると思われる。調理や料理の業界では、個性を際立って尖らせるシェフは、料理ではなく芸術を創造している勢いとなっていて、これまでのメニューの「美味しい」「美味しくない」のカテゴリーを壊しはじめている。

必要なのはドレスコードではないか？　食材のオートクチュール化への欲求が沸々とたぎってきた。オートクチュール商品は万人を対象としない。ごく一部の富裕層、ごく一部の数寄者、ごく一部のガストロノミーが対象となる。金はある、興味は津々、美食に満腹はない。希少なる価値、限定嵯峨野四月朝採筍、星ヶ岡茶寮の食器、旬の限定版。食材のオートクチュールは親和性が高いのである。

第7章で触れた医療分野も含め、現代は様々なオートクチュールが百花繚乱となってきた。ニーズではなくウォンツ、必要より嗜好、誰もが経験したことがない高度なクオリティライフの燃焼。飽くなき欲望である。

＊＊官能評価：sensory evaluation。人の感覚を使って食品の品質や美味しさを測る。化学分析に比べ簡易ではあるが、個人差がある、数値化しづらい、再現しにくいという難点がある。

そこに満足するだけでは成金の道楽で終わってしまう。底上げも狙いたい。経世済民（世をおさめ民をすくう）の経済は消費者第一（Users Oriented）である。「もっと安く、もっと美味しく」こそ第一義なのだから。

コツコツと足を地につけて、大衆向けの美味しい野菜の開発と育成の研究をしている学者や農業従事者たちと、情報を共有する連帯が不可欠である。イノベーションを考えれば、何よりビッグデータの活用が求められる。ＣｈａｔＧＰＴや類似のコミュニケーターの登場は人類史において、農業の開始による定住の開始、産業革命による所得と人口の爆発に次ぐ、第三の変革の引き金とも言われている。美味な食材の追求のみにあらず、人口増加に伴う食糧危機の克服に、環境破壊を抑止して地上の平穏をもたらすために、一役も二役も力を発揮することになるだろう。

山下アカデミーの構想には心を惹かれる。〝ＹＡＭＡＳＨＩＴＡ　ＢＲＡＮＤ　ＰＲＥＭＩＵＭ〟として確立されていくのか、はたまた大衆化路線をとるか。奇跡の蕪が、もし世界中に広まってしまったとしたら、奇跡ではなくなるが、それこそが幸せのミラクルとなるのである。国境を超えたＳＤＧｓとして、野菜の美味しさの国際化。その前提として、日本野菜ベースの瑞々《みずみず》しい美味への転換は考えられないであろうか。壮大な設計図が見えてきた。そこで立ち止まらないで、わたくしは次のステップを期待する。現地の農学部との実地検証、研究コラボもいい。日本の種子とフランスの土壌のマリアージュの謎を科学的に解き明かすのだ。

条件が整って科学的に再現性が定式化できれば、職人技が持続可能性の枠組みに組み込まれる。

山下氏の名はミーム（社会文化的遺伝子）として消えることなく受け継がれていく。

未来の展望はいくらでも湧いてくる。フランス人にも、日本人にも、そして国籍を問うことなく多く消費者に、安くて美味しい日本野菜をたくさん供給したいものである。

美学は永遠流転のニュアンスの中に

二元論の概念が最初に登場したのは、BC6世紀からBC5世紀ころとされる。ピタゴラス派の哲学者たち、プラトンやアリストテレスなど古代ギリシア哲学あるいは他の学派でも、二元論的な考え方が見られるのである。時代が下ってからのキリスト教においても、神と悪魔・善と悪・精神と肉体などを対比することで二元論的な世界観が存在する。

科学を扱うとき、この考え方は大変役に立つ。科学は秩序と整理のために、ノイズを消すことで進歩発達した。シンプル・イズ・ベスト。数式の中に収められることこそ美しい、と。AIの基盤となるコンピューターシステムもデジタル情報を処理するために、2進法を使用する。AIは膨大な量のデータや計算を扱うため、高速で正確な演算が必要で、2進法はそのような処理に適しているのだ。コンピューターが情報をビット（0と1の値）の列として扱うことで、複雑な計算やデータ処理が可能となる。なんとシンプルなことか。

しかしながら、私たちはものごとが簡単に割り切れないことを、経験上知悉《ちしつ》している。自然と文化・男と女・理性と感性ｅｔｃ。多分に多元的で双方向に行き来し、共存することも可能である。男と女などは円環構造でクルクルと回っている。真理や本質にはコンプレックス（＝複雑なところ）がある。些細なことで、善と悪がひっくり返るのはザラである。今日の友は明日の敵。永遠の愛を誓うのは、決して永遠はないことを知っているからである。長い間の確執があったのに、なにかの経緯でコペルニクス転回するかもしれない。死を終着点とするならば、それまでのすべては通過点でしかない。人生に重厚な意味を飾りつけるのは「割り切れなさ」と「不確定さ」である。悪いことも良いことも決してとどまってはくれぬ。生物の命は、エントロピーの増大に抗うための絶え間のない破壊と創造の過程（＝ダイナミックなバランス）の只中にある。

日本人の宗教感情は、〈アニミズムの祈りと一神教の祈り〉で述べたとおり、アニミズム（精霊信仰）の浸透によって、超越神の一神教が普及しなかった。太陽・月・風・雨・山・川・大岩・大樹など、ありとあらゆるモノ（人も動物も）に怖れを抱いて祈った。それを神といえば神であり、神に上も下もなかったのである。日本では神とか仏といっても、そのあたりのいい加減さや〝雑多感〟が血肉なのである。戦時中の洗脳による一致団結箱弁当、ファシズムを考えると、日本人に二元論はむしろ危険かもしれない。

人間らしく生きるとは、規範からの逸脱、ジャンキーで不健康、秩序からの逃避など、そうした容認あってこそ。わたくしは糖分摂りすぎで不健康と言われようが、甘いものがもたらす幸せを放棄しない。カフェインの摂りすぎだと言われても、馥郁たるコーヒー香の誘惑には喜んでのる。どれだけ健康にいいと言われても、味が気に入らないものは選ばない。

そもそも快楽や欲望の追求において、健康オンリーでは話にならない。自己弁護であっても〝規制のもののみにあらず〟という生き方は、他者への赦しという究極の慈愛にも繋がるはずだ。

第1章で、日本は優等生文化で「キレイ(=クリーン)にする」のが得意と述べた。キレイと美しさの違いを考えると、美の本質が少し理解しやすくなるかもしれない。キレイは確かに美の一部である。多くのものが見た目の点で瑕疵がなく美しい。整然と清潔でノイズがない――キレイだ。実用的に分かりやすい。

美しさはもっと奥深く広く深遠である。文化や地域の違いによって、そして歴史によっても捉え方が変わる。目に見えない、言葉にするのさえ難しい――といった要因も含まれる。芸術の絵画や音楽がそうであるように、不協和音や醜いものを少し内包することによって、総合化された美的センスやハーモニーを際立たせることができたりもする。微量のスカトール入りの香水がより芳しく感じるように。震えるように外れるディーヴァ、マリア・カラスや、情感がそのまま滲み出る濁声のエディット・ピアフに心打たれるように。ミロのヴィーナスは不自然さと黄金比の欠如にも関わらず、見るものを魅了してやまない。それは私たちの感性を揺さぶり、新たな感覚や思考を呼び起こす。完成されたものではなく未完のもの。秩序と統一の中ではなく、奔放であり不安定であるものの中にこそ官能は芽生えるのである。

絶妙な匙加減で形成される美しさが、自然界には溢れている。ノイズ、揺らぎ、ニュアンス、規格からはみ出す、さまざまな割り切れないもので満たされている。風味も然り。一瞬たりともとどまることなく、常に動き、変貌していく。すべての瞬間がやり直しの効かない一回限りの、一期一会なのだ。常に晴天、順風満帆の一生はあり得ない。〝末長く幸せに暮らしましたとさ〟は、おとぎ話だからこそ。晴れもあれば曇りあり、雨も降れば雪も降るからこその、人生の醍醐味ではないか。山あり谷ありと表現されるが、それこそが自然で、長い目でジャッジすれば運も不運もない。人間万事塞翁が馬である。

グランシェフは、一皿に盛られた刹那の美学作品を創造することで、命の破壊と流転の場に居合わせる。シェフは、言うなれば究極の芸術家である。彼らの創り出す料理は、本質を捉え瞬間を形にする。その美しさは、一瞬で消えてしまうかもしれないが、だからこそ価値がある。

努力が常に報われるとは限らない。農道の〝実り〟は、思い通りにならない天と地の創造物（ハーベスト）に他ならない。科学や方程式では捉えられぬ。予定調和しない、かつ、できないものは常に魅力がある――科学は現実から逃れられないが、芸術は永遠を夢想する。美の本質、美と正対する心もそこにあるのではないだろうか。

Beyond Beauty――官能に目醒め、美学を貫徹せよ、美容皮膚科医からのメッセージ

美しくなる。美容はそのための手段であるが、目的ではない。美容知識など知らなくとも、美しくなることは可能である。

健康になる。医学的知識はその手段であるが、目的ではない。医学知識など知らなくとも、健康でいることは可能である。

昨今、美容知識や健康知識の、取得自体が目的になっている人が増えてきたように思う。知識だけで美しくなったり、健やかになれるはずもないのである。国境なき情報氾濫時代である。SNSのようなプラットフォームで自己アピールの場が爆発的に拡大したこともあって、美容ネタや健康ネタは巷に溢れかえっている。SNSは自己顕示欲を満たすだけではない、ブレイクしたら思わぬ泡銭《あぶくぜに》が降ってくる。ギラギラする欲望が満たされるのなら、誰だって試してみようと思うだろう。

手段と目的は必ずしも二項対立しないが、いろいろな欲望が混淆《こんこう》してくると、視界が朦朧《もうろう》となってしばしば正道を外れてしまう。美容オタクも健康オタクも否定はしない。けれども目的を見失い、気づけば見知らぬ地に迷い込んでいたら、叫び声も誰にも届かない。過ぎたるは及ばざるが如し、

コストパフォーマンスと効率は大切な要素である。

ヘルシーというコトバ嫌いの山下氏の名言に「健康のことを考えだした途端に、不健康になる」という絶妙の表現がある。完全なる健康体は病的と思われるほどに、私たちは常にどこかを病んでいるのである。そもそも健康は、医学や栄養学がベースになると考えられるが、サイエンス自体がまだまだ発展途上なのである。

蘊蓄《ウンチク》とは、学び蓄えられた学問・技芸の深い知識のこと。これを用いる際は(傾ける)といい、「垂れる」や「ひけらかす」は使わない。蘊蓄を傾けて選別した餌の説明をする家畜はいたことがなく、自ら進んで定期健診に赴く野生動物もいない。家畜も野生動物も健康を考える暇もなく、所与のニッチで生きるがために必要最低限なことをしているだけである。一方で、死に際にひっそりとどこかに消えていったり、戦い方一つにしても無様な姿を見せたくない、というような野生の美学を感じることがある。植物はさらにすごい。あらゆる環境に長い歳月をかけて順応し、物理的かつ化学的にネットワークを張り巡らして命を保っている。野生動物の無駄のない美しい身ごなし、多様性なる生物の宝庫、熱帯雨林のむせかえる濃厚な香り。森羅万象の只中で命を紡いできた生物たちの、アンコンシャスな美学には、ただただ感嘆するばかり。

美しさは実態ではなく、言葉にするのが難解な〝ニュアンス〟といった余分に宿る。全体から醸し出される雰囲気も重要で、空気は香る流体の気体となる。それゆえに美学はセンスの課題であるのに、オタクと呼ばれる層は頭でっかちで判断したがる。窮屈な考えに囚われる（＝要するに〝こだわる〟）と、エレガントな野生や官能ある知性（＝要するに〝センシュアリティ〟）が滋養されなくなってくる。

健康維持も、ＤＮＡという個体の相違や生活環境による違いが、思いの外に大きいことがゲノム解析によって裏付けされた。マイクロバイオームも人それぞれである。同じ物を食べても太る人と太らない人、アルコールに強い人と弱い人、厳しい節制をしてもがんになる人、好き勝手に飲み食いしてタバコも吸っても長生きする人……。千差万別である。正解がないのだから、持論の「健康談議」など吹聴したりせずに、謙虚でいるべきが大人の姿勢である。もっとも、この分野こそビッグデータＡＩの活躍を期待したいところであるが、時間がかかるであろう。無限のファクターを持ち、それらの複雑な相互作用で成り立っている我々の身体こそが、思い通りにならぬ大自然の一部なのである。

コロナ禍では、連日のように免疫力や健康法についてメディアが沸き立っていた。突拍子もない美容法も、アグレッシブな美容整形術も、ヴィジュアルでビフォー／アフターが出ていれば真似たくもなる。超情報過多社会では、意識しないで暮らすのは難しい。だから、精神的デトックスが必要なのである。「何をするか」ではなく、「何をしないか」なのだ。メディアリテラシー力を磨いて、怪しいものはきっぱり無視する。急ぐ必要はない。ニセモノ・紛いモノは長くはもたず、いずれ淘汰される。勘が働いたら、耳を塞いでやり過ごすことも必要だ。美容にとどまらずその先の本物の美を求めよ。所詮細胞レベル、分子レベルでの生死（分解と合成）が日常である身体であるので、究極の健康体と思っても、そこにとどまってはいられない。健康法の追求などに時間を費やさずに、本来の意味での健全な身体を創りあげるのだ。

人の美しさの真髄も、目には見えないところにある。

「若いうちのキレイさ」は容易である。発情期にして繁殖期の真っ只中、性ホルモンは泉のごとく噴出し、人生のうちでは、咲く花の匂うがごとく艶やかな華の時代である。ＤＮＡの配合の妙で、モデルクラスの美しい外観を誇る、羨ましいHappy Fewだっている。生きる芸術作品、眺めているだけで感嘆と溜息の出る空間、享受する眼福の時間である。けれど、花の色は移りにけるな、いたずらに、である。

つまり、キレイは、個体の生殖適時期に合わせた、遺伝子のストップ・ウオッチが設定した通過儀礼のlimited editionである。瞬時にして世間一般に戻る宿命を覚らずして、いつまでも外見不変の夢に迷ってアキレス腱損傷や脚を骨折する者多し。骨粗鬆症における脆弱性骨折は聴くも涙の物語ならん。

美は表象ではなく、意志なのである。見えない美しさに目覚めれば、運命は一転する。即刻のパラダイムシフトによって、美は最強のエイジレスとなる——香りがエッセンシャルと称されるように。本質は肉眼で捉えられるものではない。美とは心の美的感性で感じ取るものである。心に対してしみじみと響き、深い感銘を与え、心穏やかにするものは美しい。

真骨頂は〝心の美学〟Esthétique du cœur（仏語）であろう。生き方そのものの美しさの追求にある。他者への深い慈愛。真理の探究。あるいは潔さに徹するスタイル。何か一つでいい、人生を捧げて打ち込めるものを見つけ、己が生きる意義、生きがいといったものを確立しその道を美学に昇華して生き抜くのだ。

社会的な欲求である権威・権力・財力などや、立身出世の志は、自分自身の価値観を社会に認めてもらうための手段であると考えられる。真の美学は、こうした社会的な欲求や実際の評価とは全く無関係に、心の美学によって創造されるものである。勝ち負けではない。負け姿にだって美学を宿すことは可能だ。

蘊蓄《うんちく》なんて必要ない。ただ美味しい野菜を、愛する人たちや気のおけない仲間たちと、楽しく語り合いながら食してこそ、野生のセンスと心の美学は覚醒するのだ。

奇跡の蕪にタネ明かしはあるのか？

岩本パートの締めは、やはり奇跡の蕪の秘密についてであろう。

奇跡の蕪。それがいかなるものかについて、いろいろと述べてきた。それらは現象であり、事実であり、生産者や調理人といった奇跡を目撃した人々からの物語であった。しかし、私はことの本質にまだ到達していない。本質とは何か？　奇跡の蕪が出現した理由である。

私は医師としての習い性からも、コトの原因と結果を科学的に説明する責任を感じる。エビデンスが欲しい。エビデンスは手に入らないかもしれないが、少なくとも農業の土台である作物と土壌の関係の基礎について、聞きかじり程度の知識は必要と思ったのだ。なにしろ相手は「寒山拾得」なのである。

ツテを頼って、東京農業大学に高畑健先生を訪ねた。先生は農学部農学科園芸学研究室教授である。話の接穂として伺ったのは、ペルーのアンデス山脈を原産とするスイカとメロンを合わせたような果実野菜の〝ペピーノ〟。これを日本の土壌でより美味しくする研究に成功し、最近特許を取得されたという。ペピーノは挿し芽によって増やしていくが、挿し芽をする際に茎をリング(ワッシャー)に通して、茎の一部を一定以上の太さにならない〈茎締め〉の状態にして負荷をかける。根の量が少なくなると同時に吸水量も減って、果実がジューシィで甘くなるという案配。私の問題事項にぴったりの人物とお見かけした。

高畑先生の見解によれば、山下氏のように日本野菜の種を外国の土壌で育てたとして、より美味しくなることは大いにあり得るという。土壌や気候の違いは大きいが、厳しい処であればあるほど、野菜たちはストレスに耐えようと養分を蓄えるし、水分が少なければ少ないほど身が引き締まる。糖の含有量が同じならば、水分があり過ぎると甘くなくなる、と。

昼と夜の温度差も重要。夜が暑すぎると、植物は呼吸過多となって余分に水分を吸うことになり、昼間の光合成で作ったエネルギーを消耗してしまう。夜は寒い方がいい。寒さに耐えようとミネラル分やビタミン類を余計に蓄えるし、根の吸水量も抑えられて糖度が上がる。冷害にならないほどの、ほどのよい寒さは美味しさの秘訣となる——おっと、パリの寒暖差が功を奏したのか！

「ブドウはよく言われますが、ホウレンソウやキャベツも、果物も同じような原理です。ペルーのマンゴーなんて、感激するくらい甘くて美味しいですよ」と、高畑先生。


収穫のタイミングも重要である。昼の光合成でたっぷり蓄えた養分は、夜になると貯蔵器官である果実や根に移行する。だから、大根などの根菜は、明け方、できれば明るくなる前の、気温が低い時に収穫するのがベストである。逆に葉や茎、植物の体幹に当たる部分の収穫は、日中たっぷり光合成を済ませてからの、夕方が格段にいい。

山下氏が「野菜は朝採りがいいとは、一概に言えない。ホウレンソウなどは、夕方採って、翌日の昼に食べるくらいが美味しい」と言っていたことを思い出す。


追肥をしない件については、実際に栄養失調気味にしておくと根がよく張るという。それだけでなく花芽分化（成長点で葉を形作っていたものが、花を形作るように性質が変化した段階）も起こりやすくなる。危機感からの種の保存の渇望と考えられる。

切り花を長持ちさせるために、ほどよくストレスにさらすという手法があるのも教わった。それは切り花の茎を切った後、すぐに水につけないでしばらくそのまま空気にさらすことだという。少し萎れさせると、花は、根から誰かの手により分離されて、命の限りがすぐそこ、という自分の状況を理解するという。限りある命を全うしようとする。その後の〝日持ち〟や〝瑞々《みずみず》しさ〟が格段に違うのだそうだ。

30年ほど前に提唱され、最近再び話題となっている植物同士のコミュニケーション「トーキング・プラント説」についても、興味深くお訊きした。高畑先生ご自身、ペピーノを育てていて不思議な光景に出くわすことがある。たまに、ただ一つの苗だけにアブラムシが群がっていて、両隣には全くいない場合がある。被害を受けた苗が（自らは犠牲になって）何らかの危険信号を発し、そのシグナルを感受した周囲の苗が、虫が避ける匂いを発しているらしいのである。そんな経験をした農家も多いと聞く。

混植や、相性のいい複数の種類の野菜を育てることは、土壌にとっても理想的であるとのこと。特定の科の植物を同じ場所で作り続けることで起こる、土壌中の成分バランス崩壊や微生物の偏り等の連作障害が回避できる――いくつかの仮説はほぼ正しかったようだ。

日本野菜の種子がヨーロッパ寒冷地に蒔かれた結果、美味しくなったことは事実だとしても、まだ普遍的真実とはいえない。同じことをすれば、誰もが皆、山下農園の野菜のようになるとは到底考えられない。種子・土壌（特に土壌菌叢）・水質・気候やハウス内部環境条件などの組み合わせを分析してからことであり、それだけの条件でいいのかも未知数だ。全てが計測可能な有形の要素だけではなく「無形」の要素も重要な役割を果たしている。この「無形」の要素とは、長年の経験や勘、文化や伝統、そして何よりもその土地や作物への愛情や敬意といったものだ。これらは具体的に数値化や規格化することができない要素で、長い時間と経験を必要とする。それこそが「職人技」なのだ。であれば、「言葉にして解明しよう」とした私の目論見自体がミッションインポッシブルであったのか。

いやだからといって、その要素を言語化して理解しようとする取り組みとする試みが、不可能だとは限らない。むしろ「無形」の要素を理解することは、より豊かで質の高い農産物を育てるための新たな視点を提供する。その視点から、科学的アプローチと「無形」な要素が融合した新たな農業の可能性を探求することが次の一歩になるかもしれない。

今回の考察はここまでとしよう。次なるサイエンスベースの展開にバトンを渡したいと思う。であっても好奇心と探究心こそが、発展のカギになることに変わりはない。

第10章

野菜作りから人づくりへ

Asafumi Yamashita

パリで生まれた奇跡の日本野菜

「山下農道」の神髄

⚜ 未来のスター

山下農園の野菜は三つ星レストランに納入されている程なので、苗作りの段階からさぞかし厳選して栽培しているのだろうと世間では想像しています。でも実際は……。

毎年の春先に夏野菜の定植を終えた後の私の楽しみは、余分に作った夏野菜の苗をパリ日本人学校に持って行き、授業の一環として生徒達と植え付け作業をする事です。

野菜の苗は全てに対して同じ気持ちで育てても、バラツキがどうしても出てしまいますが、私には不出来な苗をどうしても破棄する事ができません。

パリ日本人学校中学部で行ったアウトリーチの様子を紹介します。中学生達は私が事前に配布した種を使って苗作りにチャレンジしました。先生達も苗作りは初めての試みでしたので、出来栄えはあまり芳しくありませんでした。私からも自分用に作った余りの苗を持って行きました。私の苗の中にも不出来なものがいくつかあります。農家は作柄を考えると不出来な苗は予め破棄に回しますが、常々私は「どんな子にも一度はチャンスをあげる」ことにしています。そこで、苗の定植前に不出来な苗を題材にしてこんな話をしました。

体育の授業では、足の速い子はいつも注目を集めますが、走るのが苦手な子にとっては辛いだけの時間でしょう。

運動会の花形は全員参加のリレーですが、足の遅い子にとっては恥晒しにも等しい憂鬱な種目です。

いざ！リレー競技が始まりました。（接戦の演出を図る先生の配慮で）足の遅い子のいるチームは前の選手らの力走で、トップで足の遅い子にバトンが渡ります。その瞬間にチームメイトは最悪のシナリオをイメージし、対戦相手のチームはここで挽回できると沸き立ちます。しかし、足の遅い子が予想外の頑張りを見せ、なんとかビリにならずに次の走者にバトンを手渡せました。そのシーンは、実力通りの力を発揮した俊足の生徒の輝きよりも、足の遅い子の頑張り、負けない事の美しさが勝り、広がる感動の波が悪目立ちを恐れていた生徒を一躍スターに変貌させるのです。

不出来な苗からは売り物になるような作物が育ちにくい事は経験上知っていますが、全ての子に平等なチャンスを与えることで、お金に換算し得ない経験ができる機会もあるのです。

私は、それも農業の一部だということを知って欲しかったのです。

生徒達の定植作業の終わり間際に、私の作った一番不出来な苗がポツンと残されていました。それを見つけた何人もの生徒が「未来のスターを、私に植えさせて！」と手を挙げて集まって来ました。

農業体験用の苗

日本の新年度4月になりました。

一昨日の天気予報では最低気温が2℃だったのですが、前夜は星空で放射熱のせいで朝見たら畑が白くなっておりました。

それでも最後の氷点下の朝だと決め打ちをして、準備していたキュウリ、ナス、ピーマン、トマトなどの果菜類の苗の定植を開始しました。

山下農園は少量生産でトマトだと大玉は赤とオレンジの各1種類を混植で1畝に計10株、ミニトマトは10種類で計18株。ナスは千両ナスと白ナスが各1畝で10株ずつ、キュウリも同様です。

マスクメロンは9粒の種が全部発芽して苗になったので9株で今年の生産は9玉になります。

苗の準備は日本への一時帰国から戻る2月中頃に開始し、山下農園での必要量よりもかなり多くの種を蒔きます。

発芽率が100%では無い事も理由の一つなのですが、余分に用意するのは私の作った苗の行き先があるからなのです。

日本野菜の苗の販売をしているのではなく、贈答用です。

家庭菜園をやっている友達や昨年からはゴルフナショナルの敷地内でグリーンキーパーが作っているミニ菜園にも差し上げているのですが、本命はパリ日本人学校の子供達に農業体験の教材用に準備している苗なのです。

農業体験は小学2年生と中学生に対して指導授業をするのですが、子供達全員に最低1株は何がしかの苗が行き渡る様にと準備を心がけています。

山下農園では毎年パリ日本人学校の小学生の社会科見学の一環としての訪問を受け入れています。

小学校低学年ですが、農園訪問の予習として農業の勉強も少ししている様です。

パリ日本人学校小学２年生の遠足、山下農園にて

私の周りに集まっている子供達にこんな質問をします。

「知っている野菜の名前を挙げてご覧」

子供達は口々にトマト、キャベツ、ニンジン、ジャガイモ等々発表します。

ひと渡りの発言が落ち着いて来た頃に私が引き取って、

「沢山の野菜の名前が挙がりましたが、それらは果菜類、葉菜類、根菜類の様に主に食べる部分で分類します」

ここまでは単なる知識の伝授です。

勉強はこれからです。

学校では様々な教科を通して色々な事を学びますが、その中には好奇心を刺激する教科もあれば、全く興味の湧かない教科もあります。

子供達の殆どは強いられて覚えさせられることを苦痛に感じ、

「何で勉強しなければならないの？」

「勉強は何の役に立つの？」

と疑問を抱きつつ毎朝登校するのです。

小学校で総花的に学ぶ教科をそのまま活かせる職業は小学教諭だけで、殆どの人は学んだ事の殆どを捨てて専門分野を選びそれを職業にします。

学校から始まる学びの場の真の目的は、生徒一人ひとりが「自分自身を知る」切っ掛けになる事に尽きます。

小学校では幅広く、中学ではより深く、高校で文系か理系の選択をし、大学で選択したものを深めるという流れが一般的だと思います。

自分自身を知る為には幅広い知識、深い知識の習得は未来へ進む際の選択肢を広げ、バランスの取れた判断に寄与します。

好きな事と同時進行で対極の嫌いな課題をクリアすることで達成感を得られ、克己心が鍛えられます。

達成感は個人的な好感、克己心は個人的な資質が得られるという利益に繋がります。

成金が品性下劣な行動を取る姿は風物詩のように度々目にします。

多くの人に価値のあるお金を短期間に大量に手に入れてしまった成金は、謙虚さ、精進する事、他者への思い遣り、慈愛、子供の頃の友人など皆が大切にしている価値観を失い、彼の手にしたお金だけが目的の人々に囲まれることになります。

人は須《すべか》く得たものと同等な何かを失う事でバランスがとれているのです。

その逆も真なりで、長年の学習を通して得て捨てた知識の質と量に比例して、自分自身を理解するという究極の専門性の価値が決まるのです。

「果菜類、葉菜類、根菜類などの分類のお話をしましたが、別の分類の仕方もあります。好きな野菜と嫌いな野菜という分類の仕方です」

親の立場からは苦手を克服させたいと願いますが、子供自身に好きな理由、嫌いな理由を考えさせることが、子供が自分自身と向き合う一つの切っ掛けになります。

野菜を通して子供達が知識から知恵を生み出す姿に立ち会える事は、私にとっては農業の醍醐味だと思っています。

今年度はどんな子達と出会えるのか？　楽しみでなりません。

国際人の資質

「島国日本」という表現は、日本が国際社会から孤立しているとの印象を国民に認識させる為に使われています。

確かに日本は物理的には孤立していますが、大陸で地面に引かれた線（国境）で隣接している国々の中で経済的、文化的、精神的に孤立させられている国々は世界中にあります。

物理的な孤立よりは、学校でのイジメの様に隔離の許されない集団の中での孤立はより深刻です。

度々日本では国際化を推進すべしとの論が報じられます。その論点は、主に資源の無い日本は貿易によって存続が担保されるという説です。つまり、外国相手に金を稼ぐことが善という事なのでしょう。

GDPが世界2位だとか3位だとかが話題に上りますが、それが国民一人ひとりにとってどんな価値があるのでしょうか？

日本は思わされている程小さな国ではなく、程良い緯度に位置するので明確な四季が有り、海に囲まれているので海の幸も山の幸も豊かです。

ガンガンと海外に進出して外貨を国内に溜め込まなくても、「足る事を知る」という日本の考えを思い返すだけで、国民は須《すべから》くそこそこ幸せな生活を営める筈だと思います。

フランスで生活している私が日本の国際化に異を唱えている様な文章ですが、私自身は日本の国際化は今後も進めていくべきだという考えです。

その一番の理由は、長年の海外滞在中に日本人だからという理由で他人から理不尽に指を刺されたり、石を投げつけられたりしたことが、フランスだけでなく、アメリカやメキシコなどアメリカ大陸やヨーロッパ諸国での滞在中一度も遭遇したことが無い事です。

それは私の立ち振る舞いの是非では無く、単に先人達の行動に由縁されることばかりです。

私自身も後に続く未来の日本人達に引き継いでいける様に、慎み深い行動を心して過ごしているつもりです。

日本で英語教育の若年化がどんどんと進められています。

英語は国際社会で使われる頻度の高い言語なので、習熟する事は是とは思いますが、ネイティブのような発音が果たしてどれ程有利なのでしょうか？

英語を母国語としている国々は沢山あり、それぞれの国では独特の言い回しがあるので、どの国の発音がネイティブ・イングリッシュとされるのか？大いに疑問ですし、アメリカでも地域によって大きな差異があります。

東京人が下手な大阪弁を使うと大阪人から馬鹿にされる様なことが、英語でも起こりうるのです。

外国語が苦手な日本人の親達は自身のコンプレックスの裏返しで、子供に英語がペラペラになる様に熱心に教育しますが、海外で重用されるのは流暢な英語ではなく、語られる「内容」のみなのです。


英語がペラペラになるのは結構ですが、ペラッペラな英語にならない様に、自国の事を学ぶ事を最優先にした教育が日本人の国際化に寄与する一番の肝だと断言できます。

国際人とは滞在国の言語を操れ、滞在国の知識に造詣が深い人のことではなく、言語が拙くても如何に自国の事を説明出来るかの資質が問われるのです。

確かに滞在国の言語をネイティブ並みに操り、滞在国への理解度が高ければ、その国に溶け込むことは容易になりますが、それはその国にとっては至って普通の状態になることで、何ら特筆すべき要件とはなり得ず、本人は溶け込んだつもりかもしれませんが、側から見たら埋没してしまっている状況とも言えます。

マイノリティの日本人が海外で埋没した生活を送るくらいならば、自国に帰国した方が、海外生活の経験を活かして面白可笑しい生活を営める機会が多いのかも知れません。

フランスかぶれやアメリカナイズされた人が国際人の様に思われがちですが、とんでもない錯覚だと思います。

外国に住んでいながら、胸を張って、日本人として生きていける人が真の国際人ではないでしょうか？

私は高校生の頃から帰国子女の知り合いが多かったので、彼ら・彼女らを特別視した事はありませんでした。

普通の帰国子女に対するイメージは「はっきりと物をいう子供達」と思われています。

確かに、海外では日本式の「子供は黙っていろ！」という感じが薄く、子供達は自分の考えを付度無しに表明する場面を度々目にするので、その点では当たらずとも遠からずとは思います。

その傾向は海外で日本人学校に通っていた子供達よりも、現地校に通わされていた子供達、特に海外1カ国ではなく、複数の国々を渡り歩いてきた子供達に顕著です。

表面的に見れば、「自分の意見をしっかり持っている」と思われがちですが、内容は自分の単なる好き嫌いを通そうとしている事が殆どです。

帰国子女の多くは自分の意見を構築する為の「アイデンティティの欠如」に苛まれているのでしょう。

それも宜《むべ》なるかなで、アイデンティティの素はその人の価値観で、それが良きにつけ悪しきにつけ定まるのは概ね18歳くらいなのですが、幼少期から思春期に掛かる大切な時期に親の都合で文化の違う学校をたらい回しにされるのですから、たまったものではありません。

国内の転勤族の子女にも多少同じ様な傾向が見られますが、同じ文化圏ではなく海外ですと影響はさらに大きなものです。

こと教育に関しては、多様性よりも一貫性の方が子供の人格形成には重要だと考えます。

日本の教育をフランスで

私は日本生まれの二人とフランスで生まれた末っ子の三人の娘をパリ日本人学校に通わせました。

それは、子供達が将来どの国に住むのかは自由ですが、日本の心を宿してあげたかったからです。

パリ日本人学校の生徒の内訳は大半が駐在員の子弟・子女達で我が家のようなフランス居住者は少数派です。

実際にはフランス居住者の総数は駐在員の総数を圧倒している筈で、学齢の日本人の10%程度しか日本人学校に通っていないという統計数字もあります。

海外での日本人学校の設立には、海外で商売をして外貨を稼いでいる日本企業からの要望を受けて、文科省が動いたのだろうと想像しています。

しかし、海外の日本人学校の殆どは義務教育という縛りの下に小中学校までしかありません。価値観の定まってくる一番大切な思春期の3年間の教育機関が不在なのです。

ここで、何故フランスで日本人向けの高等学校が必要なのかを制度面からお話ししましょう。

日仏の文科省同士の提携で、日本の高校卒業資格取得者はフランスに於いてバカロレア（Baccalaureate）という国の定める高等学校教育修了認証試験合格者と同等の扱いをすると定められております。

つまり、日本で高校を卒業した生徒はフランスの大学入学資格が与えられているという事です。

これは誠に結構な事なのですが、フランスでは中学卒業時にブルヴェ（Brevet）というバカロレアの中学版の試験が実施されるのです。

高校に進学する為にはこの試験にパスしなければなりません。

この部分での日仏の文科省同士の連携が不備なので、日本の中学卒業者にはフランスの高等学校リセ（Lycée）の入学資格が無いのです。

日本人でもブルヴェ（Brevet）を受験できますが、試験は当然フランス語で行われ、日本人学校を3月に卒業後2カ月余りの準備期間で6月に実施される試験に合格できる確率はほぼ0％と言えます。

つまり、日本人学校中学部卒業者にはフランスで普通に高校に入学する道が閉ざされているのです。

もっと厳密に言えば、日本人学校の中学卒業者はブロヴェ（Brevet）を持っていないので小学校卒業扱いになってしまいます。

フランスに居住している子女を日本人学校に通わせない大きな理由は二つ考えられます。

第一の理由は経済的な問題でしょう。

フランス居住者は日本人であっても公立の学校はフランス人と同様に無料で通えます。

パリ日本人学校ですと、授業料の他に通学バスの料金も負担しなければなりません。

第二の理由は条件の緩い月謝の極めて高いインターナショナル・スクール以外には日本の中学卒業資格で無条件に通えるフランスの高等学校が無いので、子供を学歴弱者にしてしまう恐れがある事です。

フランスに居住している学齢の子供は、親に連れてこられた子もいれば、フランスで生まれた子もいます。

私の願いは、どの子達も日本にルーツがある事を認識し、それを誇りに思い、将来の日仏の架け橋の橋桁を担って欲しいことです。

国籍の問題ではなく、心根で、日本人で居続けて欲しいのです。

「誇り」というものは、他者との優劣を示すものではなく、違いを尊重することなのです。

フランスは多民族国家なので、フランスの社会に溶け込む事は然程困難ではありませんが、雑多な移民達の中のOne of themで良いのですか？

もし、自身がフランス人から尊重され、際立った存在になりたいのならば、フランス人の求める姿を示す事です。

それは、日本の優れている所を紹介し、日本を愛する姿勢を保つ事です。

その理由は明確で、どの国の人でも自分のルーツに愛を寄せられない人は信用も尊重もされないからです。

結婚相手を選ぶ場合、家族仲の良い家で育ったのか？ギスギスした家庭で育った人か？どちらの方が長く続く結婚生活のパートナーとして相応しいのか？と同じなのです。

自分のルーツに否定的な人は、国の内外を問わず信頼されないのです。

フランスの文化的に特筆すべき優れた点は、出所如何に関わらず優れた物に対して尊重し敬意を示せる事です。

そうする事でフランスの文化が更に発展することを知っているし、その姿勢が示されている事で、世界中から優れたものがフランスに流れ込んでくるのです。

それを消化吸収して出来たものがフランス文化の体躯で、フランス人はそれを誇りに思っています。

日本料理がフランスの料理に与えた影響は誰しもが知っている事ですが、日本料理という異文化のインパクトから生まれたグランシェフ達のイマジネーションの展開が食の景色を華やかに一変させた料理史に残るフレンチのヌーヴェルキュイジーヌは、日本人としても誇らしい稀有な文化交流の成功例でしょう。

日仏の架け橋の橋桁を日本が大好きな人々に支えてもらう為に、せめてパリに日本の高校をという願いは、前進を見せずに30年以上経過しておりますが、その間些かも諦める事なく願い続けています。

ここに来て、群馬県前橋市に海外日本人学校の卒業生の進路に新たな選択肢をという話をさせて頂く機会が訪れ、山本龍・同市市長を始め創立130年超を誇る共愛学園前橋国際大学の大森昭生学長とも問題意識を共有出来る兆しが芽生え、大きな一歩が踏み出せる希望が出てきています。

立ちはだかるハードル

私の末娘の瑛子はパリ日本人学校卒業後に日本の高校の通信教育で高卒の資格を取りました。中学校の同級生達の殆どは母親と日本に帰国受験をして日本の高校に通いましたが、我が家にはその選択肢は無く、高校卒業資格を親元で取らせる事を決めました。

通信教育でも年に一度はスクーリングで学校に集まるスケジュールになっていたのですが、コロナ禍で3回のスクーリングの機会の2回が失われてしまったので、娘には高校の同級生の友達が一人もいません。

パリで高等学校の設立を目指していますが、全日制の普通高校まで視野を広げるとハードルが高すぎて実現性が遠のくし、高校時代の友達が出来なかった娘の様な思いもして欲しくないので、スクーリング回数の多い通信制の高校を考えています。

通常の授業はオンラインやオンデマンドでカバーできますが、スクーリングには校舎が必要になります。

理想はパリ日本人学校とコラボをして間借りをさせて貰う事です。

パリ日本人学校はバブルの頃は生徒数が多く、パリ市内で小学部、パリ近郊で中学部と分離された運営がなされていました。

平成2年（1990年）にパリ近郊のサンコンタンに700名の生徒を受け入れることのできる規模の小中一貫の校舎が建設されました。

その年に上の娘メロディが小学1年生で入学したその日から高等部が無いことの問題を提起しておりました。

その当時は、アルザス地方に成城学園、ロワール地方に甲南学園が高校を運営しておりましたが、生徒数の減少から後に撤退してしまいました。

パリ日本人学校も御多分に洩れず、生徒数の減少傾向に歯止めが掛からず、現在は小中合わせても150人程度の小所帯にまでなってしまっています。

小中学部と同じ校舎に高等学校が入れば中学卒業後の進路の新たな選択肢が出来ることで、生徒数の増加も見込まれるだけでなく、余っている教室を賃貸できることで収入にも繋がるので良いことづくめの筈なのですが、強固なハードルが立ちはだかっているのです。

理事の一人でフランスに永住を決意している旧知の友人を通じて、パリ日本人学校の理事会に諮って貰ったのですが、理事長を筆頭に大半の理事が反対しているのです。

理事会の構成は校長、親師会会長の他若干のフランス永住者が名を連ねておりますが、大半が日本の大手企業の支店長など駐在員です。

駐在員は本社の意向で何時異動になるか分からないので、長期的な展望に関心が無く、新たな取り組みには常に批判的な傾向があり、校長も3年任期が決まっているので、歴代の殆どの校長も同様です。

パリに日本の高等学校をという提言は今回が初めてではなく、以前にも行ったことがありました。尤も、前回の提言案はパリ日本人学校に高等部を増設するという理想の案だったのですが、今回は昨今の生徒数減に伴う財務体質の劣化を踏まえて、学校側に財政的な負担の無い新たな形を示したのですが、理事会からは私に対して何故か？一貫して「聞く耳持たずの門前払い」の残念な対応が続いてます。

パリ日本人学校は娘達の母校で、計18年間車で送り迎えをしていました。

農業を始めてからは学校菜園用に使わなくなった耕運機を寄贈し、毎年自分で育てた苗を使って農業実習の授業をさせて貰い、小学生の社会科見学で農園訪問を引き受けたりと、長年に渡り支援させて貰っているので、無念な気持ちでいっぱいです。

そもそも海外の日本人学校の設立目的は海外進出企業に対する福利厚生の支援だったのでしょうし、高校進学は企業負担で帰国させるケースが圧倒的なので、駐在員にとっては必要性に欠けると考えているのでしょう。

そもそも高校進学の為に母子だけ帰国するというのは、形式的には家庭崩壊だと思うのですが……。

永住している日本人の子弟・子女も同じ日本人で、その子達にも平等に日本の高等教育の機会を与える事に反対するメンタリティが理解できません。

所詮、駐在員は赴任期間中に本社にとって最大限の利益を上げる事が目的なのだから、基本は自分達の利益しか考えておらず、本業に関係の無い未来の子供達の選択肢の提示という新規の案件は、業務の追加という不利益判断がされるのでしょう。

「パリに日本の高等学校を！」の提案は夕べに思い付き朝、話している訳ではなく、現在の校舎が出来上がった初年度から30年以上、子供達が卒業してからも関わりを持ち続けていたので、3年任期で交代する校長10代以上にその都度提案を続けて今日に至っておりましたが、校長から学校経営の決定権を持つ理事会に上げられた事は殆どありませんでした。

過去に一度、日立フランスの社長を務め、フランス永住を決めて退職後日本人会会長を務めた理事の一人だった友人の浦田氏が、パリに日本の高等学校を設立する意義に共感し、理事会での検討を提案したのですが、他の理事達から荒唐無稽だと一笑され瞬殺された、と私に伝えて来ました。

時は流れ、皮肉にも末娘がパリ日本人学校中学部を卒業した直後に赴任された校長と出会う事で、実現に向けた検討を進める流れが生まれました。

小野江隆前校長は、現在海外唯一の日本人学校高等部（中国・上海）の設立時に蘇州日本人学校の校長として、上海高等部に卒業生を高校に送るなど、高校設立時の実態を知る経歴をお持ちなので、設立の具体化に向けた様々な課題や問題点の指摘を頂き、学校長を退任され帰国された現在も、前橋市との協議にもズームで参加して頂き、緊密な連携が続いています。

この30数年来の「パリに日本人子弟の為の高等学校設立を」の願いは、思い出してはトライし、跳ね返されて失望しの繰り返しではなく、実現を目指して機会がある度にフランスでもそして日本でも訴え続けて来ました。

この思いは、地中で湧き出す水が石灰分を溶かし、洞窟の中で急がず弛むことの無い一滴毎の滴りが、何時しか鍾乳洞という美術品を作る働きに似ているのかもしれません。

もし、滴の積算全量を一気に洞窟に注入したら、山崩れが起こってしまうかもしれません。

このサプライズとは無縁で、何気ない繰り返しの経過が作った鍾乳石を、海外に住む未来の日本人の子供達に届け、それを愛で各々の人生に役立てて貰いたいという願いがこの構想の骨子なのです。


パリに日本の高等学校をという取り組みの理想の形はパリ日本人学校とのコラボですが、昨今障壁の高さを痛感させられています。

しかし、こんなことで未来の子達のために諦めるわけにはまいりません。

次善の案を考え始めています。

山下アカデミー

山下農園の在るシャペ村は人口が僅か1400人程で周辺のコミュニティと比べても小さな村です。シャペ村の現村長（ブノワ・ドゥ・ローレンス）が、前回の村長選の立候補中に私を訪ねてきました。私はフランス国籍を取得して無く、選挙権も無いので何故？と思いましたが、わざわざ訪ねて来られたので、家にお通しして話を伺いました。

今回の選挙で自分が村長に選ばれた暁には、シャペ村の発展に協力して欲しいとの要請でした。村長の構想は、有名な農家山下の農業を継承する若者を育てる農業大学（アカデミー）を作りたいというものでした。我が家から徒歩15分くらいの所に、2年前病院として使われていた小さいけど素敵な城があり、敷地は東京ドーム2個分（7ha）に加え使用可能な農地も11ha有ります。城は村の所有物件では無いものの、私の知名度を使ってシャペ村のイメージアップを図れるように有効活用したいというお考えでした。

同時に、私を通して日仏の文化交流を進めたいとの意向も示されました。

山下アカデミーは昨年（令和4年）アソシエーションとして設立を完了し、実施に向けて動き出している所です。

農学部：
本科は農業高校卒業者など18歳以上の有資格者対象の1年コースを考えております。
私自身が誰からも教わらずに自分の農業を作ってきた経験から、自分自身の考えた農業を作る為の手助けとして、最新の農業技術の試行とその評価など、短期集中の1年間が妥当だと考えております。

山下アカデミーの候補地「グリニオン城」とその付属物©Alexandre Petzold

別科（1）：

児童向けのコースで対象年齢は10歳以下、農業を通しての情操教育です。情操教育は、子供が価値を理解できるようになってからでは遅すぎます。フランスの公立の小学校は夏・冬のバカンスの他に、5週間の授業と2週間のミニバカンスが繰り返されます。学生寮の準備も考えておりますので、繰り返される2週間のミニバカンスの過ごし方としての提案です。

別科（2）：

年齢の制限はなく、引き篭もりなど社会不適合な精神的問題を抱えている人に、土と触れ合うことで得られる心の安寧の効果と、基礎的な農作業を学ぶことで、人手の足りない農繁期に農家に就職を斡旋することで、社会進出を支援するコースです。

山下アカデミーの取り組みとして斬新な点は、フランスの学校は通常は9月が新学期ですが、敢えて日本の様に4月始まりにする事です。

1年制の農業学校で9月始まりは不合理的なのです。その理由はパリの9月の気候では、冬野菜の準備として年内最後の播種機会で、9月始まりの6月終わりのスケジュールだと、農閑期に向けてスタートし、農繁期の前に終了という、夏野菜の栽培に関わることが出来ないことになってしまいます。純然と農業のタイムスケジュールだけを考えたら、旧暦の正月、節分辺りがベストなのですが、メンタリティとしては4月にならないと新たな意欲の芽吹きを感じられないのは、日本人もフランス人も一緒です。

本科の授業は（短期の休暇は分散して取得）4月から通しの12カ月にします。

山下アカデミーには毎年若干名の日本からの留学生も募集する予定です。

日本料理専門学部：

日仏文化交流の促進という村長の思いを尊重して、日本以外でまだ例の無い、日本料理専門学校の導入を計画しています。

フランスでは近年日本料理への関心がますます高まり、パリとパリ周辺だけでも日本料理店は2000軒以上ある筈です。しかし、その内の95％以上のレストランは中国人や韓国人経営というのが現状です。もし、日本料理を好きになったフランス人の若者が、将来生まれ故郷で日本料理のレストランを開きたいという夢を持ったとすると、かなりの確率で日本語を一言も話せない、日本に行った事もない、本当は日本が大嫌いと思っているかも知れない中国人や韓国人の料理人が彼らの師匠となってしまう懸念が在ります。

日本人が大切に守ってきた日本料理文化が好ましくない形で、一旦拡がってしまったら、取り返しがつかないので、私は、喫緊の課題として問題意識を持っているのです。


山下アカデミーの構想の特筆すべき点は、私が言い出しっぺではなく、フランス人から日本人の私を通して日本の事を学びたいという希求に何とかお応えしたいという事で進められているという事実に価値があると受け止めています。

この話を最初に伺った時の第一印象は、「えっ？　何で私？　私で良いの？」と思いました。

自分自身は一日本人だという意識は持っていても、日本を代表する一人だと考えたこともないどころか、浅い知識と経験、至らない資質など改善していかなければならない点ばかりだからです。

でも、一旦自分と切り離して、在外日本人の一人に対するアプローチという観点から考えると、日本人がフランス人からかくも尊重されている状況は、光栄なことであり、稀有な事でもあることに思いが至り、日仏双方の若者達の未来に私でも何か寄与できることならば、力を尽くしたいと思う様になりました。


それまでの人生では自分の求める事を実現したいと願って、過ごして来ましたが、まさか70歳を前にして他者からの求めを実現する為に気持ちを向けるとは想像していませんでした。

これは単に農業に従事したお陰だと考えると、このプロジェクトもこれから種を蒔いて育てていく農作物だと思えるようになって来ました。

フランスで学校を作るという大きなプロジェクトで、資金面も含めてまだまだ課題がありますが、実現に向けては様々な人々からの支援が必要です。

海外在住の日本人に一番求められている事は、正しく日本を伝える事に尽きます。私の培ってきた経験が、日仏の相互理解と友好親善に寄与し、次世代の若者へバトンを繋げて行くことは、私に与えられた使命なのかもしれません。

このアカデミーが発足した暁の私の役割は……？　点在する実習農場で時々見かける、「いつもニコニコ笑っている日本人のお爺ちゃん！」かな？

フランス人の研修生、トリスタンのこと

シャペ村の村長発案の山下アカデミー（農業大学）設立に際して、私から一つ条件を出しました。それは、設立から運営に際して、推薦したい人材が居るので彼を中心メンバーとして迎えて欲しいという申し出でした。

もう3〜4年前になるでしょうか？　シャペ村に住むトリスタン・ジェローという名前の青年が農園を訪ねて来ました。彼はフランスでは最高難度の農業大学、アグロ・パリテックの生徒で、学校のカリキュラムの一環として山下農園で研修させて欲しいとの申し出でした。

山下農園では過去に何回か短期や長期の日本人の研修生を迎えた経験があるのですが、残念ながら良い思い出がありませんでした。研修生を受け入れる際には、研修生にミスは付きものだと織り込みつつも、誠心誠意丁寧に対応していたつもりなのですが、私の不徳の致すところなのか？研修を終えて巣立って行った若者達の一人として、その後は梨の礫で年末年始などの挨拶すらないのです。

老人や妊婦さん、子供達も口にする野菜を作る未来の日本の農業を、人情や礼儀を弁えられない若者達に託すのは如何なものか？　私は研修生を受け入れた事を後悔している訳ではありませんが、もし元研修生達が農家として自立して、研修生を受け入れる立場になった時には、私のように残念に思わない事を願います。

更に何故か？研修生を抱えている期間の山下農園の野菜の味が低下してしまうのです。その原因は詳らかではありませんが、それが研修生の受け入れに二の足を踏んでしまう理由の一つです。

トリスタンからの研修申し込みの際に、大学で専門的に農業を学んでいる学生なので、農業を始めた当初から現在に至るまでの経緯を説明しました。

要点は有機農法のパラドックスと有機栽培からの決別です。世の中の有機栽培に益々傾倒して行く流れを実感している農家として、研修の主題が有機農法を学ぶ事だったら、力になれないし、時間の無駄をさせてしまう事を危惧していました。私は農家の知り合いは数える程しか居らず、日常的に横の繋がりとしてお付き合いをしていないし、農学者とも知己がありません。そこで、私の話を聴いてトリスタンはガッカリしたのではないかと思って彼を見ると、眼差しの輝きには全く変化はありませんでした。寧ろホッとした様な顔付きです。

その姿を拝察して私が理解したことは、フランス農業のアカデミックな世界は有機農業信望者の集合体でないことです。寧ろ、有機農法信望者の説く合理性はアカデミックな世界では不合理だと判定されているケースが多いのです。私の知り合いの農家で有機農家は極少数派で、アカデミックな世界でも同様だとすると、巷を席巻する有機農法のうねりの源泉のカラクリが透けて見える気がします。

トリスタンには考えさせて欲しいと一旦は返事を保留しましたが、彼の礼儀正しさや、真摯な眼差しに心を動かされ、後日研修を受け入れる事にしました。数カ月の研修期間に、農業に対する向き合い方、仕事ぶり、好奇心、向上心の確かさなどなど毎日が嬉しい驚きの連続で、最後はトリスタンだったら山下農園を継いで欲しいとすら思ったほどです。

山下アカデミーは彼が中心人物として動き出しています。彼は今、大学院で博士課程の研究に没頭している毎日ですが、昨年博士課程の開始前に1カ月の休みがある事を伝えられたので、山下アカデミーでは農業以外にも日本の食文化も学ぶ学部も作る予定なので、受け入れ先を決めるので、日本に行ってみないか?と提案しました。

彼のフィアンセがベトナム系なので彼は中国語を勉強していたのですが、私と知り合ってから日本語に切り替えていて、日本に興味津々でした。

彼が向かった先は福井県の越前です。10年以上前から昵懇にさせてもらっている「龍泉」という包丁メーカーの増谷社長の元で包丁の研磨を覚えて来なさいと指示しました。1カ月の研修を終え、福井を離れる時には、トリスタンも龍泉の社長初めスタッフ双方とも目に涙を浮かべ別離を惜しんだと後から聞きました。

トリスタンに包丁研ぎを覚えて欲しかった私の意図は以下の通りです。切れる刃物というのは世界に誇る日本の文化で、この文化をフランスに紹介することで、フランスの食文化の向上に繋げたいと考えています。包丁の切れ味は日本刀に通じ、対してフランスで日本刀に相当するのはフェンシングの剣です。フェンシングは叩いたり突っついたりする武器なので、そもそもフランスにとっては本当の切れ味は未知の分野なのです。

日本でもフランスでも、ステーキを食べる時に一定の割合の人はウエルダン（よく焼いた）を求めます。それは切った時に滲み出てくる血が見たくないと言うのが理由です。ただ、そういう人達でも乾いたようなバッサバサな肉が好きなのでは無く、しっとりとした食感を求めます。もし、シェフが血は一滴も滲まないけど、肉汁も一滴たりとも逃さない完璧なウエルダンで焼き上げたステーキが出て来たとします。でもそこで手にしたテーブルナイフの切れ味が悪いと、切り口が乱雑になり、バッサバサな食感になってしまいます。ステーキだけでなく、トマトなど野菜でも切れる包丁とそうで無いものでは味が変わります。つまり、切れるナイフは料理を美味しくするのです。私からフランス人に向けたメッセージは、「フランス料理をより美味しくしたかったら、今まで通りの調理で構いません。切れる包丁を使うだけで、確実に目の前の料理を美味しく食べられる様になります」

切れる包丁繋がりで、一つエピソードがあります。安倍晋三元総理が現職だった頃、昭恵夫人と会食した時の話題に、「トランプ大統領は、ステーキを食べる時に何時も焼き加減はウエルダンを注文する」と伺いました。そこで、「次回トランプ大統領とお会いする時のお土産に日本の最高の切れ味のテーブルナイフを差し上げては如何でしょうか？」とご提案しました。「もし差し支えなければ、私の友人の会社（龍泉）から首相公邸に送らせていただきます」「フランスでも刃物をプレゼントすると縁を切ると言う言い伝えがあるので、刃物を贈る時には売った事にする為に、少額でも払ってもらいます。ですので、その旨をトランプ大統領にお伝えして、1ドルの小切手を切って貰ってください。そして、その1ドルの小切手を私が頂きたいです」と申し上げました。

その1ドル小切手は、私は絶対に換金しないから、トランプ大統領には損害を与えないのだけれど……。

アカデミーが発足したら、龍泉からの支援も受けて、包丁研ぎ習得コースも開設する予定です。そこにもトリスタンの活躍の場が出来ます。現在、山下アカデミーは実質的に私とトリスタン、それにアカデミーのプレジデントになって貰っている養蜂家のジャック・サミュエルの3人で協議を進めています。

養蜂と王様とのエピソード

ジャック・サミュエルは、山下アカデミーの理事長を務めていますが、養蜂家です。

彼の奥さんは日本人で、ある日ポストにメモの様な手紙が入っていて、山下農園に養蜂箱を置かせて欲しい旨が伝えられました。私自身はメープルシロップ派なのですが、興味が湧いたのでお受けしました。

山下農園には現在養蜂箱は10箱設置されており、収量は天候次第ですが年間100～200kg位です。山下農園産の蜂蜜で最初に瓶詰めされた物は安倍昭恵夫人に進呈し、最初の販売先はカタールの王様でした。王様への販売価格は相当高い値段よりもちょっと高い値段で引き取って頂きました。後に、美味しかったとの王様からの伝言を頂きました（因みに、山下農園産の蜂蜜の商品名は「Honey Trap（ハニートラップ）」です）。

友達付き合いが出来ているわけでは無いのですが、カタールの王様だけでなく、モナコの現国王に私のフランスでの1冊目の本を直接手渡しで進呈した事があります。美術書のような豪華本なので、現在もモナコの王室の書棚に収蔵されていると思います。

別の国の王族とのエピソードもあります。

ある日、見知らぬ人から問い合わせの電話がありました。

「知人からの依頼なのですが、山下農園の野菜を1籠分けてもらえないか？」との事だったので、「申し訳ございません。山下農園の野菜は全て顧客のレストラン向けなので、一般客にはお分けできません」とお答えしました。

電話の主は引きません。

「ちょっと、お話だけでも聴いてもらえませんか？　実は誕生日のプレゼントにしたいのです」

「大切な誕生日のプレゼントに考えて頂けるのは誠に光栄なのですが、それをお受けしていたら毎日が誰かの誕生日なので……顧客に迷惑をかけたく無いのです」

それでも電話の主は引きません。余程の重要人物からの依頼なのでしょう。

「誕生日を迎えるのはモロッコのプリンスなのです」

「えっ！　畏まりました。今回だけ特別にご用意させて頂きます。つきましては次の収穫日は今週木曜日なので、木曜日の夕刻にお越しください」と承りました。

木曜日、我が家の前にリムジンが止まり、籠一杯の旬の野菜の詰め合わせをお渡ししました。受け取りに来た紳士と少しおしゃべりをしました。

「確かに野菜1籠受け取りました。この野菜はこれからオルリー空港に運びます」

空港から直にモロッコのプリンスの元に届けられる贈答品をCAに託すわけには行かず、外交官か軍人に運んでもらうのです。軍人もライフルを担いでいるようなレベルの人ではないはずです。

「この野菜はジェネラル（将軍）に持って行ってもらいます。ただ、将軍は本来は火曜日に帰還する予定だったのですが、受取日が今日だったので、帰還日をずらしました」

山下農園の野菜は外国の軍隊まで動かせるの?ってちょっとびっくりしました。

⚜ 山下アカデミーに日本人学校を

一昨年秋からシャペ村の村長の発案で、山下アカデミーという名の農業大学を設立する話が進められています。このことは前述しました。山下アカデミーでは農業を学ぶ学部の他に、海外でまだ一例もない日本料理専門学校を併設する計画も立案されています。校舎は村にある19世紀初頭に建てられた城が第一候補でしたが、少し離れた所に既に学校としての設備ができている大きな城があり、現在そこも候補に挙がっています。

山下アカデミーに日本の高等学校を併設することは不可能ではありません。

山下アカデミーは日本の事を学ぶ学校で、農業と日本料理は主にフランス人などが対象ですが、日本の事を日本人の子供達が学ぶコースを追加する事は、アカデミーの性格が更に明確になるのかな?と考え始めています。

山下アカデミーの高等学校には幾つかの構想があります。生徒募集はパリ近郊だけでなく、ヨーロッパ全域がターゲットです。

スクーリングの充実した通信教育:

基本的な学科の単位は通信教育で行いますが、同年代の生徒との交流促進を図るために、毎週末にスクーリングを実施します。週末は1カ月で4回あるので、スクーリングの受講は、通える範囲のパリ及び近郊の生徒はどの週末でも結構ですが、第1ウイークエンドはドイツ地域、第2はベネルックス、第3はスペイン及びイタリア、第4はその他の地域の様に割り振り、各々の生徒は月1回のスクーリング受講が必須にします。それでも、3年間で30回くらいはクラスメイトと集まる機会があるので、友達も作れるでしょう。

そして、スクーリングでは体育など団体でする授業や日本文化を学ぶ機会を作ります。文化の授業は、講師の先生を呼んで、和服の着付けの基礎を習ったり、茶道のお手枚、狂言の体験などなど、スクーリング参加の生徒が少ない週末には、日本に興味を抱くフランス人に門戸を開けてもいいかもしれません。

ダブルスクール構想：

制度的には日本の中学卒業資格ではフランスのリセ（高等学校）の入学資格がありませんが、高校の校長が入学受け入れ許可を出せば通学出来るケースもあります。運よく高校に入学できてもフランス人と同等の語学力と知識が無い日本人生徒には進級試験に合格するのは至難の業で、留年させられるケースが頻発しています。

留年させられると、生徒の自尊心が傷付き、それが1回で済めば良いけど、複数回に渡れば、大概の子供は心が折れて学業を放棄してしまいます。平日は自宅近くの高校に通いながら、並行して通信メインで月1回のスクーリングのある高校に通えば、現地のフランスの高校を留年していても、

18歳で高校卒業資格が獲得できるので、留年前のフランス人の友達と同年齢で大学に入学できる様になります。

日本からのインバウンド：
若くして芸術的な才能が芽生えた子供や、15歳から入学可能なフランス料理専門学校など、中学卒業年齢でフランスに留学したい子供の受け入れも可能です。

成年クラス：
フランスでも就職条件に高卒が求められる事が多く、日仏の教育制度の落とし穴に埋没し、学歴弱者のままフランスで生活をしている日本人も相当数いるはずなので、選択肢の一つとして提案したいと考えています。

ChatGPT

AIの発達でChatGPTというツールが開発され、それが教育現場でも取り上げられる機運が高まっています。
今までの教育は教師が研鑽された教育法を駆使して、生徒の興味を誘導しつつ「模範解答」に誘う試みでした。そのプロセスの中で、教師の人格や個性が彩として施され、知識として定着されて来ました。

それがＣｈａｔＧＰＴならば幾つかの検索ワードを入力すれば、直ちにビッグデータの中から抽出され、「模範解答」を獲得出来るようになった訳ですから、これから教育革命が進むのかもしれません。

以前は、ある単語の意味を調べるために辞書を引いていました。目当ての単語に行き着くまでにあいうえお順に字面を追って行き、その道すがらに偶然出会った言葉に導かれ、一遍の詩が紡がれる事もありましたが、これからの世の中ではもう起こり得ないと思われるので、潤いの乏しい未来図に一抹の寂しさを感じるのは私だけでしょうか？

ハイクオリティで利便性の高い製品を大量に供給する事が善とされている昨今。合理性の追求の歩みは加速している様に感じます。

私は野菜の生産者でハイクオリティを求めて日々を営んでおりますが、本当に良い物はそもそも少ししか生産出来ないのが現実ですし、合理性が正しいの？という疑問も捨てきれません。

もし貴方が誰かに思いを寄せ、愛する気持ちを伝えたくなった時に、文豪の恋愛小説の一節を検索して、コピー＆ペーストしてＳＭＳで送信すれば、ハイクオリティと利便性を満たし、スピーディに事足りるはずです。方や、すれ違い際に手渡された、「最近お前の事が気になってるんだ」と切り取られたノートに走り書きされたメッセージと比べると、受け取った側にしたら、どちらの方が嬉しいでしょうか？

もし、いたずらっ子のクラスメイトがノートの切れ端ラブレターを掠め取って、クラス中に喧伝したら、上げた方も貰った方も気まずい思いをしてしまいます。対して、SMSで送ったコピペのラブレターを間違ってクラスメイト全員に一斉送信してしまっても、クラス中に知れ渡る事実は変わりませんが、アナログラブレターには貰った喜びは残りますが、コピペの方で残るのは、「バカな奴」という薄っぺらな軽蔑だけでしょう。

アナログに取って代わるように席巻しているデジタルの先にある世界が求めるのは、温もりを感じることのできるアナログだと信じたいし、信じています。

「型の美しい農家」に

何年も前の話ですが、総理大臣の外遊に同行されていた安倍昭恵夫人を山下農園でお迎えした事があります。

農園のご説明も一渡り終えて、自宅にご一緒する道すがら、昭恵夫人からこんな質問がありました。

「海外でたった一人で農業を営まれ、成功されている山下さんのお姿を拝見できて、日本人としてとても嬉しく思います。今後はどんな夢とかご希望をお持ちですか?」

そのご質問を受けた時の私の即答は、

「私の目指していることは、抱かれたい農民ナンバー1になることです!」

その瞬間の爆笑した昭恵夫人と、「何言い出すんだ! この親父!」とばかりにギョッとした顰めっ面の秘書官たちの様子が面白かったです。

このエピソードは後年雑誌でも紹介されています。

この不躾な返答の意図は、私が「ちょいワル親父」になりたい願望のアピールではありません。「ちょいワル親父」は、高級フレンチに誘ってくれるダンディで格好いい中年男性と言う様なイメージだと思います。

これは私には当てはまらない事を自覚しています。

高級フレンチに行くことは頻繁にありますが、ダンディでもないし、もう爺さんです。

そもそも若い時から、格好いいと言われたいとか、格好良くなりたいという願望は持っていませんでした。

私は食料の生産を生業にしています。

この職業柄、格好いいことは商品価値には結びつきません。

格好良い越前蟹とか格好いいマスカットとか誰が買いたくなりますか？　我々が重用しているのは格好良さではなく「型の良さ」なのです。

格好良さは見た目だけの問題ですが、「型」の良さには内容の良さが外観から窺えるという、経験則から導き出した審美眼に叶うかの問題なのです。

従って、私の求める姿は、格好いい農家になる事ではなく、「型の美しい農家」になるのが最終着地点に定めています。

遥か先の目標になので、弛まずに精進を重ねていきたいと決心している次第です。

エピローグ――「蕪に恋した男」の成功譚

第1章から「奇跡の蕪」の美味しさの秘密を追究してきた。それゆえ解明できないまま、ここで終わるわけにはいかない。

かといって、新しいエビデンスが見つかったわけでもない。どうしようかと思い悩んでいた。

ふと、「昔読んだ『今昔物語』に〈蕪に恋した男〉みたいな話があった気がする」とインスパイアされた。今昔物語といえば、芥川龍之介。「羅生門」「鼻」「芋粥」「藪の中」がたちどころに浮かんだ。調べてみると、この他「青年と死」「運」「偸盗」「袈裟と盛遠」「往生絵巻」「好色」「六の宮の姫宮」「尼提」。合計12本の作品を著している。題材とした今昔物語の話数はなんと24話。24歳で処女作「鼻」を発表して自死する35歳までの11年間、今昔物語にはずいぶん世話になったようである。けれども芥川に〈蕪に恋した男〉の作品はない。

芥川にはなかったけれど「蕪を愛した男の話」は見つかった。第二十六巻第二話。原題は「東方行者娶蕪生子語」（東へ行く者蕪を娶りて子をなした話）である。説話らしい奇想天外な話が面白い。これも、もうひとつの〝奇跡の蕪〟の話である。

「今昔物語」には、神話や伝説・怪異・男女の情念など、各階層の様々な物語が描かれているが、なんといっても生き生きとした庶民の姿が微笑ましい。一千年以上も昔の先祖たちの、思いのほか明るく、あっけらかんと生きている様子が窺《うかが》えるのは嬉しいことだ。芥川は、今昔物語を「美しいなまなましさ」「野蛮に輝いている」と評している。

「蕪を愛した男の話」を紹介する。ご興味のある方は原文にあたって、じっくり古典文学の香を味わってほしい。私は文学センス欠落者なので、ザックリと以下に粗筋だけを記す。

——今は昔、京都から東国へ下っていく男がおった。どこの国に行くのかは知れず、ただぶらぶらと歩いておったが、突然むらむらしてきた。その時、道ばたの畑で蕪が立派に実っておるのが目に入ったんじゃ。男はどうしても抑えきれず、蕪を引き抜き穴を開けて婬を成したとな。そして終わった後、蕪を捨ててその場を去ってしもうた。次の朝、蕪の畑の持ち主が十四、五の娘を連れて収穫にやって来た。その娘が一人で遊んでおった時に、捨てられた蕪を見つけて皮を剥いてその蕪を食べてしもうた。ところが、翌日から彼女は不安そうな顔をして、食事も摂らずに物思いにふけるようになった。よくよく調べてみると、彼女は妊娠していたことが分かったのじゃ。親たちは何が起こったのか理解できず、男が近づいたこともなかったと言う。そしてしばらくして、娘は男の子を出産し、家族でその子を育むことになったんじゃ。

数年後、その男は任務を終えて京都へ戻る道すがら、大声で「昔、ここで蕪を採って、とんでもないことをして遊んだなぁ」と馬上で言った。それを聞いた娘の母親が「それはいったい何のことじゃ」と問い詰めた。すると男は真実を白状したんじゃ。そこで母親と娘は、男とそっくりな子を連れてきおった。男はその子が自分とそっくりだと驚き、そして同情した。「こんな運命もあるものか、これはいったいどういうことじゃ」。すると娘は「今はただ何かに従うだけじゃ」と答えた。男は「京都に戻っても家族はいないし、この地で娘と結婚して、この子の父親として一緒に暮らそう」と決めたんじゃ。そしてその家族はこの地で幸せに暮らし続けた。となむ、語り伝へたるとや。

日本の底抜けにおおらかで奔放とも言える性文化は世界でも稀な部類であり非常に奥深い。ミツバチが蘭の花弁に萌えるようなものか。現代でも、妙にエロティックな大根が収穫されてSNSを賑わせたりする。千年の昔の蕪がセンシュアルであってもなんら不思議はない。真っ当な性癖とは言えない。何かが少しおかしいというところに、ディオニソスの神は微笑む。快楽と官能、そして純粋で時に不道徳な欲望の肯定がなければ、生命は過去から未来へ脈々とつながってはゆけないのだから。

それにしてもこの鷹揚でお茶目な「今昔物語」の世界観、山下氏そのものではないか。

野菜に育てられた男は、実は蕪に恋した男でもあったのかもしれない。蕪に恋する男は、家族にもちゃんと責任をとる。「奇跡の蕪」は、愛菜家にして愛妻家であり、子煩悩である山下氏だったからこその、テロワールからの贈り物だったのだ。野菜との宿世の縁も間違いない。「今昔物語」ならぬ、現代の奇譚。家族の愛情物語にして大団円である。

なお、この本を仕上げるにあたり、東京農業大学農学部農学科園芸学研究室教授、高畑健氏、「KAZUSA」のシェフ、小林英樹氏、そして〝農と医学と美学〟この突拍子もないアイデアを受容していただいた日経BPの森川佳勇氏に、心からお礼を申し上げます。

おあとがよろしいようで、わたくしはこれにて失礼いたします。皆さま、美味しい野菜を堪能して健やかにお暮らしください。

2023年　立秋

岩本麻奈

【著者紹介】

山下 朝史（やました・あさふみ）
農業家、パリ山下農園園主

1953年東京生まれ。玉川学園から76年仏Ecole du Louvreに留学。89年パリ近郊のイヴリン県シャペ村で盆栽業を営む。盆栽業廃業後、96年に43歳で日本野菜の栽培を開始、数年後パリの三つ星レストランのグランシェフが絶賛する野菜の作り手となる。評判はフランスだけでなく世界最高のレストランnomaなど全欧州、さらにNew York Timesで絶賛されるなど北米にまで及ぶ。「世界最高の日本野菜」「オートクチュールの野菜」「奇跡の蕪」などと称される。現在、日仏文化交流のためパリ近郊で農業生産者や料理人を育成する農業大学・日本料理専門学校「山下アカデミー」の設立に向け尽力している。
〈著書〉『パリで生まれた世界一おいしい日本野菜』（主婦と生活社）、『No do（農道）』（Actes Sud）、『Maraîcher 3 étoiles（三つ星農家）』（La Martiniere）がある。

岩本 麻奈（いわもと・まな）
皮膚科専門医、（一社）日本コスメティック協会名誉理事長、（一社）日本温活協会理事長

東京女子医科大学卒業後、慶應義塾大学医学部皮膚科での研修を経て、20年間のパリ生活を通じ、欧州の抗老化医学、自然薬草療法、予防医学の知識を深める。現在は、都内の複数のクリニック（グランプロクリニック銀座、ナチュラルハーモニークリニック表参道、銀座TSUBAKIクリニック等）で、最先端の再生医療や美容医療、CBD（カンナビジオール）などの研究・臨床に従事。その一方で、医療業界とAI技術の融合を追求し、新たな医療の未来を切り開く役割を担う。
〈著書〉『睡眠美容のすすめ』（西村書店）、『人生に消しゴムを使わない生き方』（日本経済新聞出版）、『パリのマダムに生涯恋愛現役の秘訣を学ぶ』（ディスカヴァー・トゥエンティワン）など多数。

パリで生まれた奇跡の日本野菜
「山下農道」の神髄

2023年8月9日　1版1刷

著　者　山下朝史
岩本麻奈

発行者　國分正哉
発　行　株式会社日経BP
日本経済新聞出版
発　売　株式会社日経BPマーケティング
〒105-8308　東京都港区虎ノ門4-3-12

ブックデザイン　野網雄太（野網デザイン事務所）
本文組版　朝日メディアインターナショナル
印刷・製本　シナノ印刷

ISBN978-4-296-11856-4